歐利根 駁斥 柏拉圖

ORIGEN

 AGAINST

PLATO

馬克愛德華斯 *Mark Julian Edwards* 著

羅月美 譯

五南圖書出版公司 印行

Preface

This is a book about two important thinkers: Plato, the father of Greek and hence of all European philosophy, and Origen, a Christian of the third century A. D. who produced an unprecedented synthesis of philosophy with Biblical exegesis. Origen quoted Plato more often than any other philosopher, and he introduced new hypotheses - in particular a hypothesis of the pre-existence of souls - that are rather similar to things said by Plato. For this reason he is often called a Platonist, and I do not wish to deny that he admired Plato, knew his works well, and responded to his inspiration. I do want to argue, however, that by labeling him as a Platonist, we obscure the fact that he never regarded Plato in the same way as he regarded Paul and Moses as infallible witnesses to the nature of God.

When he seems to borrow from Plato, it is because Plato will help him to a better and fuller understanding of the divine revelation. Even his theory of pre-existence is inspired by peculiarly Christian questions, such as 'How can God be both just and omnipotent?' or What did Esau do that made God prefer Jacob? 'Again he resorts to allegory in his reading of scripture not only because other philosophers do this, but because he wants every syllable of the text to be meaningful to the Christian reader. He distinguishes three senses of scripture - body, soul and spirit - because the key to the spiritual interpretation of the Old Testament is the Incarnation of Jesus Christ in body, soul and spirit.

Origen's fundamental doctrines are therefore Christian, even when he ends up saying something that sounds like Plato. We don't classify philosophers according to their beliefs but according to the methods and guiding principles which have led them to their beliefs. Once we grasp this point, we see that to label him a Platonist not only conceals the real character of his thought but sets a bad example in the writing of intellectual history.

M.J. Edwards

中文版序

　　這是一本有關兩位重要的思想家：柏拉圖，希臘之父，因此也是全歐洲哲學之父；以及歐利根，一位三世紀時的基督徒，他以聖經的註釋進行了前所未有的哲學的綜合。歐利根比任何其他的哲學家更常引述柏拉圖，而且他導入許多新假設──尤其魂的先存的假設──與柏拉圖所說的幾乎是相同的事物。因為這個理由，他經常被稱為是一位柏拉圖主義者，而我並不希望去否認他讚賞柏拉圖，他對柏拉圖的作品瞭若指掌，並對他的靈感做出回應。然而，我要主張，將他標籤為一位柏拉圖主義者的方式，我們把以下這個事實給模糊掉了：他不曾把柏拉圖視為如同他視保羅與摩西為對上帝的本質的無瑕的見證者一樣。

　　當他似乎從柏拉圖那裡借用哲學思想時，這是因為柏拉圖將幫助他更好、更完全地理解神明的啟示。甚至他的先存的理論特別被基督徒的問題所激發，諸如，「上帝如何可以既是公正的與全能的？」或者，「以掃到底做了什麼使得上帝較喜歡雅各呢？」還有，在他對經文的理解裡，他訴諸寓意，不僅因為其他哲學家這樣做，而且因為他想要文本的每個音節對基督徒的讀者是有意義的。他區別出經文的三種意義──體、魂與靈──因為對《舊約》屬靈的詮釋的關鍵是，耶穌基督的道成肉身是在體、魂與靈裡。

　　因此，歐利根的基本學說是基督教的，即使當他最後說的一些東西聽起來好像柏拉圖說的。我們不是根據哲學家的信仰把他們分類，而是根據把他們導入他們信仰的方法和指導原理。一旦我們掌握這點，我們

就能看見把他稱爲一位柏拉圖主義者不僅隱藏了他的思想的眞實特性，
而且也在思想史的寫作上樹立了一個壞的榜樣。

馬克・愛德華斯 M.J. Edwards

譯者序

　　歐利根（184-253）是出生在埃及的亞歷山大城（Alexandria），其父母是基督徒。我們對他的生平的理解主要是出自優色比烏斯（Eusebius）的作品《教會史》（*Ecclesiastical History*）裡的第六卷。他的主要資料來源是歐利根的許多信件，他把這些信件蒐集成冊，並把它們存放在由歐利根在凱撒利亞（Caesarea）所創立的圖書館裡。這所圖書館在歐利根過世之後，由他的學生龐飛陸（Pamphilus）繼承，在龐飛陸殉教之後，由優色比烏斯擔任這所圖書館的館長。

　　在這卷書的第一章裡，優色比烏斯描述歐利根的父親，名為雷翁迪伍斯（Leontius），是一位殉道者，當時他是在塞維魯斯（Septimius Severus）的逼迫之下而殉道的殉道者之一。根據優色比烏斯，當歐利根知道他的父親被關進牢房裡時，他內心充滿著一股殉道的熱情，於是他試圖也想要跟隨他父親走上這一條路。他的母親得知他的意圖之後，把他所有的衣物都藏起來，讓他不能出門。可是埋藏在他內心裡一股殉教的熊熊烈火卻無法撲滅，於是他寫了一封信給他的父親，督促他「不要因為我們的緣故而改變初衷」[1]。歐利根一部著名的作品是《對殉道的勸誡》（*An Exhortation to Martyrdom*）。

　　是否歐利根在小時就受洗成為基督徒呢？這不是不可能的，儘管優

---

[1] Eusebius (1999, 2007). *The Church History*, translated by Paul L. Maier, VI, 1, p. 189. (Kregel Publications)

色比烏斯在他的《教會史》裡並沒有告訴我們這點。在當時嬰兒洗不是一件平常的事情，一般上都是到了成年才受洗成基督徒。根據優色比烏斯，他的父親教他希臘哲學與《聖經》的知識，尤其是後者。在他十七歲時，他的父親殉教之後，他父親的財產被政府沒收，這讓這個貧窮家庭的經濟雪上加霜。他一共有六個弟弟。於是有一位富裕的女士收養他，把他視為她的養子。[2] 歐利根的老師是一位在亞歷山大城裡主持一所學校的克雷蒙（Clement）。當克雷蒙寫他的《雜集》（*Miscellanies*）時，他在第一冊裡準備了一個年代表，以他的時期到康茂德（Commodus）的過世為基礎。顯然，這部著作他是在塞維魯斯的統治之下進行的。[3]

研究歐利根的生平，可從兩方面著手，一者是在他成長的地方，亞歷山大城，另一者是他離開他的故鄉到凱撒利亞，他在這裡開始學習希伯來文。也就是說，即使他在亞歷山大城時已經熟悉希臘文的舊約，即《七十士譯本》（the Septuagint），但是真正讓他理解希伯來人教規的是在他學習了希伯來文之後的事情。

到底波菲利（Porphyry）在為他的老師普羅丁（204-270）所編的《九章集》第一卷裡的《普羅丁的生平》所提到的歐利根（1.3.24-25）與優色比烏斯在《教會史》的第六卷裡的歐利根是否是同一個人？根據這兩位作者，普羅丁與歐利根都是新柏拉圖主義之父阿摩尼烏斯（Ammonius Saccas）的學生，而普羅丁在年紀上比歐利根小二十歲。到底有一位歐利根，還是兩位歐利根？一者為異教徒的歐利根，另一者是基督徒的歐利根，有關這個哲學史上的疑問，作者在這本書裡提出他的獨特的見解。

能完成這本書的翻譯，令我感到十分的不可思議。這段時間我經歷

2　同上。
3　同上，頁 193。

了我的父親的過世，我的車禍兩次的住院治療。我十分感謝我的土治醫生林恩源博士。感謝上帝對我的愛。我還要感謝的人十分的多。尤其是張國聖教授與鄭惠芳教授，給我一個避風雨的港口，讓我能專心完成這項工作。對您們的感謝盡在無言之中。我也要感謝陳建台教授、邱榮舉教授、張炳陽教授、曾慶豹教授與盧怡君教授，謝謝他們願意爲我挺身而出。我要特別感謝我的博士論文指導教授黎建球校長，謝謝他一直鼓勵與支持我做我喜歡做的翻譯。我也感謝我念碩士班的室友黃巧如，我的英國摯友Terry、Kevin、Jack與Jess以及我的德國友人Frauke Faure與Daniel Holder，爲我遮陽擋風雨；也謝謝我的學生何慧珍與李世萍。我也要特別感謝Prof. Christoph Horn讓我有機會認識作者Prof. Mark Edwards。謝謝愛德華斯教授願意在我生命那段艱辛時刻給我棲息之地，並給我機會翻譯他的這本著作。謝謝您們。最後我要感謝五南出版社願意出版我第一本翻譯書籍。如果我翻譯得不夠好，請讀者們提供給我您們許多的指教，讓我更加的進步。謝謝您們，讓我們一起努力，使我們自己的國家變得更有人文的氣息，讓這些新的養分，使它更茁壯。將一切榮光歸於創造萬物的天主。

羅月美
臺北市雲和街
2019日12月29年

目　錄

導　論

　　我不會否認這本書的名稱是打算要使人感到驚訝的。歐利根在第三世紀上半葉在亞歷山大城學習，並且在凱撒利亞（Caesarea）講道，如果這沒有被誇大的話，歐利根有一個正當的名聲是，他是哲學神學（philosophical theology）的創立者。因為自第三世紀以來，幾乎這門學科的所有解釋者，都以當柏拉圖的學徒，或者當他的一個差遣者的門徒開始。尤其當似乎可以被所有有關他的生平與作品所證實時，為何我們應懷疑這位希臘神學家也是如此呢？首先，他出生在亞歷山大城，而在神學家之中，亞歷山大城代表柏拉圖主義（Platonism），正如倫敦代表煙霧。其次，與歐利根同時期的新柏拉圖主義者波菲利（Porphyry），儘管較他年輕五十歲，肯定他是「在這一夥裡總是」最著名的柏拉圖主義者與畢達哥拉斯主義者。[1] 第三，他所留下多產的作品，儘管許多作品變少了與毀損了（譯註：另一種可能的理解：「儘管許多作品受到許多人的貶損以及中傷」，以回應作者的結論「歐利根的作品一點也沒有表現出傳染的症狀，他的作品包含了對柏拉圖主義的抗體，作為他遭受並且抵抗它的攻擊的證據。」），但是它們本身卻是豐富的，當它們在現代研討會上被朗誦之時，充滿著似乎與經文不一樣的思想。他的寫作風格充滿更多哲學的學派，勝於《舊約》或者《新約》的希臘文的馨香。無疑地，許多他的詞彙，屬於這個時期有教養的作家的共同資產，但是，此時如果不是在新柏拉圖主義者中（被催逼），他哪會知道

1　參考第二章，引述優色比烏斯（Eusebius），《教會史》（*Church History*），6.19。

動筆寫一本《論第一原理》（*On First Principles*）的論文，去沉思星體的魂（the souls of astral bodies），或者去連結在神之下所有受造物的統一中的活潑信仰與魂先前存在的信念呢？

　　這樣粗糙的立場或許從未被那些專門研究歐利根的作品的人所主張。僅是畢格（C.H. Bigg）最好的一本專著《亞歷山大城的基督教的柏拉圖主義者》（*The Christian Platonists of Alexandria*）的名稱，堅持這樣的想法：我們「知道」克雷蒙（Clement）以及歐利根都是柏拉圖主義者（Platonists），正如我們知道阿奎納（Aquinas）是一位亞里斯多德主義者（Aristotelian）一樣。像西門內提（Simonetti）與克魯熱爾（Crouzel）這些學者辛勤的研究，已向現代世界更加清楚顯示，歐利根在所有其他經歷之前是一位教士（Churchman），他使用哲學從事釋經的工作與捍衛教會的傳統。的確，在特里格（Joseph Trigg）的作品裡，他幾乎成為一位新教徒，除了《聖經》之外，沒有受惠於權威；相反地，在那些像阿維亞（Alviar）與拉伯特（Laporte）的詮釋裡，他是一位天主教徒，獻身於聖事與沉思的祈禱。甚至當讀者成為一位評論者，像韓聖（Hanson）的嚴格的專著——論歐利根對寓意（allegory）的使用，對他的錯誤的暴露，被認為比檢測這些錯誤的原因更重要。[2]因此，在二十一世紀之交，歐利根的貶抑者比在古代晚期是既少又較聰明的；儘管如此，一篇像現在這樣的論文可能仍然是必要的，以保護他不致受到他的朋友的口誅筆伐。

　　例如，現在的教宗是一位著名的神學家。當他發表一則通論（encyclical）時，他可以依賴最有能力的學者的建議。然而，很難相信，任何熟悉歐利根在他對瑟蘇斯（Celsus）的重要反駁中對哲學非難的那些人，或者任何從交互參考他自己的書中，推導出《駁瑟蘇斯》必定是他的最晚期的作品之一的那些人，可能以這些措辭稱讚他：[3]「在反擊

---

[2]　請參閱參考書目的作者和標題。

[3]　若望保祿二世（John Paul II, 1998），58。我承認龐提夫（Pontiff）也把哲學的「批判」的應用

由哲學家瑟蘇斯所發動的攻擊中，歐利根採用了柏拉圖的哲學去形成他的論證，並且備妥他的回應。採取柏拉圖思想的許多要素，他開始去建構基督教的神學的一個早期的形式。」

　　約翰保羅二世（John Paul II）對事實所做的評判，不與古代那些判定歐利根對希臘文化或者教養（*paideia*）有著厚愛的古代評審團的評判相矛盾。[4] 雖然他的名聲在他的時代是作為一位釋經學家、教理學者（dogmatician）以及信仰的矯正者（corrector of the faithful），歐利根的聲望在他於公元254年過世之後經歷一場巨變，而在接下來的三世紀裡，正統派的保護者公然反對他的名字。隨著時間的推移，這變成順應相互矛盾的非難。直到公元320年，在東方的基督教裡，從沒有聲音響起來反對子神（the Son）在三位一體的神格（triune Godhead）上從屬於父神，而反對歐利根最嚴重的指控是，他使得這三位一體的第二位格與第一位格成為同時誕生，因此在任何情況下否定他是他的後裔。由於不能設定出兩個不被誕生的神，一些人導出這個自然的結果，就是，他必須把子神視為僅僅是父神的流出；如果是如此的話，對那些不能使用「流出」（'emanation'）一詞而沒有前綴「柏拉圖主義的」稱號的現在的神學家而言，這會是歐利根的哲學忠誠的一個證明。但是在公元325年之後，當尼西亞大公會議（Nicene Council）頒定父神與子神都是屬於同一個本性（*homoousios*，「共同實體」'consubstantial'），異端學家（heresiologists）宣判歐利根偏離到另一個極端，而且教導子神是較低的，以致他不知道父神，以及他自己是受造的次序的一位成員（a member of the created order）。[5] 在公元四世紀時，那些擁護這個過時

　　　歸諸歐利根與其他的基督教教父，但是我感到好奇的是，他考慮的東西如果不是「基督教神學的早期的形式」，就是歐利根的《評約翰福音》（*Commentary on John*）。

4　伊皮尼武斯（Epiphanius），《駁異端》（*Panarion*）64.72.9, p. 523.15 Holl。

5　我不需要詳述已經由許多的作者，包括 Huet（1846），vol. 24 以及 Dechow（1977）已經說過的故事。歐利根與其說與大公會議的宣告相矛盾，勿寧說與風行在四世紀末期的亞塔那修對它的解釋（Athanasian interpretation of it）相矛盾：在尼西亞會議之後的爭論的歷史，請參考韓聖

的學說的人，儘管他們訴諸基督教的經文，被打敗他們的黨派汙名化爲猶太化的人（Judaizers）；在現代，當《新約》的學生發現在許多段落上難以去否認子神的較低性質（inferiority of the Son）時，教義史家仍然暗示，如果他們沒有偶然聽到有些柏拉圖主義者談論一位「次神」（second god）的話，去懷疑三位一體裡的位格相等，從沒有進入任何基督徒的心靈裡。

因爲連續不斷的褻瀆加諸歐利根身上，每個評論家都在他有關魂的起源與命運的教導上，尋找詆毀的新原因。早在309年，據稱他否認肉體的復活以及永恆的懲罰；據說他以魂轉生的理論（theory of trans-migration）替換了《聖經》裡的地獄的學說。魂轉生的理論主張我們今生的不幸是我們上輩子所犯的罪的代價。奧林匹亞的梅都地伍斯（Methodius of Olympia），是這個時期健全學說（sound doctrine）的裁決者，他聲稱歐利根甚至於與最不虔誠的柏拉圖主義者一樣，宣判人的魂是禁錮在動物的屍體裡的。他又說，歐利根不只教導魂在進入身體之前就已經存在，而且魂從一個被祝福的狀態墮落，在這個狀態裡它是如此高傲以致逐漸厭倦於對神的沉思。這些批評在375年伊皮凡尼武斯（Epiphanius）精簡的《駁異端》（*Panarion*）裡被重複。儘管梅都地伍斯自己的概要顯示出歐利根設定屬靈的身體的存活，伊皮凡尼武斯接著誹謗他，彷彿他承認一點都沒有復活。出生在巴勒斯坦（Palestine）的伊皮凡尼武斯或許是那個地方的第一位本地人，他對歐利根從亞歷山大城逃亡到凱撒利亞一事不感到驕傲。[6]耶柔米（Jerome）是一位在巴勒斯坦裡的西方旅居者，他著迷於伊皮凡尼武斯的魅力，再興起舊的指控：歐利根使得所有的懲罰變得改善的和暫時的，一方面認爲，魔鬼可以被拯救，另一方面認爲，甚至聖人可能再墮落。耶柔米與伊皮凡尼武

（Hanson, 1988）以及巴恩斯（Barnes, 1997）。

6 由他的學生龐飛陸（Pamphilus）與凱撒利亞的優色比烏斯（Eusebius of Caesarea）所捍衛的歐利根，參考巴恩斯（1981），81-105。

斯都傾向於將經文詮釋為我們現在應該嘲笑為寓意式（allegorical）的式樣；他們依然主張，歐利根太過度使用寓意這個計策，以及，主張致使他從救贖的神明計畫（the economy of salvation）（譯註：economy 希臘文是 oikonomia，意思是可指「管理」或「計畫」〔plan〕，例如《以弗所書》1:10；3:2；3:9 這些地方都有使用 oikonomia〔economy〕這詞）裡驅出身體的相同原則，也導致他放棄了《聖經》中重要文本的字面意義，以尋求一種他認為比上帝自己的真理更屬靈的真理的妄想式釋經（chimerical exegesis）。[7]

　　在拜占庭（Byzantium）歐利根的名聲的主要逼迫者是皇帝查士丁尼（Emperor Justinian）。君士坦丁堡的第二次大公會議（the Second Council of Constantinople）於 553 年召開，被要求去判決一些爭議，王室神學家認為其中大部分的爭議是歐利根曾是屬於魔鬼一黨的。在 551 年，反對歐利根的十一項罪狀是在他與主教專斷的通訊而被起草；在 553 年的大公會議的議程的尾聲中宣告了有十五項的咒詛（anathemas）。然而，歐利根的名字卻沒有附在任何這些議案中，或許，因為審理者害怕這可能會使他們成為毀謗無辜者的共犯。553 年的大公會議是首次沒有任何人在他一生中被判定為異端，沒有任何人被宣告是錯誤學說的作者；歐利根的審理者有理由特別謹慎小心，因為不只他晚期的擁護者，而且他本人也抗議對他的著作的惡意造假。儘管那樣，以及儘管在西方對大公會議有點遲緩的與散漫的認知[8]，對歐利根的柏拉圖主

---

[7]　我在這本書的過程中，對這些權威做了詳細的參考。主要的資料來源是：龐飛陸，《為歐利根辯護》（Apology for Origen）（由優色比烏斯完成，由盧非努斯〔Rufinus〕翻譯為拉丁文）；Epiphanius, Ancoratus and Panarion 64；Methodius, On the Resurrection，包括 Epiphanius, Panarion 64；Rufinus, On the Adulteration of the Works of Origen；耶柔米的三本書 Against Rufinus，包括書信 51（伊皮凡尼武斯的翻譯），84（致 Pammachius），87-96（保存東方主教與東方會議的通信）119 與 124（致 Avitus，全面的清單或者錯誤〔a comprehensive inventory or errors〕）。

[8]　有關教宗 Vigilius 的猶豫不決，請參考貝瑟瓦（Perceval, 1899），121-3；有關對歐利根的指控的請求，請參考 Huet（1846），24, 88-95，或者，或許獨一無二針對惡名昭彰的論文《論第一原理》。

義的現代概述，幾乎總是比依賴他的手筆所留存下來的任何作品，更大大地依賴這些審理項目。貝瑟瓦（Perceval）把這些項目翻譯如下：[9]

1. 如果任何人主張魂寓言式的先前存在（the fabulous pre-existence），並且主張隨之而來的巨大恢復（restoration, *apokatastasis*），就讓他被咒詛（anathema）吧。

2. 如果有任何人說，所有合理的事物的創造只包括理智，沒有知識與全然非物質的事物，若不是不再渴望看到上帝，他們就把自己交付在更壞的事情上，每一位都追隨他自己的喜好，並且他們把身體當作是有幾分微妙的……就讓他被咒詛吧。

3. 如果有任何人說，太陽、月亮及群星也是合理的存有者，而且只變成它們存在的東西，因為它們已轉變成邪惡，就讓他被咒詛吧。

4. 如果有任何人說，神明的愛在其中變冷淡的合理性的受造物，已被隱藏在龐大的身體中，像我們的身體那樣，而這些受造物已被稱為人，而那些已經達到最低程度的邪惡的人分享了冷淡和模糊的身體，並且被變成與被稱為汙鬼（demons）和邪靈（evil spirits）：就讓他被咒詛吧。

5. 如果有任何人說，魂的條件（psychic condition）來自於天使的狀態，除此之外，某個汙鬼的與人的條件來自於某種魂的條件，而且從人的狀態他們可以再變成天使與汙鬼……就讓他被咒詛吧。

6. 如果任何人說，存有汙鬼的雙重族類，其中一個包括人的魂（souls），另一個包括較高的靈（spirits）墮落到這……那個最聖潔的以及共同實體的三位一體沒有創造世界，而是，它是由一位比這個世界更古老的工匠的心智（*Nous demiourgos*）所創造的話，就讓他被咒詛吧。

---

[9] 貝瑟瓦（1899），318-19，含查士丁尼的書信（the letter of Justinian），頁 20。我把較長的論文刪節，偶爾把希臘文的表達更換成英文的表達，或者反之亦然。

7. 如果任何人說，基督……已……憐憫了各式各樣的墮落者，這些人已經顯現在與相同的統一連結的諸靈裡（他本身是這統一的一部分），爲了恢復它們，他經過各式各樣的等級類別，擁有不同的身體，而且……最終像我們那樣擁有血與肉……就讓他被咒詛吧。

8. 如果任何人認爲說，神即道……只是以一種不精確的方式這樣存在，因爲理智（intelligence）的卑下，正如他們所稱它的那樣，就讓他被咒詛吧。

9. 如果任何人說，這不是神明的道（Divine Logos）……他降落到地獄並上升到天堂裡去，但是卻使人相信爲這是「心智／睿智」（*Nous*）完成這點，他們（以一種敬虔的方式）說，完成了這點的心智，他眞正地被稱呼就是基督，而他是藉由單一（Monad）的知識變成如此：就讓他被咒詛吧。

10.如果任何人說，在主的身體的復活之後是非塵世的（ethereal），擁有天體的形式，這些將是在復活之後所有人的身體……就讓他被咒詛吧。

11.如果任何人說，未來的審判意味身體的毀滅，而故事的終止將是一種非物質的本性……就讓他被咒詛吧。

12.如果任何人說，天上的權能（Powers）與所有的人與魔鬼與邪靈在這方面都與神的道結合在一起……而且基督的國有一個終點：就讓他被咒詛吧。

13.如果任何人說，基督絕不與其他的合理性的存有者不同的話……若不是一切將被置於神的右邊，因爲他們也都是在所有事物的虛幌的先前存在裡（feigned pre-existence）：就讓他被咒詛吧。

14.如果任何人說，所有合乎理性的存有者有一天將結合爲一體，當基體（hypostases）與數與身體將已消失時……此外在這種使人相信的修復的關係（pretended *apokatastasis*）裡，只有諸靈將持續存在，正如它是在虛幌的先前存在那樣：就讓他被咒詛吧。

15.如果任何人說，諸靈的生命是像在開始時的生命那樣，然而迄今諸

靈卻沒有下來或者墜落，所以結束與開始將是相似的，結束是開始的真正尺度：就讓他被咒詛吧。

儘管極少的這些觀點被任何異教徒的柏拉圖主義者（因為他們之中沒有一位承認基督，極少數的柏拉圖主義者樂於談論邪靈，沒有一位總是在貶損的意義上使用「汙鬼」〔demon〕這個詞）以陳述的形式主張，他們大多數的人預先假設一些教義，或者至少使用某個詞彙，那是這個學派的特徵。柏拉圖教導，人與其說是身體與魂的複合體，不如說是與身體接觸的魂；魂的家不是在這個世界，只有當魂由於其自身的轉生的結果，從至上的天堂被驅逐出去時，它進入到身體裡；這個天堂的唯一永久的居民是眾相（Foms）或者永恆的典範（eternal paradigms），眾神模仿它們；因為那個典範是比模仿與模仿者更高，所以眾相不只優越於現世中它們的複製品，而且優越於把那個複製品帶入到存有的工匠神的心智（demiurgic mind）。《蒂邁歐》（*Timaeus*）預先設定完美的形體是球體的（spherical），然而對太陽與月亮的敬拜在《愛匹諾米斯》（*Epinomis*）裡被禁止。[10]「單一」（Monad）（譯註：Monad 也可以翻譯為「單子」）在畢達哥拉斯主義者中，是對第一原理的一個令人喜歡的稱謂，然而，另一方面沒有柏拉圖主義者會使用「共同實體」（consubstantial, *homoousios*）這個詞去意含非物體的本性的統一。[11]學者們充分意識到，歐利根的現存的作品很少證實將任何一個這些教義歸屬於他。然而，那不意味著那些指控都是捏造的，因為大部分他的作品的主要部分由於破壞或者疏忽而消失，而他最大膽的推測是他的敵人是最想要壓制的，以及他的愛慕者最不想要保存的。在查士丁尼

---

[10] 《大阿西比亞德斯》（*First Alcibiades*）各處；《費德羅斯》（*Phaedrus*）245-52；《蒂邁歐》（*Timaeus*）28 ff.；《蒂邁歐》33c；《愛匹諾米斯》（*Epinomis*），附帶《法律》（*Laws*）887e。

[11] 有關摩德拉杜斯（Moderatus of Gades），請參考迪倫（Dillon, 1977），351。「共同實體」（*homoousios*）這個詞在教會以外從來都不常見，並且被所有哲學學派保留給肉體實體（corporeal entities），以及蘇格拉底（Socrates）的《教會史》（*Church History*）3.38 記載，這是許多其他正統基督徒在三位一體的方案中不願意採用它的眾多理由之一。

（Justinian）與耶柔米（Jerome）的書信裡的陳述（這些陳述聲稱是引用）與盧非努斯（Rufinus）對《論第一原理》的論文——一部歐利根年輕時在亞歷山大城所創作的作品——的拉丁文翻譯有更多無害的類似。拉丁文保存了希臘文殘餘部分，因著他自己承認，盧非努斯——他把它翻譯了，以便對抗伊皮凡尼武斯與耶柔米的惡言——加長、縮短、修改或者省略某些段落，他相信，這些段落受到竄改，或者以第四世紀的讀者容易誤解的詞彙來表達。因爲查士丁尼用希臘文寫作，而一般而言，耶柔米——在那裡我們有比較的機會——是更準確的翻譯者，在克特蕭（Koetschau）所編的《論第一原理》的註解裡（或甚至在文本裡）插入了他們從歐利根的引文，而且被翻譯在那篇論文的巴特沃斯（Butterworth）的標準英文版本裡。歐利根的確是歐利根主義之父的這個信念因此被強調，至少在粗心的人的心靈裡；然而，那些研究這個問題的人知道，當盧非努斯的翻譯可能是自由（'free'，譯註：可指「自由」，由讀者去體會原作者的深刻意涵）的，這些翻譯沒有被證明是不眞實的，[12] 即使查士丁尼與耶柔米逐字地引述，他們有時會是選擇性地引述，而沒有問歐利根是否是表達他自己的意見，反駁其他人的意見，還是進行一個探究的假設。在四世紀時，個人的或者政治的敵意也把神職人員的觀點扭曲，正如在六世紀時那樣：一旦某位被激怒的鬥士找到理由把他的一個對手打上歐利根主義者（Origenist）的標記，歐利根可能被視爲異端，就是將惡意可能歸咎於對手。[13]

---

[12] 有關盧非努斯的自由，請參考現在的 Pace（1993），他比 Chadwick（1959）或者克魯熱爾（Crouzel）（*Princ.* vol. 4）更嚴謹，但是仍發現文本裡的一些重要的摻假（adulterations）。

[13] 有關伊皮凡尼武斯、亞歷山大城的提阿非羅（Theophilus of Alexandria）（翻譯在耶柔米的書信96 裡）以及耶柔米自己的動機，尤其參考 Clark。另一方面，Elm（1997）提醒我們，歐利根主義者在提阿非羅與金口（John Chrysostom）之間的爭論過程中由於其他的理由被譴責。Vessey（1993）主張，在他對歐利根的非難中，耶柔米經常流露出一種對他自己的理想的刻畫。亞歷山大城的 John Philoponus（他的名字，「勞工的愛人」，由較早的作家記錄下來給歐利根）可能一直在大公會議的腦海中，因爲，據稱他是一位三神論者（tritheist），並且否認肉體的。

　　很清楚地，在這個研究裡我相信，甚至在那些最意識到歐利根的失職被誇大，以及他的作品受到他的譯者很好對待的學者中，盧非努斯更是習以爲常的，而歐利根的控告者則反之，儘管這不是我的意圖：去掩飾或減弱歐利根的教導與較早或當代的柏拉圖主義者的談話之間的相似性，這也會是很明顯的，我不認爲這樣的比較對他們本身是足以充分告訴我們，這位亞歷山大城的神學家（甚至在當他是一位亞歷山大城的人的日子裡時）如何開始持有這麼多的異端或者異常的立場。在每個時代，聰明的思想家以他們的方式得出相同的結論，不是因爲他們「竊取」、「借用」或者「屈從於影響」，而是因爲作爲屬人的受造物，他們享受相同的氣候以及使用相同的資源；作爲公民，他們生活在共同的法令裡以及渴望共同的利益；而作爲哲學家，他們在相同的原則上做推理，他們在知識的傳承中被相同的缺點所困擾著。在許多論點上，對同時代人去區別出差異比說出相同的東西更難，而當兩種知識系統建立在相同的地形上，我們從石造建築的差異比從提供給他們兩者石頭的採石場，可能會學習到更多有關建築師的知識。

　　首先應該避免一個謬誤，儘管這被最早的異端學家所認可：我們不可認爲主教決定的歷史就是信仰的歷史，或者，普世議會的聲明──這些聲明現在是正統宗教的規範──代表自使徒的日子以來，善意的基督徒總是傾聽的一個古代的規則。直到最近幾年，由神職人員所掌控的早期教會的編史工作（historiography）的習慣，傾向於模糊了這個事實：即第四世紀的大公會議強烈譴責許多可以從《聖經》裡得到確認，以及在早期得到著名的神學家支持的立場；我們沒有理由去懷疑，這些神學家在他們自己的聚會中把信徒的共識表達出來。就大公會議而言，它們從未產生過思辨的或者護教的文件；它們的目的是去確保譴責或核可某些詞彙，它們當中有些被歸諸已具名的作者，這些已具名作者的意見都是正在受審中的。相同易引起反感的方法必然找到它們進入任何早期基督教思想史的道路，這種思想被理解爲是對宗教大會的決定的擁護

（vindication of synodical decisions）。當這些書卷感覺到有義務證明異教徒立場的欺謊性時，自然傾向於尋找它資料來源上距離《聖經》和基督教傳統最遙遠的起源。在現代正如在古代那樣，利用柏拉圖或者克律希波斯（Chrysippus）的惡名比研究他們的作品的內容，通常證明更方便些。

　　有一段時間，在只期待神學家草率地與有目的地解說晚期的古代哲學之時，就有幾個涉足這個領域的古典學家提供多一點的東西。有四分之三個世紀之久，這一點從不被視爲眞實的：由阿姆斯壯（A.H. Armstrong）與竇茲（E.R. Dodds）所設定的許多高標準被後繼的世代所支持，而那些忽略現代古典研究的結果或者趨勢的教義史家都是沒有藉口。[14] 但是在神學家學習到古典學家必須告訴他的一切東西之後，這仍然是他的工作：去決定是否基督教的教義的先行者（antecedents）都是其祖先（ancestors），以及是否兩種看起來相似的意見都是從其相同的前提推導出來，或者用來作爲對相同的困難的答覆。如果古代的神學家們須被論斷，必須就有關引起他們的聲明的動機、爭議和場合來進行論斷，而我們必須考慮的不只是他們的意見，還有他們藉以辯護的那些論證。否則我們幾乎不得不效仿一位吹毛求疵的人在英國接了一通電話，聽到來自澳大利亞人的聲音說「早安」，他卻回答說，「我想你的意思是指午安吧。」

　　我們可以視之爲老生常談，就是，陳述（propositions）把它們的諸多意義歸因於在談話的交流中它們的價值。當我們說話時，我們是與生活在對話，當我們寫作時，我們可能與死人會談，但只有十分放肆的作者認爲這可能對後人講話。然而大多時候，神學家們書寫有關古代的人，彷彿每個人同時在談論六或七世紀時期。爲了與《新約聖經》學者應受譴責的用法相適應，從亞歷山大大帝到羅馬的衰落的間隔時間

---

[14] 對於現代研究的一個評述，請參考 Edwards（2000），lix-lx 含附上的參考書目。

中所有一切所說或所寫的東西，都被認為是「希臘化的」（'Hellenistic'）；對照這個背景，基督教的移動像一個未標記的日晷的影子。無論在哪裡讀它，它總是在下午，就像是在丁尼生（Tennyson）蓮花食客（lotus-eaters）詩裡的國度一樣，而歐利根有充分的機會不只幫助他同時代年輕的普羅丁的思想，甚至有時候也幫助活在他之後足足兩個世紀的普羅克洛（Proclus）的思想。[15] 如果我們堅持這個自明之理，也就是，所有異教徒的東西是在所有基督徒的東西之前來到，而每個人除了在偷竊之外，沒有人創作，那麼所有這些日期都應被取消。

　　古典學家所覺知的古代的世界不是神學家所描繪的靜止生命。「希臘化的」這個形容詞在他們的詞彙裡，被限制在公元前323年──亞歷山大帝過世的那年──與公元前31年──此時亞克辛（Actium）的勝利，使得羅馬成為東方的絕對的女主人時──之間。這是個所有的神學家都知道的年代，希臘的文化入侵到幾乎所有在《聖經》裡已提到的國家裡；這也是──有些神學家忘記的這點──那個年代，蠻族／外邦人經常來臨，引領而且甚至建立希臘哲學的學派，而柏拉圖的同胞開始在當地的神龕上敬拜外國的神。簡言之，誠如都德（C.H. Dodd）已經證明的那樣，這是一個可能《聖經》不只成為一本希臘文的書，而且成為所有民族的教師的年代。不論猶太人自己是否開始改變新的信仰，我們有充分的證據，就是，猶太人的習俗散播到全世界。[16]

　　對照詞彙的彙編──奧斯邦（Eric Osborn）簡明地描述為「文獻學的郵票蒐集」的方法[17]──可能讓我們能夠追溯兩位作者之間的界線，但是卻沒有告訴我們，是否較年輕的這位是那位較年老者的學生，還是是那位較老年者的批評者：普羅丁在波菲利那裡有比，例如，洛克在柏

---

[15] Bendinelli（1999）對歐利根的詮釋學的方法與普羅克洛的詮釋學的方法，進行了一個詳實的比較，但是他無法解釋為何可以說明歐利根的教育。

[16] 請參考 Dodd（1935）以及 Simon（1986）。

[17] Osborn（1993），19n.

克萊裡，有更多的東西嗎？讓我們也記得攫取與論戰之間是有對話的，當不帶怨恨與詭詐地進行對話時，對話的成果之一是每位對話者獲得對他自己的立場更好的理解。的確，儘管我們認爲我們知道我們自己的意見，有時候會發生我們只能以對它提供一個暫時的、近似的，或匹克威克式的古怪的說明（Pickwickian account），直到我們聽到它在其他人的詞彙用易懂的話改說爲止。之後，如果我們採用這些詞彙的相同形式，這不是因爲我們採納某個新的立場，而是因爲我們感覺到，正如紐曼（Newman）所描述那樣，其他的人甚至比我們自己更知道我們的意思。[18] 我們幾乎不能懷疑這偶爾應是在歐利根讀希臘哲學家時的經驗，但是很明顯地，把這樣的逢場作戲視爲他與任何哲學學派的婚約證明，是個判斷的錯誤。甚至在極少的情況裡就是，文獻學（philology）建立了一個作者對另一個作者的依賴，似乎，正如很多學者認爲的，這樣並沒有完成解釋的任務。我們仍然必須問，爲何向前輩借用的人做這個選擇，以及，當他設法要成爲具有原創性的，或者應允在其他人面前成爲平凡時，爲何他在這個情況裡會是負債。

　　我們經常理解到，決定歐利根的哲學的是本地的偶發事故，而不是合乎理性的選擇：這是說，任何在亞歷山大城的柏拉圖支配下的氛圍裡教養的人，怎麼無法成爲一位柏拉圖主義者自身呢？還有，我們是在那個蓮花食客詩裡的國度裡，他看起來已獲得某種新的和不可靠的科學，就是知識的流行病學（epidemiology of knowledge）。這樣的推理藉由油腔滑調的抽象物代替個別的哲學家的名字來強化，而不是被證成。例如，對那些在柏拉圖逝世與公元三世紀後期普羅丁研討會的出版之間詮釋柏拉圖的對話錄的作者而言，「中期的柏拉圖主義者」是有用的目錄標題。然而，我們不應該隨時談論「中期的柏拉圖主義」，彷彿它是一個學派那樣。兩位重要的中期的柏拉圖主義者是斯珀西波斯

---

[18] Newman ([1871] 1970), 324 (Sermon 15.1.5).

（Speusippus）與色諾克拉底（Xenocrates），他們在柏拉圖自己的學院裡被稱爲柏拉圖的承繼人；其他的人，像斯拉蘇盧斯（Thrasyllus）與努美尼烏斯（Numenius），把他們自己任命爲相同傳統的監護人，或者甚至任命爲起源於畢達哥拉斯的較年長的監護人。另一方面，這是難以確定對像阿普列尤斯（Apuleius）與阿爾基努斯（Alcinous）這類教育的作家的忠誠，他們關於柏拉圖學說的手冊被設計來促進對話錄的公正無私的研讀，而不是被設計爲教化學生，或者爲說服未改信基督教的人。無可避免地，最多產的作家將是那些最常被引述的作家，但是疑慮必定產生於：當對據稱某些一般特質的唯一見證者是猶太的釋經學家斐羅（Philo），對他而言，《妥拉》（the Torah，譯註：即《摩西五經》）是知識的子宮；或者散步的博學家普魯塔克（Plutarch），他的作品《列傳》（*Lives*）理所當然更爲著名。[19] 這給歐利根的任何思想標誌爲「中期的柏拉圖學說」是沒用的，也是帶有目的的，除非我們也已確定了學說的來源，以及已決定是否這個學說在它首次出現的地方應該被視爲一個指標或僅是個柏拉圖的同情的伴隨物。我們也應該努力些去決定，是否歐利根需要任何的異教徒的前輩把這個學說告訴他，或者說得更正確些從經文裡得出它，從先前的教會作者裡得出它，或者單純從理智反思經驗、共同前提及神的必要屬性得出它。

這是古史的編集者的遐想，古代知識閒聊的編年史，要成爲一位真正的哲學家，他必定來自特定的血統。[20] 這不是哲學家自己所採取的立場，或者在他的那些一般費盡心機強調導師總數和多樣的學生其讚辭裡所採取的立場。在我們自己的大學裡，執著在單一教師身上並不被視爲具哲學天賦的記號，反而相當於貧乏的記號。哲學的意見是由一個哲學的論證所支持的意見；它並不是藉由已知的哲學家的意見相一致，或者

---

19 有關於這些人物，請參考迪倫（Dillon, 1977）。
20 關於古代繼承的發明，請參考，例如，Glucker（1978）。

不能一致，而獲得這個地位。所以，歐利根是否是一位哲學家這個問題，不是取決於歐利根是否是一位柏拉圖主義者這個問題，而且可能可以有不同的回答。對前一個問題，大約在否定的與肯定的答覆之間，歐利根把自己描述爲釋經家，已預備好使用任何工具，也就是他所掌握的教育：**21**

> 因爲這個理由，我也敦促你從希臘哲學那裡攫取這樣的通論學科（encyclical disciplines）與初步研究，因爲它們可以被轉爲基督教的目的，而且天文學與幾何學的那些的要素對神聖的作品的解釋將是有益的。或許有某個這類的東西，當它以神的位格被書寫在《出埃及記》時，帶有隱晦的暗示，人們告訴以色列的小孩向他們的鄰居與同胞去求銀器與金器以及衣服，因此，在寵壞了埃及人的同時，他們可能會看重對事情的解釋，也就是他們與他們一起敬拜上帝的事情。

沒有哲學知識歐利根無法被討論，沒有希臘文的知識，歐利根同樣不能被討論。然而，這兩種學科都不能提供給我們超出規範的原則（regulative principles），提供給我們思考的條件，而不是提供思想的成分。一本像現在這樣的書，肯定必須能夠提供一些關於出生在亞歷山大城的歐利根的環境的敘述，但它不應該嘗試以從「亞歷山大城」到「哲學」的單一步驟來進行，更不要說到「柏拉圖主義」。沒有人否認歐利根用語詞書寫有關神、屬地的人及世界的事，這些語詞對使徒來說似乎是褻瀆的；但是有太多的人忘記了，通用語言的使用，爭議的先決條件

---

21 *Philokalia* 13.1-2, pp. 64.21-5 以及 65.3-8 Robinson。《愛美集》（*Philokalia*）是從歐利根的作品裡抽取出來的選集，它是由四世紀時有同感的編輯者所製作完成的。No. 13 是一封給歐利根的學生以及頌詞作者 Gregory Thaumaturgus 的信件的內容。比較在第一章裡斐羅對通論的學習的意見以及克雷蒙（Clement）對在哲學中的「折衷主義」（'the eclectic'）的評論。

與知識的友誼的先決條件是一樣的。歐利根必定要被他的時代的標準所評價，不僅僅是與他的時代的標準相融合：例如，他的詮釋學的方法不應當根據現代《聖經》的研究來評價，而是參照正統宗教的需要，也就是他與他自己時代的其他的基督徒構思它們的那樣。在與經文以及與前面的評論家做了所有的比較之後，如果他似乎仍然胡亂使用寓意（alle-gory），可以肯定的，最好是在他的作品裡去尋找解釋，以及在缺乏可證明的事實上，與有時候與可證明的事實相違逆，都要去避免來自「長期的傳統」的抵押。

第一章
在基督徒、猶太人與諾斯替主義中的歐利根

　　歐利根（Origen）出生在埃及的首要城市亞歷山大城（Alexandria），在那裡他接受了大部分的教育，這些所有有關他早年的生活無疑是爲大家所知的。有關他的種族、他的出生日期以及他的父母的宗教信仰，除了頗具嘗試性的結論外，我們的古代見證人在這些事項上都避免做出明顯的偏頗結論。伊皮凡尼武斯（Epiphanius），既不是朋友，更非權威，斷言歐利根是出生在亞歷山大城的埃及人，他說：「種族上的埃及人」（*Aiguptios genei*）。儘管形容詞，當單獨被使用時，也許單純意味著他來自內陸，而不是埃及的首府，名詞「種」（*genei*）在語言脈絡上則是多餘的，除非它意指他的父母中至少有一個是科普特人（Copt）。我們可以選擇不認爲這是刻意的貶抑，亦即在公元五世紀時，「埃及人」（*Aiguptios*）一詞是作爲帖歐都雷特（Theodoret）不當加諸亞歷山大城的西里爾（Cyril of Alexandria）的原型（prototype）；我們肯定會過於謹慎以致無法猜測諾曼・威廉斯（Norman Williams）的說法，他說歐利根的神學是從他的鄉間祖先所繼承的一種令人憂憤的藥酒。[1]然而，學者也許在基督教的異端以及在這個時期

<hr />

[1] 伊皮凡尼武斯，《駁異端》（*Panarion*）64.1；威廉斯（Williams, 1927），209 把歐利根歸爲「充滿激情的非洲人的特殊風格」，僅僅指現代的摩洛哥（Morocco）、阿爾吉利亞（Algeria）與突尼西亞（Tunisia）的居民，無視「非洲人」（African）這個詞古代的標準使用。然而，就威廉斯而言，迦太基的特圖良（Tertullian of Carthage）以及亞歷山大城的西里爾（Cyril of Alexandria）都是同胞。有關「埃及人」（Egyptian）這個詞的帖歐都雷特（Theodoret）的貶義的使

的埃及神智學的文獻（ the theosophical literature）中注意到許多在地文化的蹤跡，他們同意歐利根的基督教之根源是大公教會（the Church catholic）。然而，決定他是否被視爲這個教會的一員是比較不容易的，或者，他是否誠如新柏拉圖主義者波菲利（Porphyry）所宣稱的那樣，他是在希臘人中被養育而被視爲希臘人，而只是後來以新外邦人的文化替換了他的祖先的文化。**2**

並非其他人，而是波菲利教導我們把歐利根視爲一位眞正的柏拉圖主義者，與其說他皈依基督教，勿寧說他把基督教的某些成分併入他自己的思想形式中。然而，本書是對混雜地使用「柏拉圖的」一詞到歐利根某些思想成分的回應，這些思想成分是他與他同時代人都認爲是基督教的部分遺產。隨著時間的流逝，使徒的積累在敬拜社群中免不了產生了一些效益，正如本章即將呈現的那樣，將這種自動的成熟與稀稀落落的外幣（譯註：即，柏拉圖主義的思想）相區別不總是件簡單的事。

▍基督徒與猶太人

歐利根出生即爲基督徒的詳細見證是來自優色比烏斯（Eusebius），後者是歐利根與基督教界的辯護者，也是君士坦丁大帝的文學輔佐。波菲利爲我們所保留對歐利根的諸多苛責，只是因爲優色比烏斯覺得有義務在他的《教會史》（*Ecclesiastical History*）的第六卷裡去反駁這些指謫。爲了顯明歐利根從來不是異教徒家庭的一員，他斷言他的父親雷翁迪伍斯（Leontius）在塞維魯斯（Severus）的統治時期爲了他的信仰而被監禁，隨後他的兒子在十七歲時堅強地成爲他的家教老師，在一封信裡，他敦促他不要爲了所設想對自己或對家族的任何好處，而

用，請參考 Newman（1876），344。
2 由優色比烏斯引述，《教會史》（*Church History*）6.19.6-7。有關這方面的討論，請參考下一章。

遺棄神的救恩。從塞維魯斯在202年的迫害往回追溯十七年，歐利根的
出生是在185年。他自己本身（優色比烏斯繼續說）僅僅渴望加入到殉
教者行列裡，而他的母親只能把他的衣物收藏起來阻止他，令使他會
在國外感到羞恥。很清楚地，這個權宜之計是成功的，然而他卻沒有對
這種習俗的介入感到恐懼，當歐利根讀到《馬太福音》19.12：「有些
人為了天上的國把他們自己閹割」；他的去勢故事使他在許多圈子裡蒙
羞，另一方面顯示他對神學的無知。我們可以注意到——一些奇思異想
傳統裡引人注目的實例——歐利根的朋友優色比烏斯感覺到被迫許可提
供給這則軼事，然而他的敵人伊皮凡尼武斯卻容許這可能是錯誤的。[3]

　　對於所有我們見證的確信或許能持有這樣的臆測：優色比烏斯把割
禮弄錯為去勢。在第三世紀時，反對皈依為猶太教的合法性的氣氛，顯
示在外邦人之中這是一個共通錯誤，[4] 雖然這不是一個由在四世紀時巴
勒斯坦人伊皮凡尼武斯一個人所犯之錯，這時期猶太會堂和基督教會之
間存在著激烈的爭辯。在歐利根時代，地中海世界沒有像亞歷山大城那
樣的城市接待如此大量的猶太人口，在他的最早期的作品裡我們遇見了
暗指某位「希伯來人」教導他《聖經》的批判。儘管如此，他的祖輩，
此人承認基督與聖靈，[5] 很清楚地在學生的教育過程中，必須被視為優
秀的，他成為第一位基督徒而享有希伯來學術研究的名聲，或從事《舊
約》持續的解釋。這位老師的影響將僅僅被那些持續擁抱著在希伯來主

3　優色比烏斯，《教會史》；伊皮凡尼武斯，《駁異端》（*Panarion*）64.1。

4　Simon（1986），104-5 引述《理解》（*Digest*）48.8.11 論述在某些狂歡派教徒中割禮融入到自
　我—閹割的信奉者裡去。《馬太福音的評論》（*CommMatt*）15.1，第 348-60 頁 Benz 與 Klos-
　termann 譴責這節經文的字面應用，並主張真正的閹人是「在邪惡中不育的」（頁 359.25）。
　這種釋經在斐羅（Philo）對數字七的反省中擁有一個原型（prototype），而繼承者以新柏拉圖
　主義方式將去勢的阿提斯（castrated Attis）詮釋為擺脫了物質（撒盧斯地烏斯〔Sallustius〕，
　《論眾神與世界 4》〔*On the Gods and the World* 4〕）；如此，這可能是「寵壞埃及人」的情況
　（《愛美集》〔*Philokalia*〕13），但是這沒有讀作像一個因誤解了這個意義而變成惡名昭彰的人
　的聲明。

5　請參閱下一章的有關《論第一原理》以及其他地方的參考文獻。

義與希臘主義之間的粗糙分割的學者們所輕視——我們現在應考慮包含在語文學、考古學與比較神話的現代的發現裡，所有這些都氣息相通確證希臘人與猶太人不曾如我們過去被教導想像的那樣是陌生人。[6] 甚至他們在帝國的其他的某些地方已成為對壘，在亞歷山大城則不曾如此過：這兩個民族在那個城市裡從根本上已是鄰居，至少猶太人幾乎已不能在那個地方（在這個地方奉國王之命希伯來文《聖經》已被翻譯為希臘文）維持一個分離的身分。

歐利根的老師是一位猶太基督徒，但是他的宗教經常與那個外邦人相對照的「猶太人的基督宗教」幾乎沒有共通之處。[7] 正如由現代的體相學家（physiognomists）所指出的那樣，他的宗教的許多特點是謹小慎微的律法主義，諸如在飲食與性行為上，通常是指禁慾，偏愛非正典的福音以及啟示性的寫作，以及敵視任何替代一神論之事，因而尊崇基督是榮耀的人，是作預言的彌賽亞，而不是神。然而，這是有理由去懷疑，是否在古代世界有任何團體回答了這種描述。一般被視為這類型的實例（exemplars）的巴勒斯坦伊便尼派（the Palestinian Ebionites），在異端學裡充其量只是骨架現象，直到伊皮凡尼武斯才提供血肉色澤，且他與他的教會祖輩同樣不願意承認伊便尼（Ebion）——此一教派假定的創始人——僅僅是出自希伯來文裡的「貧窮」一字的命名。[8] 基督僅僅是一個人的這個學說，如果有人這麼主張，這比巴勒斯坦的基督教的聖物更有可能是一個神話學的歷史理論傾向的徵候（symptom of

---

[6] 請參閱 Hengel（1991），18-62 論在《新約》時期中有關希臘化以及巴勒斯坦人的猶太教之間的錯誤的反題（false antithesis）；West（1997）論在公元前一千年時近東與希臘文化的詮釋。

[7] Taylor（1990）證明沒有這樣的東西。

[8] 伊皮凡尼武斯，《駁異端》30.17 暗指希伯來文的詞源，但是持續相信伊便尼，名義上的創始者。歐利根在他輕蔑地提及對伊便尼派（Ebionites）——伊便尼派是「在理智上貧乏」的人（《論第一原理》，3.6.8 (24)，頁 334.1-2 克特蕭）——的屬地的釋經裡，也意識到這個詞彙的意涵，像在他之前的愛任紐（Irenaeus）（《駁異端》1.22）一樣，他毫無懷疑地相信，伊便尼派堅持猶太人的實踐無視於保羅的學說；但是他與愛任紐都仍然還沒有聽說過他們藐視「基督」的神性（the divinity of Christ）。

a Euhemeristic tendency）：在羅馬的世界裡，這是罕有的把神明的榮譽給予某位他在他的有生之年不享受它們的人。[9] 有關於許多法定的禮儀，在亞歷山大城裡甚至有某個猶太人的黨派把它們視為是過氣的，二世紀早期的猶太基督徒（我們曾對他們有點認識）也不僅不行割禮，且也不要求受割禮。他們對安息日的顯著奉獻也許是一位外邦人的遁詞逃避逼迫，這種逼迫瞄準基督徒，不是猶太人。[10] 我們現在所知道的，由猶太籍基督徒所出版的大多數現有的文本，現在已形成我們的《新約》的部分：當他們缺乏由現代的學者所建構的「猶太人的基督宗教」的特點時，他們見證一個普遍的錯誤，這個錯誤對猶太人來說是自然的，而對異教徒來說幾乎是不可能的——對天使的敬拜，同時伴隨這樣的信念，即，耶穌是那類的存有者。[11] 這裡也許似乎首先我們擁有歐利根的「希伯來人」的措施，眾所周知，一般人認為希伯來人根據《以賽亞》關於主的兩側跟著兩位天使的異象，解釋為基督教的三位一體（父、子與聖靈）的仿效。然而，我們不應推論出他把基督當作一位天使：許多的基督宗教的釋經家提出這樣的意見：在《舊約》裡天使的某些的出現，事實上都是許多覺察不出來的神的顯現（theophanies）以及基督在《以賽亞》9.6裡被預言為「好忠告的天使」，這個論證被許多承認耶穌是神的作者們所推進。[12]

　　基督徒，即使大公教教徒，正如這種情況那樣，對《以賽亞》的評論證明了一個典型的猶太人對《舊約》的天使學（angelology）的興

9　猶希麥如（Euhemerus），被基督教的護教士大量引述，據稱已有書寫證明希臘神話的神祇都只是凡人，他們由於贈予其族類許多益處而獲得特別的尊榮。
10　參考依納爵（Ignatius），《瑪格尼西安書》（Magnesians）8.2 與 9.1，附有《啟示錄》（Rev）2.9 與 3.9 論述有關「撒但的猶太人的會堂」，在逼迫時期撒但不誠實地宣稱是猶太人。
11　參考《歌羅西書》（Col）2.18，《希伯來書》（Heb）1.5，《啟示錄》（Rev）22.9；依納爵，《特拉勒斯書》（Trallians）5.2 以及《士麥那書》（Smyrnaeans）3.2。
12　Trigg（1991）枚舉作為天使的基督的較早期基督徒的代表，但是他無法說服我說歐利根贊成這個相同的立場。

趣。在現代的時代裡，猶太人與希臘人的基督宗教之間的一個表面的反題（antithesis），意味著伊便尼派／貧窮派（the Ebionite）是前者的一個代表性的標本，這個反題導致某些人設想，唯有希臘人的思想可以為三位一體提供一個系譜。但是這是去尋求一個答案，而沒有考慮這個問題：如果教會沒有受到嚴格的單一神論（monotheism）的束縛。這個單一神論繼承自以色列，基督的神性並沒有令人反感，而三位一體的奧祕性——在信仰上是深奧的，在邏輯上是棘手的——將被三個不相等的神的泛神論取代。三位一體的學說解決任何讀者、猶太人或者基督徒——虔誠的兩難，猶太人或者基督徒發現到相同的事件，在最古老的經文毫無差異地被描述為天使的探訪，或者被描述為「主」的顯現（epiphanies of 'the Lord'）。[13] 是否耶和華應降格為一位天使呢？這——也許被稱為諾斯替的應急手段（Gnostic expedient）——[14] 對保有對他的人民的希望的以色列人（the Israelite），以及對把耶和華視為耶穌基督的父的基督徒同樣是感到深惡痛絕。還是，是否人們應推論出相反的路徑，沒有減弱耶和華，而是擴大神的階級（the class of deities）？這樣的侮辱神的統一性（the unity of God）不是不可設想的，對於這個時期的教師（the rabbis）而言，使用強烈的詞彙對抗異端，或者猶太人的異端（*minim*），他們對天使長梅塔特隆（Metatron）獻上褻瀆的禮拜。[15] 正統的猶太人以及初始的基督宗教（primitive Christianity）都是在一個這樣的信仰裡：只有一個神以及眾天使都是他的創造物；但是如果這個神透過智天使（cherubim）與熾天使（seraphim）來宣告世界，並在他的榮耀與他所頌揚的聖職人員之間維持一種範疇上

---

[13] 因此在《出埃及記》（Exodus）3.2 裡主的使者向摩西顯現，但是在 3.4 裡，爾後他的交談者是上帝。在《士師記》（Judges）13.9 裡，一位天使向他父親宣告參孫（Samson）的出生，但是稍後在 3.22 裡卻宣稱他看到神。

[14] 請參考 Pétrement（1991），51-74。

[15] 參考 Urbach（1975），139。有關作為天使的基督的早期基督教的代表，請參考格里邁爾（Grillmeier, 1975），46-53。

的區隔，必須設計些命名法去解釋他在較低範圍裡的影響呈現，對自由
以及他的永恆的本性之深奧性沒有偏見。

　　《舊約》已經談論「主的名」及「主的榮耀」彷彿它們是他的內在
世界裡的代理人；智慧被人格化為在創造裡的他的好幫手，以及他的道
幾乎是媒介。[16]《新約》保存某個時代的許多的回響，當抽象的詞彙已
經自主地被用作為某個名稱的遁詞，這個遁詞現在被認為從掛在人類嘴
上的話來說是太過於神聖的。與拉比的正統（rabbinic orthodoxy）──
把神設想為透過他的話語與智慧，從事於他的主權之永久的授權──齊
頭並進，門徒的文件把這些名稱賦予道成肉身的耶穌。保羅說「肉體
的神格之完滿內住」（dwelleth all the fulness of the Godhead bodily）
在基督裡面（《歌羅西書》2.8），儘管神的本質，父，仍是無限。作
為話語（Word）或者道（Logos），基督被陳述在第四福音書裡從太
初是神（theos）──與摩西的《出埃及記》裡「被製作為神」（'made
god'）獻給法老（Pharaoh）相比，清楚地是在一個較不偶然的意義
裡，但或許不在一個較不象徵的意義裡。[17]當然，沒有虔誠的猶太人能
夠允許全能者可以如此沒有保留地把他的屬性（attributes）給單一的
先知；另一方面，沒有異端出現在耶穌便西拉（Jesus Sirach）的主張
裡──他的智慧被具體化在律法裡──被察覺出來。[18]在某些時候──
或許早在第三世紀時──它已經成為一個拉比的尋常的事情，即，神
的榮耀，耶和華的神聖同在（the Shekinah），已經分散到各種民族
裡，由於猶太人的流亡與分散，[19]閱讀經文裡的絕對無誤的話語，長老

---

[16] 《申命記》12.5（名稱）；《哈巴谷書》（Hab）2.14（榮耀）；《箴言》（Prov）8.22 ff. 以及《智
慧書》（Wisd）7 各節（智慧）；《詩篇》33.6（道）。

[17] 《約翰福音》1.1；《出埃及記》7.1《七十士譯本》。這些文本將在第二章裡有更多的討論。

[18] 便西拉，《便西拉智訓》（Ecclus）24.23；參考 Davies（1955），169 論這個觀念以及它向保羅
啟示的來源。

[19] 請參考 Scholem（1954），66 包括註解 94 論 Hekhalot 的神祕主義以及阿奇巴拉比（Rabbi Aki-
ba）（公元二世紀早期）。

既然看見且聽見「主」，許多的教師假設某種「神的形式」（'form of God'），一種不可見的人神同形的觀點，這觀點使祂的旨意對有朽壞的事物是可理解的，但是卻不對祂的本質感到困惑。[20] 這或許將顯得這是一個充分的古老的概念，在最早的許多沉思之一裡，為預先存在的基督（pre-existent Christ）去發現一個位置。（《腓力比書》〔Phil〕2.5-12）。

基督宗教學說的第一個發展碰巧與重誦者的時代（the age of the Tannaim）同一時期，教師們在羅馬的統治之下負責猶太人的生活。他們的目標不是使得猶太人皈依，而是教導猶太人成為猶太人，直到大約兩百年時米書拿（Mishnah）的彙編他們的格言是由口述所延續下去的，因此是神祕的傳統。[21] 所以，他們的教導必須被保留成對大多數的外邦人而言是未知的，一旦聖殿在大約70年被摧毀，以色列的國家在135年被瓦解，猶太教教堂的大散居，僑居的人口，逐漸地轉變成為律法的區域。猶太人的不喜歡與他人往來（misanthropy）已經成為家戶喻曉，對基督徒而言，他們從不友善。作為一位皈依者，歐利根的老師也許遭受許多的埃及會堂的惡言。[22] 是否他自己本身曾是一位教師，我們不能說，我們也不能說是否他遵守他的祖先的信仰說希伯來話；我們知道在第四世紀時，這些說希伯來話的基督徒，或者由於根源或者由於收養都是巴勒斯坦人，這是可能的，儘管歐利根對《舊約》的興趣是在亞歷山大城裡被激發起的，他開始學習希伯來文僅僅是在他移民到凱撒利亞（Caesarea）之後。[23] 有一件事情是確定的，不論他學習哪

---

[20] 請參考波克摩爾（Bockmuehl, 1997），以及 Scholem，同前註。

[21] 請參考 Brooks（1988）論有關米書拿（Mishnah）的彙編和內容，然而，他並不相信歐利根熟悉它。

[22] 我們這裡不需要企圖去聽審古代或者所謂「最小的祝福」的範圍，在歐利根時期某些猶太人的會堂裡，它肯定是用來宣告反對某些基督徒：參考 Horbury（1982）作為證據與競爭的詮釋的摘要。

[23] 參考 Blowers（1998）；De Lange（1976），8-9 不可以過於自信地認同任何「在他早期裡的作

一門課程，雖然他意識到希伯來人的教規[24]，並且把他自己詮釋性的寫作限制到其內容上，他持續把《亞歷山大城的聖經》（the Alexandrian Bible），即《七十士譯本》（the Septuagint），視爲基督教會神學的規範。[25]即使他所滿足於某些段落的篇章，現在僅在希臘文裡也許有希伯來語的初型（archetype），[26]他顯得似乎沒有去假想希臘文的權威在希伯來文裡是短暫的存在，卡敏沙（Kamesar）無疑是正確的，他查閱原文，移除《七十士譯本》含糊不清與不一致的地方來論證。[27]

在同意《舊約》的擴大的教規時，[28]歐利根也十足是個《新約》的門徒，他支持把任何未成文的作品加到古代的遺產裡。對他而言，沒有前輩的傳統，只有聖典的保存──僅僅把《四福音書》、《使徒行傳》、《保羅書信》及《啓示錄》當作一部補編，因爲在出處上大部分傳自使徒的，這些教會同意是權威式的。那些來自長老、先知或者使徒，宣稱具有神祕奔放（因此是非聖典）的書籍，他一般是習慣以拉比的禁慾處理。在《雅歌的評論》的序言裡，他貶低「僞經」（'apocrypha'）[29]的讀物，運用這個詞彙不是在現代的藐視意義上，而是有關於這些名稱（title）偶爾地被那些僞造它們的人製作這樣的作

品牽涉到在亞歷山大城裡的猶太人」。然而，正如他繼續第 25 頁做的註解那樣，《論第一原理》（Princ.）1.3.4 以及 4.3.14 揭露，在他的亞歷山大城的青年期間，歐利根請教過「希伯來人」（'the Hebrew'）。

[24] 在優色比烏斯，《教會史》6.25.2，他顯示目前的教規如何可以還原到 22 的數字裡，這個數字是等同於在希伯來文的字母的書信的字母數目。

[25] 對於有關於《七十士譯本》的組成、目的與影響的討論與參考書目，請參考 Gruen（1998），207-13。

[26] 因為在優色比烏斯的相同段落上，他談論到馬加比的歷史（Maccabean histories），儘管他同時宣稱這些作品都是在教規之外。

[27] Kamesar（1993），4-28 論證反對 Nautin（1977），349-53 歐利根的釋經總是以希臘人為中心，而不是以希伯來人為中心，即使他偶爾陷入到由 Barthélemy（1972）所設定的「二元論」裡。

[28] 在《論禱告》（On Prayer）14.4 裡他強烈地堅持多俾亞（Tobit）的教規以及馬加比的作品，抵擋那些將基督徒限制在希伯來文書籍的對手。

[29] 《雅歌評論》，前言（proem），頁 88.5-6 巴倫斯（Baehrens）。

品。對於這些偽造的作品，「第二的」（*deuteroseis*），他自己的詞彙，經常可以代替希臘文有爭議性的翻譯以及對猶太人所稱的「聖經註釋」（Midrash）之舊約文學的重寫。[30] 或許我們應是較不對於歐利根對猶太釋經單詞的了解留下印象，而是對他作為一位拉比卻無法成功地在脈絡上把正統與非正統的實驗區別開來。（前者在歐利根的時代的一個例子是創世紀的拉巴〔Genesis Rabbah〕，後者的例子是《優比列書》〔Book of Jubilees〕。歐利根心裡有數，這是第二級的文獻紀錄——儘管，有猶大的先例以及特圖良〔Tertullian〕的同意，他承認以諾的主張。[31]）不論是怎麼樣的特有風格，他給出它的定義，對歐利根而言，《聖經》保留有一種固定的品質，抵制口頭與讀寫能力的堆積，也包含我們救贖所需要的所有東西。當然，這仍需要解釋，因為在使徒的時代之後沒有個人可以信任，詮釋者的工作是，或者去捍衛普世共識（the oecumenical consensus），或者在那個沒有事物存在的地方，去為他自己創造一個。

第四章陳述現代的人抱怨歐利根竄改經文，由於他為了推翻作者的意圖，過時地任意使用寓意。至目前為止，記得威廉‧賽蒂（William Sanday）的格言就足夠了：頻率——一個文本以頻率維持這樣的一種詭計——是在那些讀它的人眼中的神聖性的量具。[32] 聖經神學的先驅是亞歷山大城的斐羅（Philo），他是與早期教會同一時代唯一的猶太人，並留下眾多的作品以及他的猶太教是一本最純的宗教書籍。在他時代裡著名的人物之一，斐羅帶有敵意寫作反對一位羅馬執政官福拉古

---

[30] 有關「聖經註釋」的原理參考 Schürer（1973），90-99 以及（1979），339-53。

[31] 尤其參考《論第一原理》（*Princ.*）4.4.35，頁 358.32-359.4 克特蕭（Koetschau），儘管在這裡引文強調對《詩篇》（Ps）139.16 的引用。以諾（Enoch）在《猶大書》（Jude）1.14 裡被引述過，或許默默地引用在《彼得前書》3.19-20 裡。特圖良清楚地把它引證在《論女性的服飾》（*On the Attire of Women*）2.10.3 裡，並沒有在《論肉體的復活》（*On the Resurrection of the Flesh*）32.1 裡某位作者的名字。

[32] Sanday (1893), 39.

斯（Flaccus）在亞歷山大城默許對猶太人的迫害，並希望阻止在耶路撒冷對聖殿的褻瀆，於是他引導一個大使團到皇帝該亞（Emperor Gaius）的面前。在羅馬的風尚裡，獨裁者不希望去理解任何事物，除了為何猶太人不吃豬肉之外，唯有死亡能終止他的褻瀆計畫。這是難以去評估在另一個媒介裡斐羅對世界的追求：他的對象——在一座巨大的充滿論文與說教作品的圖書館裡——是去證明在猶太律法與哲學的道德規範之間的某種和諧，因此證實自己的信仰，加深他的教友的信仰，以及牢固對公正的希臘人的尊敬。[33] 儘管如此，「中期的柏拉圖主義者」的標籤——所以經常透過那些無法容忍未分類的標本的人，例如偉大的植物學家林奈（Linnaeus），應用到他身上——在這兩方面是不恰當的。首先，它意味著把某些的學說歸結為「中期的柏拉圖主義者」，這些學說是第一次或者是唯一一次在斐羅裡被解釋。其次，它模糊了這個事實：他的思想的母胎不是柏拉圖的全集或者任何古典遺產的寶石，而是他閱讀的一系列的希臘文文獻，因為他沒有希伯來文——他是一位希臘人，就像他必定知道一樣，懶得去平息那些受過教育的異教徒的愛好。對於斐羅，關於各民族「百科全書式的學習」，僅僅是神聖的有次序的智慧之侍女；[34] 在一個語文學家的城市裡，《妥拉》（the Torah）是他的保護——儘管比起希臘人的偷竊，他也許更渴望去分享。

因此，他讚美柏拉圖，因為他把他當作是一位一神論者（monotheist）；他不是由於柏拉圖而成為一神論者。他的告白——神（theos）這個詞也許被應用到許多的存有者上，而不是那位創造者（the Creator）——不是一種對多神論（polytheism）的讓步，而是坦承同意這

---

[33] 對於斐羅的方法的敏銳說明，請參考道森（Dawson, 1992）；對於現在的立場的調查，參考 Runia（1993），47-58。

[34] 有關夏甲（Hagar）與撒拉（Sarah），參考《論與預備的科學配合》（*On Mating with the Preliminary Science*）5.23；在斐羅裡論述外邦人學習到經文的從屬關係，參考 Wolfson（1961），2-4。

些談論眾神的多樣性的激勵章節，或者（正如在摩西的情況裡一樣），一個人對另一個人被造為神。[35] 正如一位詮釋家一樣，他不能不被這樣的反常事物所困擾；作為一位哲學家，他必定感到驚訝於這位無所不在、全能及堅定不移的神如何可以與歸屬於在《舊約》裡神的人形特徵相調和。這些對任何信仰者，不僅僅對柏拉圖主義者是問題；把它們視為一個特殊的理智的條件之副產品，這不是去解釋，而是去搪塞。這是真實的，即，斐羅挪用了異教徒的學派的慣用語，那些原產於猶太人的信仰問題被框架在「百科全書式的學習」的濃郁的語言裡；然而，詞語的外衣沒有告訴我們他的這些問題如何起源，更不用說他為什麼如此做來解決這些問題。希臘哲學的學生從斐羅關於畢達哥拉斯對讚美數字七的重複論證中受益，但是沒有人建議，他認為相較於五十年節（Jubilee Year）、第四誡命以及在《創世紀》裡的第一章裡的安息日的開創，這些論證更是其聖潔的較好證明。[36] 更為顯著的是，光譜的前提經常被提議為他的道（Logos）的學說，儘管如果我們單單根據詞典學來判斷，數字七本身似乎彷彿無父無母那般。

　　道，作神明的創造與統治之事務總管，在斐羅的作品裡有時被當作是在神的心智裡永恆的模樣（eternal pattern）：正如我們在第二章裡看到的那樣，這使得他可以比較在柏拉圖理論的一個合法的變體裡的眾相本身（Forms）。儘管如此，我們應問為何它是在這個相（form）裡──在這時期一點也不是最原始的，最貌似有理的，或者最受到歡迎的──這個理論本身影響斐羅。當然，答案是他堅持一個信念：這個信

---

[35] 有關《出埃及記》7.1 斐羅的釋經（「我使你在法老面前代替神」）在《論名稱的轉變》（*On Change of Names*）128-9 裡，參考 Runia（1988）。

[36] 參考例如，斐羅《論世界的創作》89-129。對一位畢達哥拉斯者而言，對數字七的頌讚，參考在奧盧斯·格利烏斯（Aulus Gellius），《阿緹卡之夜》（*Attic Nights*）3.10 裡的瓦羅（Varro）；有關斐羅作為一位畢達哥拉斯者的聲望，參考 Runia（1995）。儘管如此，在托勒密期間，在亞歷山大城裡，這個教派中沒有其他追隨者被證實，正如 Fraser（1972），第一卷，492，儘管是他自己的猜測，承認羅馬作者的新畢達哥拉斯主義起源於亞歷山大城。

念雖然偶爾對柏拉圖主義者是有用的，對猶太人是強制性的——在個人的神性的信念上，同時是溫和的及獨立自主的，他不僅僅願意，且愛這個世界，以及，如果祂因任何的名受苦的話，那麼祂選擇成為人所知的父與創造者。斐羅意識到他在柏拉圖裡遇見這兩個語詞，而且也在經文裡首次讀到它們；在任何情況裡，工匠神（Demiurge）在《蒂邁歐》（*Timaeus*）裡作為被創造的宇宙的「父與創造者」（'father and creator'）的出現，不是那位創作者（the author），而是那個永恆的典範（paradigm）的模仿者。[37] 有關於道，它還必須被證明柏拉圖主義者曾使用它來意指工匠神的一個特殊的器官，或者是在超越神性與感官的劇場之間的一位調停者。[38] 還有斐羅沒有比《創世紀》一開始的那章透過話語來創造的觀念需要更進一步地去了解，他肯定不是從柏拉圖那裡，藉由諸如「至高的祭司」、「首生的」和「神的兒子」（'son of God'）等稱呼學習去描繪道。[39]

正如在這裡一樣，在他處，斐羅最有創見的思想藉由經文得到認可，僅僅接受來自希臘哲學最輕微的確認。他著名的神的定義是來自於《出埃及記》3.14裡的「我是自有永有的」（'he who is'），這個段落對希伯來主義者（Hebraists）而言仍然是一個關鍵，但是在《七十士譯本》被翻譯為「我是那個我本身」（*eimi ho eimi*, 'what I am, I am'）。[40] 從這些字裡，猶太哲學家論證，我們推論出神的本質是在他自己的維持，對於所有他的創造物，這仍然是難以捉摸的，而詞彙是強有力地僅僅在描述祂不是什麼，不是祂是什麼（譯註：在柏拉圖哲學

---

[37] 參考柏拉圖，《蒂邁歐》28c 以及在下一章的討論。

[38] 參見下一章。有關斐羅對畢達哥拉斯的口頭傳說的興趣，去留意這點可能是有趣的：羅德島的這位畢達哥拉斯主義者特拉斯陸思（Thraysllus of Rhodes）採用斯多葛主義作為在宇宙裡一個內在的與霸權的原則：Tarrent（1993），第 110-15 頁。Tarrant 與 Runia（1986），第 446-8 頁裡同意斐羅習慣地用道（Logos）代替《蒂邁歐》的世界魂（World-Soul）。

[39] 參考 Wolfson（1947），177-246。

[40] 參考 Starobinski-Safran（1978）；Wolfson（1961）。

裡，探討事物的本質的提問是 'what it is?' 或 'what is it?'，對於上帝的本質是什麼，我們無法言說，只能用祂不是什麼來試圖認識他，參考第二章頁75與頁85）。這是否定神學（negative or apophatic theology）的發端。否定神學，雖然較晚被柏拉圖主義者以一個更嚴格的邏輯工具重新改進，在斐羅的任何前輩之中沒有可靠地證實。這也不是純粹存在於柏拉圖所保留的霸權原則與創造原則之中的肯定性謂詞：工匠神作為理智者注視本質的領域，而善昇華到一個更高的高度上。在這裡，斐羅的思想似乎最具有希臘人的特質，這不是因為他把雅典的學究風添加在耶路撒冷的詩上，而是因為在這鄰近文化之間的存在有比兩極化更多的同源（homology）。因此，當他把守護伊甸園的天使與主以及神的善等同時，他也許擁有一隻眼睛注視亞里斯多德在圓滿實現（entelechy）或者完全（perfection）的兩類區別——一者是實現的本性或者實體的實現，另一者是那種本性的運作特徵——之間。然而，即使一位從未曾聽說過亞里斯多德的坦率的註釋家也會注意到艾洛希姆（Elohim）是經文裡對仁慈的創造者的稱號，雅威（Yahweh）是對以色列的勝利的主的稱號，《七十士譯本》首先把它翻譯為神（*theos*），其次翻譯為統治者（*kurios*）。[41] 斐羅認為人類的思辨在經文裡是被認可的，但僅僅象徵地以及僅僅當作是對智慧的初步預備工作。亞伯拉罕（Abraham）被期盼著斯多葛主義的關注的迦勒底人在屬天知識裡訓練，但是情況是當他離開那個土地，他就成為神的朋友。[42] 接受柏拉圖由理性、熱誠與慾望所組成的魂三份的理論在《論巨人》（*On the Giants*）的論文裡，但是僅僅作為傳說中希伯來人的巨人的故事之樣板，這些巨人代表著土裡出生，追求「身體的快樂」的種族。天上的兒子們都是「通論的

---

[41] 斐羅，《論智天使》（*On the Cherubim*），27-9。

[42] 在《亞伯拉罕的遷移》（*Migration of Abraham*）176-91 裡，將迦勒底人（Chaldaeans）描述為一群在諸天的靈巧的讀者，他們在此屈從於占星術與信仰命運的全能，很清楚地，這是對斯多葛主義的諷刺。

教育」（'encyclical education'）的虔誠信徒，機智鋒銳，但仍然還是被世俗的野心所困惑，而「神的兒子」（'sons of God'）都是先知和祭司，他們公開放棄所有世俗的與感官的追求，而生活在「不朽壞的、非物質的理念」的永恆的沉思裡。[43]

最後一句話的力量我們也許把這稱爲柏拉圖主義，然而，哲學透過所有通論的學習（encyclical learning）被降爲第二類，而寓意（allegory）意味著是源自於在《舊約》裡的人性的三層區隔。《舊約》早於所有希臘人的作品，也許被視爲是柏拉圖神話中的兩則的初型（archetype）。[44]無可質疑地，「中期的柏拉圖主義者」的這個標籤隱藏著斐羅的起源，儘管大多數的學者同意沃爾森（Wolfson）的《教父哲學》（Philosophy of the Church Fathers）這部作品──它使斐羅成爲幾乎所有哲學的父母，這種哲學是把其方式奠基在基督學說裡──是過於誇大的。雖然，正如魯尼亞（David Runia）所展現的那樣，在斐羅與教父之間的許多相似處，豐富到足以填滿一卷實質的書。在克雷蒙（Clement）之後的基督徒作家很少坦率承認他的影響，他的這種影響在很多的情況裡必須是間接的暗示。[45]在歐利根已出版的文本裡編輯的機構提示說，他吸收斐羅遠勝於稱呼他，但是巧合的推論的可能性，或者一種間接的資源的使用，不總是可以被排除在外的。我們可以看到──沃爾森自己本身證明這點[46]──斐羅的作品在猶太教裡並不偏離主題，在他的研究裡的猶太人不是與在會堂裡的猶太人不一樣的人，如果歐利根的老師在任何的意義上是斐羅的門徒，他的學生也許已

---

[43] 《論巨人》（On the Giants）60-61。有關柏拉圖的魂三分（理性、精神、慾望），參考《理想國》（Republic）439-40。

[44] 參考《理想國》415a-b，把人區隔成三個部落，每個部落源自於不同的金屬；《饗宴》189d-193b論述有關原始人類的三個種類（男性、女性與男女性），他們威脅要像荷馬的巨人那樣攻占奧林匹斯山，而在他們被擊敗之後，他們分別地成為男同性戀、女同性戀以及異性戀的祖先。

[45] Wolfson (1956); Runia (1993).

[46] 參考 Wolfson（1948）。

經接受某種教育，這種教育一直以來討好某位哲學家和滿足某位教師（rabbi）。如果斐羅是代表的話，在古代世界裡，與思辨的心智（the speculative mentality）和教誨相連結產生了對神的隱密性之強烈確信，而且以相稱的高度重視，把經文作為他不在場的威嚴的投影。在亞歷山大城的研究把歐利根引導到《聖經》裡，把它作為像造物主心智這樣的一本書：它可以擁抱對自己權柄毫無偏見的人的思想，因此，同時這本書有作為某種無可爭議的歷史文件、某種永恆不變的行為指導以及真理之無窮寶藏的功用。

▌在亞歷山大城的教會

這看起來也許是怪異，猶太教（Judaism）應提供對歐利根的青少年教育的一個研究進路，但是，如果我們跟隨以猜測處理事實的習慣，那麼幾乎沒有任何其他的起始點：歐利根現存的許多作品沒有提及到在基督宗教的學說裡的任何教師，除了他的希伯來文教師之外。波菲利以及優色比烏斯同意他曾聽阿摩尼烏斯（Ammonius）的課，阿摩尼烏斯是一位哲學家，他的身分是下一章的主題。優色比烏斯把《耶穌與摩西的和諧》（*Harmony of Jesus and Moses*）[47] 這部作品歸諸於他。他也許也把設計一部基礎的對觀福音書（synopsis）的阿摩尼烏斯視為同一個人：[48]

> 亞歷山大城人阿摩尼烏斯花了許多的努力與勤勞留給我們四重的福音書，除了《馬太福音》之外，他把其他的福音書作者的許多相應的段落置於福音書裡，以致其他三者的連續線索必然被切割，阻礙

---

[47] 參考《教會史》6.19.6 有關波菲利對阿摩尼烏斯的描述，以及 6.19.10 有關基督徒的答辯者。

[48] 優色比烏斯，《福音書的一致性》（*Concordance to the Gospels*），Barnes 翻譯（1981），121。在第 122 頁裡 Barnes 註解，這位阿摩尼烏斯是「另外未被經證實的」。

了連續閱讀⋯⋯我的觀點從這位已經提及到的人的作品出發，但是卻遵循某種不同的方法。

再次地我們留意到在亞歷山大城裡語文學的方法的優越：[49]我們也看到阿摩尼烏斯同意福音書的四重正典。在評述亞歷山大城的克雷蒙的工作時，沒有一點應被漠視。優色比烏斯肯定他是歐利根的老師以及他的先導，這位先導是亞歷山大城的教導學校（Catechetical School）的首領。[50]有關這所「學校」[51]的存在，許多質疑並不是沒根據的，如果我們把那個詞用來指某種機構，像是某所現代的大學，擁有美麗的建築區以及教授的固定薪酬表。在古代世界裡學校更常由某位自己任命的教育者——一群固定的聽眾，以及在特殊的演講裡一群較多的聽眾——所組成。如果教師已經有了一位繼承者，他就在非形式上獲得那個職位，或許，他就在前輩的生涯期間被視為同事，各人所接納的收入來自於與聽眾議價的結果。教導學校如果它不是一個藉由追溯的設想所創設的傳奇，也就是說，所有的教導必須發生在一個已被認可的傳統之內，它必須是一個私人的冒險事業，雖然就其目的而言，有人認為這是過於寬厚，以致無法執行私人的收費。

　　然而，他們獲得他們的角色，這些教導學校的學生經教會的同意，受到富裕的基督徒或者大眾的捐款所贊助，這是合理想像。某類成年人有資格受洗的機構在一個城市中很顯然是必要的，嬰兒洗是極為罕見的（遲至公元300年才有）。[52]而儘管在公元200年前城市裡沒有主教

49　歐利根偶爾不關心《聖經》的敘事的架構（正如我在第四章裡論證的那樣，這點不應被加以誇大），似乎他可能會被阿摩尼烏斯為了他的摘要的緣故準備「打破線索」所約束。

50　參考《教會史》5.11論述的教導學校；6.13.2論述潘他努斯（Pantaenus）作為克雷蒙的家庭教師；6.13.8論述克雷蒙與歐利根的通信。

51　參考 Bardy（1937）。Van den Hoek（1997）爭論證據有助於學校的存在，但是古代的見證受到許多的學者，像 Glucker（1978）的懷疑，就是，已被投射在古代所有知識系譜學上的懷疑。

52　否則，人們無法理解這則軼事（盧非努斯〔Rufinus〕，《教會史》1.14），即，這位小孩阿坦納

的確切紀錄，儘管神職人員經常被認為以父親般的不知所措去看待這所教導學校，學校的課程是很少有用的，除非它們被設計為是為了完成一些集體要求的條件，就是為主教所要求在洗禮水的管理上。教導學校的觀念作為放縱的講道的溫床是另一個現代的狂想，如果某些傳統被克雷蒙傳承給歐利根可以被證明的話，提出這點作為傳統的正統觀念的證明，比作為在學校裡非正統的徵兆更有智慧。正如我們看到的那樣，在歐利根許多的作品裡沒有確證他是克雷蒙的學生，但是或許最強有力的證據是，這兩者都是以不尋常的題旨《論第一原理》（*On First Principle*）[53]以及《雜集》（*Stromateis*）[54]寫作作品。它們唯一異教的同名字，朗吉努斯（Longinus）的《論第一原理》以及普魯塔克（Plutarch）的《雜集》，連同克雷蒙的《論第一原理》以及歐利根的《雜集》都已經遺失；儘管如此，名稱的巧合大大地消除所有的懷疑：較年輕的基督徒是熟悉那位較年長的基督徒的作品的。

　　將克雷蒙的《雜集》視為他關於實體的單一作品是很平常的，將它詮釋為是在貴夫人哲學與一小撮教會的陳腔濫調間的貴賤聯姻。就很多人而言，似乎克雷蒙提議把關於理智的德性之培養，作為基督徒的完美性的一個途徑，然而把謙卑的群眾之信仰，以及它所依靠的《聖經》，

西屋斯（Athanasius），由於在他的那個嬰兒的年齡層完成有效的洗禮，把他的長輩給嚇壞了。

[53] 有關朗吉努斯（Longinus）（大約公元 265 年）的《論第一原理》，參考波菲利，《普羅丁的生平》14；有關克雷蒙的生平，參考他的《雜集》3.13 以及 3.21。有關在 5.14.140 的第一原理提及到希臘理論，並不能使人信服，Kannengiesser（1988），249 假定當歐利根採用它作為某個標題時，他贊同「那個詞彙的共同使用」，Kannengiesser 是對的。Logan（1999），161 n.19 引述了安卡拉的馬塞盧思（Marcellus of Ancyra）的以《高爾吉亞》（*Gorgias*）454d-e 開頭的句子帶刺的比較（優色比烏斯，《駁馬塞盧斯》〔*Against Marcellus*〕1.4）；有關這個標題，如果馬塞盧斯（Marcellus）已經知道柏拉圖的某個軼事，他無疑也會公開這個。

[54] 有關歐利根的《雜集》，參考優色比烏斯，《教會史》6.24.3；耶柔米，《以弗所書的評論》（*Commentary on Ephesians*），以及 Moreschini（1987）。有關普魯塔克的《雜集》，參考優色比烏斯，《為福音書預備》（*Preparation for the Gospel*）1.8.1-12。即使這部作品被錯誤地歸屬，它仍然是真實的，在 Méhat（1966），104 的話裡：「優色比烏斯的斷簡是一種風格的見證」（'*le fragment d' Eusèbe est un témoin de genre*'）。

視爲純粹合適於拯救。據說，當他偶爾宣稱接受外邦人從摩西那裡偷了他們的哲學的這樣一個古代的毀謗時，他的眞正的觀點是神以某種雙重的分配工作，以某些眞理與希伯來的先知溝通，以及以另一些眞理與希臘人溝通。如果他不是一位柏拉圖主義者的話，他有時被認爲是那個他自己本身曾經稱呼「折衷主義者」（'eclectic'）宗派的追隨者，他的教導是來自許多最重要的異教學校裡可用的學說之綜合。據說，因爲他無法成功去發現在這些源頭裡，道成肉身、受難、受膏、身體的復活，或者耶穌再來的任何可能的同源，教導學校的校長對教會這些基本的信條只表達一些表面上的敬意。

　　很少控訴倖免於檢驗。克雷蒙總是從事於其內在生活，他不會阻止神職人員評論者遭受辱罵。這些神職人員評論者僅僅關心閱讀他對聖餐儀式的論述的許多章節，想要發現到如何、是由誰以及在一週的哪一天，儀式在亞歷山大城被慶祝。[55]克雷蒙對於這類的問題是沒有答案，對於這一切基督教世界的善，大多數讀者是不會問這個問題的。如果成爲一位柏拉圖主義者，主張實在界是精神界是必要的話，那麼保羅比克雷蒙更是一位柏拉圖主義者。就知識或者認知（gnosis）而言，克雷蒙並不是意指追求一種輕視《聖經》教學的自由教育和信仰的遺產；相反地，他意指外邦人的學識可以提供給基督教學說及經文研究所有的工具，以便這些學說可以比較好理解，可以更敏銳地服從誡命。[56]所以他在《雜集》的第五卷——在這卷裡論證已被證實對奧古斯丁及樞機主教紐曼（Newman）有深遠影響——十分直截了當地告訴我們，他爭論道：知識本身必須取決於信仰。在相同的一本書裡，他諷刺哲學家

---

[55] Tollinton（1914），vol. 2, 135-64 感覺到有義務為克雷蒙的保守道歉，並緩和地再說，亞歷山大城在其儀式的形式上是「落後」其他的教區（sees）。

[56] Méhat（1966），421-88 顯示在克雷蒙的《雜集》裡的「認知」（gnosis）可能意味著這些：科學的、哲學的、美德的、世俗事務的、基督教義的、屬大的奧祕的、末世的事物或者經文的內在意義的知識。在一個單一的作品裡，對這樣一系列的意義的發現，應該阻礙我們設想愛任紐把它歸罪給他的所有對手的「錯誤地所謂知識」在內容上是同質的。

們的爭吵，當他看到，在《舊約》裡與以符號將最寶貴的眞理祕密化的畢達哥拉斯主義的習慣相平行時，這是沒有證明的直接啓示；相反地，當他開始以某種累贅以及經常不正確的方式去論證論述時，希臘人的剽竊的標本是數不盡的。[57] 在他的學術研究上許多的瑕疵說明了他的信念的堅定，只有在第六卷上他確實以這樣的方式修正了他的題旨：承認有少數的外邦人被聖靈造訪過。這些都不是哲學家，而是單純地先知的人物（vatic figures），例如，女巫（Sibyl）與海斯塔斯珀斯（Hystaspes）── 相同的例外已經在第二世紀中期被殉教者查士丁（Justin Martyr）所引述，他極力主張，在希臘哲學上不論什麼是眞實的，都是可查出是偷竊。[58]

當整段引述時，被認爲是背叛克雷蒙的折衷主義（eclecticism）的那個段落沒有暗示他把他自己本身視爲哲學傾向的傳聲筒：

> 有一位農夫他從創作中，在人類的土壤上撒下生產的種子，那位在每個季節裡傳送如雨一般的至高無上的話語的人，但是接受它的季節和場所卻導致許多生產的差異。[59] 換言之，農夫……播種……但是土壤的預備也是相同農作的部分……相同地，不僅僅牧羊，且也是放牧牛群，馬的餵養、狗的養育以及蜂群的養殖的所有技藝──一言蔽之，所有牲畜的放牧與餵養──在較大或者較少的程度上一者與另一者不同，但是所有這些對生命是有益處的。現在我所指的哲學不是斯多葛主義、柏拉圖主義、伊畢鳩魯主義或者亞里斯多德主義，而是，不論這些派別的每一個的對話是什麼都以虔誠的理解

---

[57] 參考《雜集》5.1.5 以及 5.12.86 論述在追求不可見的事物中信仰的必要；5.1.3 論述「認知」作為某種較高的信仰，順服之完全；5.9.59 以及 5.11.67 論述畢達哥拉斯；5.14.89-145 論述希臘人的抄襲。

[58] 查士丁，《第一申辯》（*First Apology*）43；克雷蒙，《雜集》6.42-3。

[59] 比較《馬太福音》（Matt）5.45, 13.3-9 以及相似之處。可能還有一種對努美尼烏斯（Numenius）的回憶，斷簡 13 Des Places。

教誨公義：這折衷的要素的整體我稱為哲學。（《雜集》1.37）

克雷蒙已經解釋哲學是某種「先前教育的」學習（'propaedeutic' study），它教導我們對身體的掌控，因此引導至智慧的領悟（apprehension of wisdom）。在其最好的情況中，它淨化理智，並在其追尋真正的哲學裡引導理解（1.32）。但是百科全書式的學習──以某種不加掩飾的暗示著斐羅對夏甲（Hagar）與撒拉（Sarah）的故事的處理方式──是女僕對待那些被基督釋放得自由的人的智慧（1.30-1）；世界的哲學渴望一個目標，這個目標只可以在這位宣稱「我是真理」[60]的教師身上實現。「折衷的」（'eclectic'）不是與「斯多葛主義者」或者「柏拉圖主義者」完全一致的形容詞，它指稱沒有理智的系統，這系統意味著回應所有最深奧的或重要的問題。[61]這相當明顯意味著，在哲學裡的要素是如此有一個共識，它是可以合理地被稱為技藝的（technical），連同科學，例如，農業或者醫學，被視為是對更高貴或者更引起爭議的思辨的輔助。哲學家之間的共識尤其延伸到道德原則。這種道德原則即是：生命應致力於以理性追求與多餘的善或短暫的快樂無關的整體目的，或許也貢獻給某種邏輯的定理上，例如，亞里斯多德的無矛盾律。因此它包括許多那些與我們現存的世界的存在有緊密關係的事物，但是沒有一個是與神學相關的事物，沒有任何克雷蒙對哲學所說的這類的恭維：他欲求以其工具去創造或者形塑基督宗教的學理。

---

[60] 《雜集》1.32，引述《約翰福音》（John）14.6。

[61] 對我而言，以 Domini（1988），16 去主張《雜集》1.37.6 傳達了「他自己哲學的方法的理想」，這似乎是不正確的，而是傳達由 Domini 所提供的證據展示那個詞彙在克雷蒙時期是一個「專技用語」（termus technicus）。在第 26 頁裡，Domini 正確地指出，柏拉圖主義的教義學派（dogmatic schools of Platonism）與漫步學派哲學的出現恰逢折衷主義的鼎盛時期；但是這對我而言似乎不去駁斥 Zeller 的這個觀念：這是某種的「道德化的……通行語（lingua franca，譯註：社交語言）」（Domini，同上），因為這些學派的教義主義（dogmatism）一般被限制在形上學、知識論以及邏輯與物理學的一些部門。

　　他所寫的《雜集》東拉西扯的八卷書，是要去證明完全的基督徒之信仰與實踐——諾斯替主義者（the Gnostic），正如克雷蒙稱呼的[62]那樣——是與被哲學家所實現或推崇的最佳相容。同時，結果是一種為了基督宗教的請求，以及一種為了世俗追求的養成，而對基督徒認錯。聽眾不需要被較狹窄地定義，除非不可能為這相同的工作，以確保聰明的信仰者的信仰，以及能消除有教養的異教徒的嘲笑。然而，這兩種目標可以在一種較不和平的方式裡找到，克雷蒙的《勸勉希臘人》（Protrepticus）是一種在他的時代論述宗教的具攻擊與諷刺的文章，在機智上與風格上是較劣質的，但是在內容上是可以與由這類同時代的有智慧的人（或者具榜樣的演說家），例如路西安（Lucian）與菲勞特拉斯圖斯（Philostratus）所創作的優雅長篇演說相比。[63]差異是這些異教徒在他們停止娛樂他們的觀眾之前就已經停止了，然而，克雷蒙以一種皈依的令人乏味的堅定意志寫作。他選擇不去看有關異教崇拜裡的任何事物，而是用單純的心去看偶像崇拜的實踐。他認為在神話與詩裡，眾神的放蕩的行為被所有他們的敬拜者所贊同，他論道：這些神祕事物令人厭惡的標誌，可以充分證明在其中不可能發現任何造就。[64]一般上，這項工作被視為是一種辯護，但是如果辯護是手段，藉此，少數人「屈服」於其敵意的環境，《勸勉希臘人》的作者顯然不是形式上的藝術家。[65]

　　是否他是一位哲學家，似正如亞里斯多德的論文名稱所標示的那樣？[66]《勸勉希臘人》讚美這類人比大多數人知道的更正確，唯有使他

---

[62] 關於真正的諾斯替教徒（the true Gnostic）的特徵，克雷蒙相信他們是更忠實於《聖經》的經文、道德律法及理性的規範，參考 Méhat（1966），489-522。

[63] 參考路西安，《眾神的對話》（Dialogues of the Gods）等等；菲勞特拉斯圖斯，《阿波羅尼奧斯的生平》（Life of Apollonius）6.11.2-18 等等。

[64] 在《勸勉希臘人》70 裡，柏拉圖因隱藏他對神聖者的卓越理解而受到譴責。

[65] 參考 Grant（1988），9。

[66] 我們對亞里斯多德的《勸勉希臘人》（Protrepticus）的知識主要來自於其與楊布里庫斯（Iam-

們相信在理性與人性的顛覆中人是一團畏怯。在《勸誡》裡，克雷蒙與哲學爲友，不是與哲學家爲友，而且與其說是適應羅馬世界的文化的目的，不如說是他自己戴上武器去抗拒文化的適應。在年輕時期進入到這所理智的高等教育學校（gymnasium of the intellect），也許在雅典，他已經發現到德性能夠加強，而不能夠灌輸，爲了要使其教訓（lessons）能發揮作用，人們必須首先堅決抗拒罪，使那些未受洗成基督徒的教授裏足不前，而在現今的世界裡，對於那些把耳朵閉上不聽神的話人而言，這點是不可能的。

　　個別回應其目的，《雜集》證明了哲學的優點，而《勸勉希臘人》證明其缺點。《教育者》（*Paedagogus* 或者 *Schoolmaster*）——唯一倖存的具有篇幅的其他作品——是論基督徒的行爲的論文，對於異教徒前輩，它作了更具建設性的使用。這點沒有違背使徒們的信仰，因爲即使在古代時期，《新約》經常被懷疑襲用公民價值的詞彙，當它爲在基督徒之間或者在基督徒與世界之間的對話制定許多的規則時。這也許是急躁去談論這階段裡的任何東西，更甚於語言的情投意合，正如希臘人與猶太人有關道德方面的教導都是相交的那樣，在許多的情況裡，人們說這是表達人性的集體智慧。然而，下幾個世紀的博學基督徒發現，哲學就其所選擇的目的，在指導社群與塑造性格上是教訓的武器庫。眾所周知的警句作品集《賽克圖斯的語錄》（*Sayings of Sextus*）在克雷蒙的時代已經是在基督徒的手上了，[67] 對許多讚美斯多葛主義的正直的，然而卻仍然是無知，或者在哲學的其他領域裡鄙視他們的教導的人來說，查士丁是例證（prototype）。克雷蒙實踐了幾乎每位道德家所做的

---

blichus）同姓名的人，但是在克雷蒙與羅馬時期的較早期的演說家之間的親密關係，被 Emmett（2000）寫在一個長期的工作的本票中。我們也應觀察到歐利根的《對殉教的勸誡》（*Exhortation to Martyrdom*）產生了這個希臘文的標題「勸勉希臘人」（*Protreptikos*）。

67 參考 Chadwick（1959a），尤其 109-11 在《馬太福音的評論》（*Commentary on Matthew*）裡論歐利根反對過於熱衷在追求性慾的純潔性的論戰。

行為，不論他自己的誠實的理由是什麼：他訴諸於常識。

根據克雷蒙這三篇論文，沒有一篇是哲學的神學的論文；在它們是最不具神學之時，它們是最沉浸在時代的哲學的思潮裡。這是為了去與那些思潮爭論，或者全然避免它們，克雷蒙在《雜集》的第八卷裡，以邏輯的槳來裝備自己，當他援引畢達哥拉斯的符號去證明在《舊約》裡他擬人化的段落的解碼時，他選擇一張地圖，而不是一個目的地。當他做出結論時，在他的論文《論富人的拯救》（*On the Salvation of the Rich Man*），我們有權力去擁有我們的物資，只要我們把它們交給神隨意使用，他沒有稀釋福音的活力，而是鼓勵一種引人注目的博愛主義（愛人類，philanthropy），比起一個人把財富完全地分配給窮人，博愛可能在政治的社會上是能贏得更多的皈依宗教者。這位古代晚期的基督徒——誕生在一個有一半以公民是效忠於自己的國家且有同一信仰的世界裡——以變成他自己國家的大使的身分，實踐了向各族宣傳福音的命令。他沒有忘記耶路撒冷這個城市比起他所渡過的地上的朝聖之旅是更神聖的，而神的國是更持久的；但是慷慨大方的風俗習慣，像哲學的語言，能夠建議用來抗拒貪婪、驕傲與世俗的平庸，這些都鞏固異教徒的不信。克雷蒙的策略成功，因為基督徒的公眾精神在第三世紀引起了觀看者的尊重與仿效，然而，第二世紀的殉教者的勇氣沒有獲得任何的成就，除了鄙視之外。

在原始內容與虛假的形式之間，是可以在這許多的情況裡做出區別；但是當我們發現，所謂的基督教的基本信念不僅僅是可以表達在希臘文的命名法裡，而且在實質上也與許多目前的希臘哲學的設定等同時，這個區別是否可以繼續維持呢？在克雷蒙裡最惡名昭彰的情況可能是他的這個主張：柏拉圖的眾相的世界（the world of ideas）是經文的道（the Logos of the scriptures），這道也就是耶穌基督，神的話語。[68]

---

[68] 尤其參考《雜集》4.25.155。

因為相同的立場被歸屬於歐利根，其確實的討論延到後面的章節；真或者假，這沒有證明克雷蒙是一位柏拉圖主義者，後者這個詞是「基督徒」的反義詞。正如奧斯邦（Eric Osborn）提醒我們，他賦予那個標籤唯有在他能用柏拉圖的詞彙去代替在許多的章節裡（這些章節聲稱去解釋教會的學說，而無需額外目標將它與異教徒教師的思想並列）的經文詞彙。[69] 向基督徒說「我發現到『相』（"idea"）這個詞比『道』（"Logos"）更有意義」，這是一回事，建議基督徒如果他們反省相的功能，他們將獲得對道的某些理解，並以這樣的方式去討好基督徒，這是另一回事。對於那些希望把克雷蒙指為柏拉圖主義者而言，前一種類型的許多例子並沒有得逞，因為克雷蒙從不曾使用「相」這個詞，除了當引述或者重述雅典哲學家的話之外。當我們考慮柏拉圖的作品在卷數上到底超出保羅的書信多少，奧斯邦的計算是，後者在克雷蒙裡被引述一千兩百次，而前者只有六百次，這成為一個有說服力的統計。[70]

　　早期對道的思辨，有被視為柏拉圖的或者柏拉圖化（Platonizing）的傾向，當這種思辨把它的人性（humanity）掩蓋在它較高的特徵上，把它單單思想為宇宙的建築原理（architectonic principle），或者是有關啟示之脫離現實的聲音（the disembodied voice of revelation）。[71] 神——祂同時也是人，在卑賤中誕生以及在恥辱中受死——的概念，對哲學家而言，是一個恆久的絆腳石，諸多錯誤之一最常在克雷蒙時代被譴責的是幻影說／唯神主義（docetism），幻影說承認一個真實的顯現（epiphany），但是僅僅在虛幻的肉身與血裡（phantasmal flesh and blood）。有時克雷蒙自己本身要為異端負責，因為他似乎同意引述華倫提努斯（Valentinus），當後者否認基督忍受身體的重擔：

---

[69] Osborn（1944）.

[70] Osborn（1994）。這可以看出，我對克雷蒙的評價總體上較接近於 Osborn（1954）的評價，而較不接近於 Lilla（1971）的評價。

[71] 參考格里邁爾（1975），108-13 論述道作為一位宇宙論的行為者。

> 華倫提努斯在他的信件裡向阿加投普斯（Agathopous）說：「耶穌
> 維持他在各方面的忍受的自我控制，他鍛鍊他的神性，他在特殊的
> 方式裡吃與喝，他沒有消化他所吃喝的東西。這樣的自我控制的能
> 力使得他的食物沒有在他裡面消失，彷彿這不是在他的自己的本性
> 裡去消化它們。」（《雜集》3.7.59）

這裡是思想路線的許多奇特的開始，在教父時期這個思想統治著亞歷
山大城的基督學（Alexandrian Christology），在這時期再次地展現了
其自身，例如，在歐利根的教導裡，基督的身體是沒有性的激情。[72]
然而，如果在這個連結上我們使用「幻影的」（'docetic'）一詞的話，
我們應是意識到我們給予它一個比古人較寬廣延伸，因為對古人而言，
它意味著他只是對肉體的一個嚴謹的否定，而不是對凡是發生在其現在
階段上伴隨著肉體的每一事物的否定。即使那些早期的基督徒，例如，
克雷蒙，他們沒有強烈的墮落感，他們認為肉體的特性被我們的罪所耗
盡，唯有復活可以把屬於它作為神的精緻的作品的榮耀歸屬它。當每個
人都同意他至少獲得「與眾天使一樣」條件時——我們被承諾在天上的
國裡推選這些天使，在四福音書裡最著名的基督的例子是發生在復活之
後。即使在他在巴勒斯坦佈道期間，他在曠野裡四十天的禁食，顯示食
物對於他的體格正如對於我們的體格一樣不是必要的。[73] 正如我們所觀
察到的那樣，在克雷蒙的時期有某些爭論，是關於是否基督採取「屬
魂的」身體（'psychic' flesh），也就是所有的人接受自亞當的，還是
採取復活的屬靈的身體（spiritual flesh）；甚至那些主張第一個立場的
人——基於唯有這樣一種屬魂的基督（psychic Christ）才是真正的人

---

[72] 《利末記講道》（*HomLev*）9.2，頁 420.15-16 巴倫斯（Baehrens）。
[73] 有關於他吃魚，參考《路加福音》（Luke）22.42-4，儘管在幾乎與《約翰福音》21.12-14 同樣
的段落上並沒有說道基督本人吃魚。與天使同等，參考《路加福音》20.36；有關在曠野中禁
食，參考《馬太福音》4.2。

類——沒有教導人性的尺度是消化道的暴政。

　　人性的基督肯定在克雷蒙對四福音書的註釋將是更著名的，這個註釋構成了他已遺失的《概述》或者《信仰的綱要》（*Hypotyposes* 或者 *Outlines of the Faith*）的部分。[74] 再次地，那個名稱在最近的柏拉圖主義的作品裡有一位先驅者，他是阿比路思（Albinus），但是其中內容對於當時的或者現在的正統並沒有令人感到震撼。事實上，如果我們信任卡西歐都盧斯（Cassiodorus）拉丁文的意譯的話，克雷蒙是最早宣稱三位一體的第二位格（the Second Person of the Trinity）嚴格上與第一位格同在永恆裡的一位神學家：[75]

> 「來自於起初的那個事物，我們已經用我們自己的眼睛看到，我們已經聽到」〔《約翰壹書》1.1〕。與《約翰福音》一致並符合，這封信也包含有某種的屬靈的原理。因此，當它從一開始說時，長者[76]以這種方式解釋它，他的世代的起源不與〔或者也許在〕創造者〔中〕的起源分離。因為當它說從一開始時，它暗示了沒有那位與父一起存在的子神開始的世代……道已經存在這件事情，總是藉著說太初有道而顯示。〔《約翰福音》1.2〕

這是由第四世紀的主教們在亞歷山大城時所傳揚的學說，在一場艱辛的奮鬥之後，這個學說克服了其對手所主張的先存的基督不是永恆的，以及是與受造物一樣的子神（Son）的教導（也曾在亞歷山大城興盛一時）。一般上，人們認為歐利根是正統地位的第一位倡導者，但是反對

---

[74] 標題可能顯示與亞歷山大城的文學的親密：參考 Fraser（1972），vol. 1, 492 論述懷疑主義者皮浪的《概述》（*Hypotyposes*）。

[75] 翻譯改篇自 Edwards（2000），172。

[76] 有關克雷蒙呼籲某些未被指名的長老作為傳達使徒作品的見證人，參考 Hill（1998）。「長老」（'elder'）不可能是書信的作者，因為克雷蒙清楚相信他與傳福音的人是相同的人，他把傳福音的人誤當作是使徒約翰（John）。

克雷蒙的在先性的情況，是依賴於一項晚近與敵對的證據。教父福提屋斯（Photius），在第九世紀的作品裡，在他的《藏書記》（*Library*）一些摘錄與提要裡譴責他，並宣稱父的心智（paternal mind, *patrikos nous*）不是與外現的話語（emergent Word, *logos prophorikos*）等同的，而把這些次階的特殊言說理解為基督學的名稱，福提屋斯責備他把基督解釋為更後於神。[77] 他知道在第二世紀時的某些的護教者（apologists）論到在救世主的預先存在裡的兩個接續的階段：第一是，父神（Father）的內在理性（immanent reason），內在的道（*logos endiathetos*），接著是，一個分離的投射，即外在的道（*logos prophorikos*），它說出內在理性（*logos endiathetos*），即用言詞表達思想。在克雷蒙裡找出這些次階的表達，他把相同的意義隸屬於它，推斷這位亞歷山大城人，與他的前輩不一樣，他肯定兩種話語，而不是屬於同一個歷史的兩個階段。但是事實上這個忙碌的博學的人，顯然被一位在《雜集》裡倉促閱讀以下的話的人所誤導，克雷蒙在這裡使用一般的希臘文而沒有使用護教者的用語，他有默契地反駁那些剝奪基督的同一性的人，藉著分析他的名稱道（Logos）為人類主體的外在的道（*logos prophorikos*）的一個同義詞，把他還原成父神的一個附加語：[78]

> 那位提供給我們一個在存有與生命裡的分享的人，也提供給我們在道中分享，他希望我們同時理性地以及健康地生活著。因為父神的道不是這種外在的道（*prophorikos logos*），而是最能彰顯神的智慧與良善，的確是大能與真實的神性，甚至對於不相信的人，它也不是不可以理解這是全能神的意志。（《雜集》5.6.3）

對於現代的讀者，或者對於那些拜占庭大主教的穿著考究的聽眾而言，

---

[77] 福提屋斯，《藏書記》（*Library*）109。有關於參考書目，參考 Edwards（2000），168。
[78] 評論參考 Edwards（2000），169，他把這個翻譯做了些微的改變。

這種勸告也許是多餘的，但對於歐利根而言，這卻不是如此。歐利根強烈地把這情況置於他的《評論約翰福音》（*Commentary on John*）裡。他與克雷蒙面對一個共同的敵人，眾所周知作爲神格唯一論（monarchianism）的異教學說者。神格唯一論是如此不願妥協神性的統一，以致除了在父神與子神之間有一個功能性的區別之外，不存在任何根據。與他們同時代的人——在非洲的特圖良（Tertullian）與在義大利的西坡力圖斯（Hippolytus）——一樣，歐利根與克雷蒙一度堅持在同年代統一裡的同年代的差異的悖論，當最著名的羅馬與小亞西亞團體許可極少可以從神格唯一論區別出來的教導的那些教導。對於那四位作家而言，神格唯一主義者（monarchians）的錘子是《約翰福音》，這個文本，儘管它現在在各處是正典，對於埃及的每個類型的基督宗教，一度是用作某種的護身符，或者不爲人所知，而在信仰的其他小區裡，它不被引用，也不爲人所知。

　　這點把我們帶到克雷蒙的《聖經》的問題。儘管他是第一位大家公認能夠談論正典及《新約》的基督徒，有可能在他的作品裡，一如在較晚期基督教的使用裡，這些表達都不帶有相同的意義。《教會正典》（*Ecclesiastical Canon*）是已經遺失的作品的名稱，這部作品過去也稱爲《反猶太人》（*Against the Jews*），因此它也許作爲類似於查士丁的《與特立福對話》（*Dialogue with Trypho*）[79]的基督教《舊約》詞彙表。至於他的《新約》，他肯定贊成正典的福音書（canonical gospels），但是在《雜集》裡，他對《彼得的講道》（*Preaching of Peter*）裡的呼籲，以及他對馬可的神祕福音書的支持——他相信它是正典福音書中最好的版本——由福音書作者（evangelist）所贈給亞歷山

大城教會，我們要說的是什麼呢？[80] 馬可的神祕福音書，根據少數存留下的片斷的判斷，或者是我們的《約翰福音》的初型（archetype），或者是正典的《馬可福音》沾染《約翰福音》；在任何一種情況裡都屬於僞經的範疇（category of apocrypha），這是歐利根警告他的讀者要避免的。《彼得的講道》顯然是與《彼得的學說》（*Doctrine of Peter*）相關的，在歐利根的《論第一原理》中反對前書，視它作爲一本在任何的普遍會眾（catholic congregation）裡不具有經文權柄的書；我們沒有理由去懷疑，這是與一部已經在安提阿（Antioch）被主教瑟拉皮翁（Serapion）所禁止的作品相同的。主教瑟拉皮翁的名字似乎表示著來自埃及。[81] 這裡，至少似乎克雷蒙設定了一個歐利根沒有選擇去跟隨的自由先例。

歐利根肯定是很少願意去探詢神祕的傳統，但是他的前輩的異端信仰（heterodoxy）不應被誇大。這是比一些史學家更難以想像從一位作者的引述裡去分析他的正典（canon），例如，優色比烏斯可以抄寫他所相信的東西是一封來自基督給愛德薩的阿柏加王（King Abgar of Edessa）的信，而沒有提議把它寫入到他的《新約》裡，甚至在第四世紀時，《摩西的承擔》（*Assumption of Moses*）——從不曾是《七十士譯本》的一部分——可以被運用來反對一位迷惑的亞流主義者（Arian）。克雷蒙的許多敵手也是高盧（Gallic）主教愛任紐（Irenaeus）的敵手，後者在大約180年左右宣稱這是一個明顯的眞理，即，福音書不可以多於四部或者少於四部。[82] 甚至異端的大第安（heresiarch Tatian），早在較早的十年前在愛德薩創作，他已經從他的四福音書的調

---

[80] 關於從一封信裡最近的發現，許多學者同意將這封信歸於克雷蒙，參考 Koester（1990），193-203。

[81] 優色比烏斯，《教會史》6.12.2-4。克雷蒙引述彼得（Peter）在《雜集》5.5.40、5.5.43 及 5.5.48（這裡是在《彼得的講道》的標題之下）。

[82] 《駁異端》（*Against Heresies*）3.1.1. 與 3.11.8。

和一致裡刪去彼得的見證，一般稱之為*Diatessaron*（譯註：「出自於四」，希臘文 'tessaron' 是指「四」，dia tettaron 是指第四音節的音樂間隔。它是四福音書的敘利亞的合聲）。[83]瑟拉皮翁被要求僅僅裁定在安提阿的《彼得的福音書》（*Gospel of Peter*）的閱讀，正如《穆拉多利殘篇》（Muratorian fragment）所指出的那樣，對一卷書的閱讀，不論是在公眾，或者在私下，是被鼓勵的，甚至在它還不是列在正典裡，正如艱深如同《啟示錄》這本書也許已被接受，但還未成為大眾的課程。[84]在《新約》正典的結束之後，許多嚴謹周密的作者不害怕去引述某些耶穌沒有書寫下來的格言（*agrapha*, unwritten sayings），因此，克雷蒙使得彼得的福音書可以通行，這並不是擾亂普遍性的意見（a breach of catholicity），儘管這是某種程度的不慎重，正如歐利根所揭露的那樣，對於在亞歷山大城的錯誤的宗教信仰的教師而言，文本已經是漁場之所在（fishery）。在偽經與正典之間、在權柄與懷疑之間的界線，相較於歐利根，它是更滲透到克雷蒙裡，且這不是一個不同的界線。

是否克雷蒙是歐利根的老師，這是一個我們無法決定的問題，即使我們已經知道當我們問這個問題時，我們所指的意思是什麼。然而，我們可以把他視為是一位教會的重要的代表，這位代表餵奶給童年在亞歷山大城長大的歐利根。這個教會繼承經文的與學說的正典，而且它也餵養神學家們，他們想要把信仰冠上知識去改善祖先的遺產（legacy）。在尋找系統的過程中，語言的創新的策略是不可避免的，然而，哲學不

83　有關該文件的學術的評述，參考 Petersen（1995）。

84　參考在哈內曼（Hahnemann, 1992）裡的《慕辣托黎斷簡》（*Muratorian Fragment*）71-3：「我們只接受彼得與約翰的啟示（apocalypses），我們有些成員不希望在教會裡讀這些啟示。至於《牧者》（*Shepherd*），何而馬（Hermas）最近在羅馬寫到它，此時他的哥哥主教庇護（Pius）擔任羅馬的教座（the see of Rome）；因此這應被大家閱讀，但是不應該在教會裡公開地向人們說，它也不可以以先知的完整數目來考慮，也不可以在末世時在使徒中間閱讀。」對照哈內曼，這裡我採取顯然隱含《何而馬的牧者》（*Shepherd of Hermas*）的晚期作品所指的二世紀末時間。

僅僅提供清楚與嚴謹的照料，也提供以生命與神學聯姻的典範。克雷蒙和歐利根都沒有想要增添或者更動原始的資源：他們開始把信仰置入到其自身的哲學裡，而不從亞里斯多德、柏拉圖或者斯多葛主義借取。對克雷蒙而言，就像在他之後的歐利根一樣，使徒的教導是所有合法探究的源泉；如果這不與《新約》的作品相連，其餘是保留在整個亞歷山大城的社群裡，在這些水域裡，舵手不是自由選擇他自己的星辰。

在亞歷山大城裡的基督徒的異端

我以上評論，亞歷山大城的主教直至克雷蒙的時代缺乏強有力的證據。肯定地，優色比烏斯以從聖馬可（St. Mark）的到來開始所設想的一系列神職人員名單來討好聖座（the see），但是因為許多的名字都只是名稱而言，沒有在任何地方得到證實，在這裡也沒有註有日期或者所處的環境細節。包爾（Walter Bauer）暗示這個名單是一個普遍的構作（catholic invention），目的是隱藏一個空的檔案，這個看法並非不公平。然而，在埃及第二世紀的基督宗教文物遺蹟不缺乏，不論我們是在紙沙草山（mountain of papyri）尋找到它們，這是十二世紀的發掘，或者異端學者——他們把這區域視為最誘人犯錯誤的搖籃——的謾罵而見諸於世。從那一天開始到這位巴西里德斯（Basilides）、華倫提努斯、伊西都盧思（Isidorus）、托勒密（Ptolemaeus，譯註：英譯Ptolemy）[85] 及赫拉克雷翁（Heracleon），在學說的所有手冊中都是典型的異端；有時人們極力認為，他們的觀點頻繁地從《舊約》及《新約》裡摘取出的許多經文出現在紙沙草裡，被證明是在埃及裡的教派。

---

[85] 雖然那個名字指出某個埃及的起源，既不是歐利根，也不是克雷蒙增加我們對這個人物的認識裡，儘管他似乎是愛任紐對華倫提努學派（Valentinians）在《駁異端》裡攻擊的主要對象，而他的《致芙蘿拉的信》（*Letter to Flora*）顯示他願意有鑑別地使用猶太人的經文：參考 Markschies（2000）。

然而，其實那些教派與異端源自於許多的經文，就像東正教的與大公教的系統（orthodox and catholic systems）那樣頻繁。我們對這些早期神學家的認識也許不等同於對他們的教導的辯護，但是它證明（正如人們也許所期待的那樣）《亞歷山大城的聖經》是他們說服的工具，如果不是他們信仰的根底的話。的確，比起在這時期從其他基督宗教（Christendom）所存留下來的歷史檔案裡，與神聖文本的艱難持久靈巧的搏鬥是顯現在他們的作品的片斷上。

　　有機構在服事中已經向其他的教派宣稱其自身是大公教會，克雷蒙在《雜集》最具爭戰的許多章節裡向這些長輩級的教師大聲叫罵，然而歐利根卻努力駁斥他們所公認的繼承者。儘管如此，去否定巴西里德斯、赫拉克雷翁以及他們的同道的意見能形塑他們的批評者的思想，或者鄭重聲明他們只能以矛盾形塑它們，這是輕率的。許多思辨的試驗直到它們受到駁斥，才成為異端，駁斥經常是催化劑，這種催化劑加速正教（orthodoxy）的誕生。在小亞細亞裡幻影說（docetism）強迫依納爵（Ignatius）大聲承認神與人在耶穌裡的統一性；殉教者查士丁向異教徒世界的《申辯》（Apology），被塗上一種想要去反駁他的同鄉西門（Simon Magus）所宣傳的誤導的色彩，在回應華倫提努斯有關墮落（一個至今為止被忽略的教理）的教導時，愛任紐在神義論（theodicy）中寫了一篇論文，這篇論文一寫出來就成為大公教會的文學的寶貝。偶爾得勝的神職人員（Churchmen）使用他們對手的語言文字，因為當特圖良以採用華倫提努斯的新詞（neologism）「投射」（probole，譯註：這個詞源自於希臘文動詞'proballô'，意思是指「投向」、「丟向」，也有「闡明」的意思。名詞是'probolê'，指「概念上的投射」）去表述基督從父神那裡列隊行進來反對神格唯一論者。特圖良的準則是去接受其字詞以及迴避其學說，但是這兩者不是這麼容易地能切割成許多的領域，在教會規範生效之前，受到譴責的教導盛行於這些領域裡。許多臆測的攪擾——現在被稱為諾斯替主義／靈知派

（Gnosticism）——也許被視爲在埃及基督宗教的邪惡的酵母，但是從研究歐利根具亞歷山大城背景而忽略它們的學者，將能做出沒有酵母的麵包。

第一個重要的人物是巴西里德斯，他也許也是最早使用《約翰福音》的神學家。一般而言，他的興盛年日期訂定在公元120年，這個日期大約與所確定最古的這本福音書，里蘭芝草紙（Rylands Papyrus）的殘存的遺物的日期恰好一致。其他地區的基督徒熟悉把道（Logos）的名稱應用到救主（Saviour）上，熟悉約翰將聖靈表徵爲一股不可見的風「隨著意願」（'where it will'）吹。但是教理對約翰的敘述——同其「子」（Sonship）的核心題旨——仍然是無關緊要的，其核心題旨首先因爲「獨生子是在父的懷裡」，接著是從天上降下成爲人子（Son of Man），最後在釘十字架的悖論的榮耀裡，藉著子的完全順服，以便他可以吸引所有人歸向他，使他們成爲神的兒子（sons of God）。[86] 這是巴西里德斯的三重子嗣寓意的核心母題，正如在西坡力圖斯《駁斥所有的異端》（Refutation of all Heresies）裡的記載那樣，這個寓意敘述如下。這位不可測度的神——關於祂，沒有任何述詞比其對立面更眞實，因此，甚至每個述詞的否定是一個錯誤的嘗試去界定這位無限者——坐在所有的世界之上，超乎所有的世紀。雖然不可以說這位神眞正存在，祂仍然是所有存在物的父親。祂的第一個創造是泛種論（panspermia）或者種子的集合，物質（matter，譯註 'matter' 譯為「質料」或「物質」，其形容詞是 'material'）或者精神的所有的領域兩者都預定從這個種子的集合演化。後者是第一位被孳生，正如三位子（three son-ships, huioteis）的第一與第二，它們是潛存在（latent in）泛種裡，與它們自身分離而在蒼穹之上與不可言喻的父（ineffable father）結合。蒼穹本身在解放的過程裡逐漸被帶進存在，因爲靈（pneuma or spirit）

---

86 參考《約翰福音》1.14, 1.18, 6.62, 12.28-33。

伴隨著第二的子上升（the ascent of the second sonship），但是卻被拘留在較低的高度裡，在此，它在上界與下界之間如同幕布那樣擴展其自身。在靈的下面平置著八重天體（eightfold sphere or Ogdoad），由含有其七個行星的地球所組成；它的上主大君（Great Archon）宣稱他是忌邪的神，把自己想成是唯一者，他顯然是猶太人的耶和華。在月球之下的領域屬於次君（Second Archon），他作爲空氣之君似乎是《新約》裡的魔鬼。每一位誕生一位比他自己本身更優越的兒子。在所有的四層之下，第三位原始的子（the third of the original sonship）占據宇宙的最低點，在這時期天文學宣稱這最低點是大地。

　　是否任何事物都可以從這個能滿足基督徒的神創造出來呢？作爲文學的宇宙起源論，這個理論把《聖經》的神從屬於靈和兩個超越世界的能力（supramundane powers）。很清楚地，這是沒根據的；但是因爲它擁有寓意的所有外在標誌，符合這時期的文學慣例，它可以被看作救贖的比喻史。《約翰福音》暗示著對所有這三位子（three sonships）做這樣的解釋：作爲神子（Son of God），救主在父神（Father）的懷裡住在最高層；作爲人子（Son of Man），他被高舉並預言他自己的升天；作爲道成肉身的子神（Son），他在外邦人的暴政和猶太人的毀謗下履行父神的命令。在地上，他被降臨的聖靈（Holy Spirit）所堅固，然而，他從天上派遣相同的聖靈作爲保惠師（Paraclete）去安慰被揀選的人：不令人感到訝異，聖靈在這則神話裡被想像爲在他的屬天與屬地的幽靈之間的一位區隔者（divisor）。至目前爲止，單單《約翰福音》會帶領我們，接著另一個使徒必定是我們的嚮導：第三位子的壓迫者們象徵地被描繪爲律法（Law）和魔鬼（devil），因爲這蘊含在保羅的書信裡，即，他們計謀把榮耀的主（Lord of glory）釘在十字架上。作爲這些叛徒的小孩，猶太人與外邦人命定處在這些原理的枷鎖中徘徊，除非藉由蒙受在祂謙卑裡的聖子（Son），以及聖靈從上頭的澆灌，他們可以從他們的受教裡興起，並成爲所揀選的子嗣成員（members of the filial elect）。

　　當然，這種註釋是猜測的，但是經文無處不在的氣韻在這個敘述裡肯定提示經文才是重點所在。巴西里德斯作爲亞里斯多德主義者，對西坡力圖斯的諷刺描繪，依賴於他的非存在的神性與亞里斯多德《形上學》的神的虛假的等同。後者，作爲心智（mind），它是沒有內容，但是擁有其自身的思想，因此，與其他的心智一樣，它不被思想的許多對象所限制，因此對有限的理智（finite intellect）是難以理解的；但是，即使心智可以只被定義爲「衆多思想的思想」，這仍然是真的，即，心智存在，而且是肯定述詞的主詞（subject of affirmative predications）。所以，西坡力圖斯的指控沒有效力，除了暴露其教理的招人許多反感的結果之外——每種異端從根源上就朝無關於基督宗教的傳統前進。在現代的理論裡，巴西里德斯實質上較少是一位柏拉圖主義者。其主要的闡述者奇斯培（Gilles Quispel）認爲，被嘲笑爲第三世紀晚期「新人」的發明的一個柏拉圖主義標記，在第二世紀初是潮流，《聖經》的行話伴隨著「基督宗教的影響」注入到神話裡。[87] 在反語法（litotes）的一個完美的例子裡，奇斯培承認，「在巴西里德斯裡『子嗣的許多觀念』（"ideas of filiality"）是不精確柏拉圖式的觀念」；[88] 但是對所有這類搜尋松露的批評性的反對，是它使自己滿足於真實的或者想像的來源的挖掘，卻沒有解釋它所發現到的東西。

　　在一個論點上，如果我們的見證可以信任的話，在巴西里德斯與新柏拉圖主義者之間的交通有不可否認的證據。他與他的兒子伊西都

---

[87] Quispel（[1948] 1968），引述亞挪比烏（Arnobius），《駁各族》（*Against the Nations*）2.25 在第 22 頁註 13。亞挪比烏的「新男人」（novi viri）被學者暫時描述爲是 Cornelius Laebo 或波菲利的門徒；在任何的一種情況裡他們都是亞挪比烏的嚴謹的同時代人，而且是巴西里德斯的遠親（distant epigoni）。

[88] Quispel（[1948] 1968），226。Bos（2000）令人信服地主張：如果我們把亞里斯多德的「公開性作品」作爲試金石，那麼巴西里德斯確實是亞里斯多德（the Stagirite，譯註：亞里斯多德出身於希臘北部斯達拉吉〔Stagira〕的城市，所以 the Stagirite 指亞里斯多德）的門徒，正如西坡力圖斯所主張的那樣。

盧思據說教導魂從一個身體轉生（transmigration）到另一個身體，宣稱——作為神與無罪者交往的掩飾——由現世的統治者強加給基督徒的錯誤，是前世所犯的罪的一種贖罪。[89] 這個理論包含了兩個前提：殉道者在誠實上比他的評判者們更優越，以及對於所有在物體的創造上的不協調，人們可以追究神的責任——這一時期沒有異教徒的思想家贊同這點。轉生的學說，儘管眾所周知為許多偉大的哲學家所主張，在這裡被採用不是基於哲學的許多理由，而是作為對困難的一個解決，這個困難不會給任何人帶來困擾，卻給基督徒帶來困擾。我們可以再說：巴西里德斯的貶損者——在他們之中的克雷蒙與歐利根——不特別嫌疑。他們使他與自己的神義論相矛盾，當他們指控他相信人的魂過去是居住在動物裡，罪對他們是沒有意義的；當他們指控他主張唯有惡人遭受殉難而其他人被稱為藉否定基督來逃避時，他們深陷在毀謗裡。他在《雜集》第三卷書裡所發表的午夜的放蕩、殺嬰以及性慾的濫交之許多的詳細說明，同樣有損克雷蒙的名譽。[90] 在古代的世界裡毀謗可以是強有力的，即使在它沒有根據時，這顯示，克雷蒙——不滿足於責備大異端（great heresiarch）煽動背教——轉過來反對他的追隨者，反對在上一世代為大眾與帝國的攻擊教會提供藉口所增加的謊言。

巴西里德斯把自己稱為一位諾斯替主義者（Gnostic），[91] 這是可能的。在古典的希臘文裡 'gnostikos' 這個詞彙是一個形容詞，它的意思是「與知識有關」（concerned with knowledge），這個形容詞沒有名詞是不能產生作用的。在第二世紀的早期，它單獨出來成為一個形容

89　參考克雷蒙，《雜集》4.81-3，包含 Lohr（1995），122-51 懷疑主義的評論在內。也參考《雜集》2.112-4，加上 Lohr，78-110 由伊西都盧思在他自由之分析裡兩個魂的預設。

90　參考 Lohr（1995），101-22 論述《雜集》3.1-3。

91　愛任紐，《駁異端》2.25.2 在論述了巴西里德斯的段落之後，談論「所謂的諾斯替教徒的其餘之人」。論述基督徒的與異教徒的使用，參考 Edwards（1989）。波菲利，《普羅丁的生平》（Life of Plotinus）16 把「諾斯替教徒」（Gnostics）當作某個基督教派的名字；楊布里庫斯（Iamblichus），《論魂》（On the Soul）頁 357 Wachsmuth 或許把他們認為是一個哲學學派。

名詞，但是單單在基督宗教的使用裡；異教徒的使用幾乎總是對基督徒的應用的呼應而已，比起二十世紀的學術研究願意去承認它，基督徒對它的應用更小心翼翼。首先，認可一個小團體的宗教支派或者運動，它是一個名稱，不是一個有罪的渾名。控告者從不曾說，「他們稱自己是基督徒，但是我稱他們是諾斯替主義者（Gnostics）。」他有時說，「他們稱自己是諾斯替主義者，但是我更喜歡一個更真實的稱呼。」[92]在亞歷山大城之外，這總是某個黨派的標籤，像「社會主義者」在某個現代的英國議會一樣，它被使用在正統派（orthodox）之中，去定義 —— 如果不是去譴責的話 —— 許多僅僅在其他的地方裡所主張的信念。克雷蒙標出了一個例外。這個例外經歷幾個世紀不曾被仿效，甚至是在他的故鄉：對他而言，「諾斯替」（'gnostic'）這個詞，就像是在英國的政治學裡的「自由的」（liberal）這個詞一樣，同時作為某個小黨派的一個名稱和作為一個稱讚詞，這個稱讚詞幾乎是任何議會老手有時借用來表徵他自己的立場。由第一位主張者聲稱 'gnostikos' 這個詞的知識的內容不被任何古代的原始資料所限定，很少有支持這樣的現代的理論：蘊含有神聖的與超自然的事物之直接異象（unmediated vision）。或許「知識」（'knowledge'）最重要在於能區別古代經文所潛藏的意義，憑藉著在新的敘述結構裡的補助性技巧，而這新的敘述結構要求一個同樣專業的讀者。對於克雷蒙而言，正如我們看到的那樣，「諾斯替」的基督徒不單單是一位擁有文藝教育（liberal education）的信仰者，而且是在他裡面這種教育加速他理解啟示真理的信仰者，藉此

---

[92] 例如參考西坡力圖斯，《駁斥所有的異端》（*Refutation of all Heresies*）5.11。現代的學術研究經常主張跟隨愛任紐的慣用法，而西坡力圖斯把「諾斯替主義」標籤貼在幾乎所有他們辱罵的異端上。許多人推斷，諾斯替主義的思想是一個統一的體系；其他人濫用教會導師強加虛假的一致意見在異類的仇敵上。反對第一個意見，參考 Williams（1996），以及反對第二個意見，參考 Edwards（1989）。教父沒有興趣假裝他們所有的敵人都是一心一意的，因為他們從「諾斯替主義」的原型（prototype），在異端的快速增長中一再歡欣雀躍；雖然他們所有的對手都偽裝成了「靈知」（*gnosis*），因而渴望優於教會，這種「靈知」的內容是與錯誤一樣多變。

使得他成爲一位神的及基督宗教國度較好的僕人。

　　在黨派的使用方式裡，至少在亞歷山大城之外，「諾斯替」（gnostikos）這個詞尤其包含著晦澀的意義，包含著一個出自於《聖經》、異教徒的神話、柏拉圖寓意的意象的混雜交織，也包含著想像力令人不悅的深淵。愛任紐總結諾斯替主義者的一個典型的論文，不論其原始的形式是什麼，這篇論文顯然是一部在二十世紀時以《約翰密傳》（Apocryphon of John）之標題見諸於世的作品。[93] 三部存留下來的版本，都以科普特文（Coptic）書寫，而且或許都溯至第四世紀，極不同於希臘文的原作，但是很清楚都是從希臘文原本相同的譯文修訂而來。這充分證明傳統的靈活性以及在埃及裡文本的受歡迎；儘管如此，它的來源出處及作品的日期仍然無法確定，諾斯替主義者的異端，嚴格說，仍然是一隻沒有頭的獸。現代的歷史告訴我們，在埃及諾斯替主義運動最熱心的傳播者是一位比巴西里德斯更年輕的同時代人華倫提努斯；[94] 事實上，古代的原始資料沒有把他描繪成一位諾斯替主義者，而是把他描繪成一位諾斯替主義者的繼承人，把他描繪成異端一族之父，接著這些異端們變成異端執政者（heresiarchs）。[95] 我們必須有所保留地說，因爲我們大多數的資訊來自原始資料，這些專注於某些的相關的人物——托勒密、赫拉克雷翁、狄奧多圖斯（Theodotus）——他們最不留意他們的思想與那些更惡名昭彰的冒犯者的思想之間的差異。他的這個冒犯的本性與嚴重性仍然不確定：新一代的學者——擯斥每個不是

---

[93] 關於批評版和文本的歷史，請參考 Giversen（1963）。這裡 Robinson（1988）被引述的，參考所有拿戈哈瑪第抄本（Nag Hammadi Codices）。

[94] Markschies（1992）不是第一位警告我們，這些在古代資料中被歸因於華倫提努斯的信條，並不足以把他當作一位華倫提努主義者（Valentinian）。

[95] 參考 Edwards（1989）論述「諾斯替主義」（Gnostic）這個詞在第三世紀初期時的使用。在伊皮凡尼武斯（大約 376 年）的《駁異端》裡我們遇到瑟坤杜斯主義者（Secundians），狄奧多圖斯主義者（Theodotans），托勒密主義者（Ptolemaeans）與赫拉克雷翁主義者（Heracleonists）；然而，他論述這些教派的篇章是完全依賴那些把瑟坤杜斯（Secundus）、狄奧多圖斯、托勒密與赫拉克雷翁視為在華倫提努斯的學派裡的個別學生的權威。

以華倫提努斯之名擔保的證詞——宣判歸諸給他的幾乎所有主要的異端邪說的罪名不成立，以及否認他在偉大神話的捏造上是個首要角色，這些神話至今被視爲「華倫提努之知」（'Valentinian gnosis'）的王冠。在埃及的拿戈哈瑪第（Nag Hammadi）發現了所隱藏的科普特語的文件，最先引發了一些疑惑。[96] 紙草學者（papyrologists）訂爲四世紀中期的手抄本是由日期不確定的希臘文文本的再度翻譯，包括《約翰密傳》的兩個版本。其他的都是帶著重重諾斯替的象徵，和爲人所知的諾斯替的作品的名稱；它們所保存的那些神話，更加支撐了教會作家的爭論。然而，那些最令人信服的且被歸諸華倫提努斯學派的手抄本不含有太明顯的異端，儘管它們在措辭上都是華麗的，對當前世代有敵意，在某種程度上對耶穌的名字的使用十分謹愼。因爲教父們（Fathers）對於把後面的人的名字聯繫在華倫提努斯的名字上必須有一個理由，這也許是這些人都是跟隨者，他們誇大了他的學說較不常規的特徵，因此拋棄異說（heterodoxy）而成爲異端；或者這也許是它主張一個既是內在的也是外在的學說，後者留存在拿戈哈瑪第，而前者由愛任紐、西坡力圖斯以及其他護教士，爲了大公秩序惡意地被公開。然而，他們的說明也許是不可靠的——各種的變更證明了它們不可以全都是來自於第一手的華倫提努斯——是異端學者（heresiologists），不是拿戈哈瑪第抄本（Nag Hammadi Codices），決定了歐利根同時代人對於「華倫提努的」（'Valentinian'）這個詞的意義。拿戈哈瑪第抄本見證了在埃及裡偏離正軌的基督宗教的堅強。這個手抄本將持續去給學者承擔重負，但是爲了我們的目的，必須允許這個人退居到神話的後面。

這個神話，正如古代的異端學者愛任紐與西坡力圖斯所詳述如下。從深淵（Abyss），或者深海（Buthos）裡，這深淵遮蓋那位高深莫測的父，在那裡首先出現了 *Sige*（沉默，Silence），接著是聯繫於不朽者

---

96 最近關於語料庫起源的理論調查，參考 Goehring（2000）。

的配對或成雙（syzygy）Nous與Aletheia——心智（譯註：睿智或者努斯）與真理。從這些前進到第二配對，Logos與Zoe——道與生命——從它們前進到第三配對，Anthropos與Ecclesia——人與教會。在這種思辨裡，我們馬上承認對約翰的感謝，他的福音書應許生命給每位接受道成肉身的人，一點也不下於對保羅的感謝，保羅渴望見到他的教會長大成熟為完全人。心智與真理的連結是一個柏拉圖的老生常談，儘管或許這僅是一個偶然，沒有實例出現在我們的《新約》裡；我們應注意真理的伴侶也被稱為獨生者（Monogenes），一個約翰的名稱意涵不是「獨一無二的」（'unique'）就是「獨生的」（'only-begotten'），這似乎表示，在《約翰福音》的第一節裡，首先流出是與父神同在的道（Logos），因此在心智（Nous）、道（Logos）與人（Anthropos）之間，在神話裡的區別只是名稱上的。然而，這也許是七個流出（emissions）與父神構成了八（Ogdoad），這接著以產生三十個生命期（aeons）完成了神性的完滿（Pleroma, fullness）。這裡我們不能不察覺到保羅的見證的回應，基督顯現在時代的完滿，而無可置疑這是相同的完滿性，根據使徒（the Apostle），這個完滿性「有形有體地居住」在基督裡。[97]

最低的生命期是智慧（Sophia或者Wisdom），她以犯第一次的僭越而虧損其名，因此在神格（Godhead）上帶來了一個分裂（schism）。關於她墮落的原因，在我們的原始資料上沒有發現一致性。愛任紐使她成為三十個生命期的最後一個，西坡力圖斯使她成為第二十八個的最後。前者說她嘗試在父神的競爭裡，且沒有她的男性配偶意志（Thelema或者Will）去產生一個小孩，但她只能釀成怪誕的流產；後者使得流產成為一個無節制的慾望的有因之果，致使在他無法測

---

[97] 我的解釋是愛任紐的《駁異端》1.1 與西坡力圖斯的《駁斥所有的異端》6.29-30 的合併。這些仍然是神話中最完整的總結，因此 Sagnard（1948）的分析，儘管在拿戈哈瑪第抄本（Nag Hammadi Codices）出版之前寫成，仍然是非常寶貴的。《約翰福音》1.14 與 1.18；《歌羅西書》2.9。

度的孤獨中去認識父神。[98] 第一個情況可以相較於希臘神話裡無數災難性的孤雌生殖的實例，然而，第二個情況，正如許多的學者已經評論過的那樣，是夏娃（Eve）的罪。而過犯也許不同，矯正對於這兩種爭論是共同的：生命期在它們崇高的漠然裡被一個邊界（boundary, Horos）保護著，邊界也帶有Stauros的稱呼，意思是「十字架」（‘Cross’）。這裡似乎華倫提努學派（the Valentinian school）在採用了這個僅僅可以創始於保羅的母題上是一致的：十字架——暫時把救主的身體與靈分隔——是神的愚拙滅絕世人的智慧，在猶太人與希臘人面前是絆腳石。[99]

　　智慧經歷四種斯多葛主義的激情——悲傷、害怕、慾望與暴怒——懺悔迫使淚水形成潮解的基底（deliquescent substrate），通常稱為質料（matter）。[100] 非其時而生（abortion, *ektroma*）——保羅在皈依之前把這個詞應用到他自己的身上[101]——誕生工匠神（Demiurge），一個屬魂的而不是屬靈的實體的存有者，儘管他嚴格上不是惡的，他缺乏對他的較高者的知識（knowledge of his superiors），著手把質料的領域轉向至完滿的圖像（image of the *pleroma*），他認識這個圖像僅僅由於某種的殘留的記憶。把柏拉圖的創造者的神（creator-god）的名字結合到耶和華的特質，他聲稱「沒有其他的神除了我之外」，因為他塑造眾星體去壓迫物體，眾父塑造屬魂的族類（psychic race），這個族類除了尊敬眾天體與法則（Law）之外，不尊敬任何事物。如果華倫提努學派者（Valentinians）所意指的「屬魂的」（Psychic）是保羅所意指

---

[98] 愛任紐，《駁異端》1.2.2；西坡力圖斯，《駁斥》（*Refutation*）6.30。

[99] 愛任紐，《駁異端》1.2.4；西坡力圖斯，《駁斥》6.31。比照《哥林多前書》1.21-4，包括 Edwards（2001），218-20。與斐羅相比，《論世界的創造》（*On the Making of the World*）37，衍生出「天」（*ouranos*, heaven）這個詞，認為穹蒼位於上帝的寶座和人的家之間。

[100] 愛任紐，《駁異端》1.4.1-2；西坡力圖斯，《駁斥》6.32。

[101] 愛任紐，《駁異端》1.2.2；西坡力圖斯，《駁斥》6.30；《哥林多前書》15.8。（譯註：希臘文 ‘ektroma’ 的另一個意思是指一種「非其時而生」〔untimely birth〕的意思。）

的話，工匠神的能手不是純粹的魂，而是擁有一個魂與體沒有靈（spir-
it）的存有者。儘管如此，保羅似乎把「屬魂的」（'psychic'）與「屬
體的」（'sarkic'）、「被賦予魂的」（'ensouled'）與「被賦予體的」
（'enfleshed'）視爲同義詞，華倫提努學派的神話把有朽的領域切割成
三群：物質的（material, 'hylic'）（也稱爲屬地的或者'choic'）、動物
或者「屬魂的」，以及屬靈的或者「氣息的」（'pneumatic'）。最後
者是揀選（the elect），即由智慧（Sophia）透過工匠神的神祕受孕生
出：在這個事件裡，她是陽性，而他是陰性，因爲在與較高者的關係
上，較低者總是陰性。根據教會的見證（ecclesiastical witnesses），把
人性賦予物質的、屬魂的與屬靈的，是預定的。拿戈哈瑪第抄本不支持
這個指責，甚至有敵對的原始資料還指出，屬魂人（psychic man）大
公教基督徒是能夠成爲一個屬靈人（pneumatic）。作爲形容詞的「物
質的」蘊含擁有一個沒有魂的身體，我們必須認爲，任何墜落到這個類
的人不是一具屍體就是一個行屍走肉的人。

　　我們也許留意到在《約翰密傳》中所說的故事與由華倫提努斯
的批評者所敘述的神話之間的兩個主要差異：沒有這樣的過剩的流
出（plethora of emanations），物質並不存在，但是卻與神格（God-
head）永遠共存以及對神格感到厭惡。有關於首先者，在半個世紀裡
有生命期的異期複育（superfetation of aeons）的證據，或者，那似乎
把《密傳》與愛任紐的時代區隔開來。甚至據說華倫提努斯設想一個
四（Tetrad），而不是一個八（Ogdoad），現代的學者論證，智慧起初
是不可言說的父神的配偶。[102] 如果是如此，她（譯註：智慧）在《密
傳》裡被生命期巴貝露（Barbelo）取代。巴貝露的名字或許是呼應希
伯來文的短語，它的意思是指「太初」。在《創世紀》裡帶有這些字詞
的章節，可以被分析成意味著物質先於創造，因此，神的靈總是發現大

---

[102] 愛任紐，《駁異端》1.11.1；Stead（1969）。

地「無形與虛空」。[103] 嚴格說來，這是諾斯替主義者的預先假定，在他們神話的版本裡，智慧不產生物質，卻是落入物質中，或者至少傾向於物質。出自於拿戈哈瑪第的短文《索斯特利阿努斯》（Zostrianus）斷言，她（譯註：智慧）被她自己的反思、被「某個影子的影子」所攪亂。[104] 這個文本的原著在三世紀的中期是普羅丁（Plotinus）所熟悉的。普羅丁在他的論文中的一篇不僅提供那則神話的一個確實的概括，而且也包含他在亞歷山大城時首先在學校裡結識了他的老師阿摩尼烏斯，[105] 這時他說，諾斯替主義者是他以前的朋友，他不能沒有歉意地責備他們。人們經常提到普羅丁的思想是透過與他過去的同事交換敵意得以成熟，[106] 與他們相反，他宣稱他自己背叛他們的圈子。是否這是真的或者不是，很清楚不要無根據地認為，克雷蒙與歐利根或已從亞歷山大城的異說（Alexandrian heterodoxy）中學習，一如與坦白的思想家一樣，他們習慣於從有知識的鄰居同時也是對手的對話中學習。

　　儘管諾斯替主義者與普羅丁極為密切，柏拉圖的神話與華倫提努學派者的神話有一些引人矚目的回響，在哈納克（Harnack）的格言裡有不那麼真實的教導，即，某種「基督宗教的尖銳的希臘化」（'acute Hellenization of Christianity'）。大多數的學者看到智慧的搖籃是正典的《箴言》（Book of Proverbs），這部書在第八章將神的創造性智慧人格化，在下一章把《妥拉》所傳授的智慧與年輕人的愚蠢和激情做對照。我已經在其他的地方注意到所羅門的《七十士譯本》的智慧的重要性，把智慧與她的非其時而生（abortion）之間的關係比作以色列的兩個圖像之間的關係——作為耶和華的新娘與各民族的妓女。這兩個圖像

---

[103] 《創世紀》1.2；愛任紐，《駁異端》1.29；《約翰密傳》；Scholem（1974）。

[104] 《索斯特利阿努斯》（拿戈哈瑪第抄本8.1），10.4 在 Robinson（1988）裡，406；對照普羅丁，《九章集》（Enneads）2.9.10。

[105] 參考波菲利，《普羅丁生平》16 論述諾斯替主義的權柄（Gnostic authorities）；普羅丁，《九章集》2.9.6 論述他的內疚。

[106] 特別參考 Dodds（1960）。

經常在先知們裡彼此對抗。工匠神是偶像崇拜者的象徵，這些偶像崇拜者為耶利米（Jeremiah）與以賽亞（Isaiah）所嘲笑；但是猶太人現在卻為他們自己的爭戰所糾纏，因為當保羅在他《給加拉太的書信》（letter to the Galatians）（4.9）裡譴責「懦弱無用的小學」的敬拜，他不僅僅指著外邦人的無神的天空，且也指著摩西律法的不可磨滅的文字。[107] 對於《聖經》的勤奮的讀者而言，「八」（Ogdoad）這個詞既意含無罪者安息在主裡的安息日（Sabbath），又是指完滿（comple-ment, *pleroma*），也就是那些在挪亞方舟裡被拯救的人。[108] 如果想要更進一步對在赫莫波利斯（Hermopolis）裡埃及的眾神有一個指涉的話，[109] 它將強調這樣一個教導：靈不可以安息在可見的天體裡，或者安息在任何人類的神祇的概念裡；神性在其整全性（totality）裡，正如諾斯替主義者對它的理解那樣，是世紀的完成（fulfilment）、智慧的圓滿以及聖人的充實（*plenum*）。[110]

　　如果我們可以確定它的許多內容原產於猶太教（Judaism），中世紀的卡巴拉（medieval Cabbala）可以作為教導的實例被挖掘出來，即，相同的原理在與其下的關係中可以是陽性的，在與其上的關係中可以是陰性的。某個卡巴拉主義的學說（Cabbalistic doctrine）── 它無疑地在猶太人對《妥拉》做反省時有其根基 ── 陳述神在其較低的側面上擁有結合男性與女性的人的形狀；甚至在巴比倫的流亡（Baby-

---

[107] Edwards（2001），214-6，引述《對魂的詮釋》（*Exegesis on the Soul*）（後者接著又引述 Hosea 2.2 論以色列的妓女），愛任紐，《駁異端》1.29.4。

[108] 參考《彼得前書》（1 Peter）3.20 以及斐羅，《摩西生平》（*Life of Moses*）2.12 論述方舟；克雷蒙，《雜集》6.16 以及《狄奧多圖斯選錄》（*Excerpts from Theodotus*）63 論述安息日。有關進一步的評論，參考 Pétrement（1991），68-70 以及 Edwards（2001），218。

[109] 參考 Griffiths（1996），17。

[110] Edwards（2001），218-19，引述《加拉太書》（Gal）4.4 論述時間的完整性，《以弗所書》3.19 論述救贖的豐盛；《羅馬書》11.25（包括愛任紐，《駁異端》1.7.1）論述教會作為被救贖者的整個限額（the entire quota of the redeemed）。

lonian Exile）時期，他以「與人相似的樣式」（'form of the similitude of a man'）向先知和祭師以西結（Ezekiel）顯露，其他的祭師作家在《創世紀》第一章裡宣稱，人是以神的圖像被創造為男與女。[111] 斐羅和許多正統的教師（orthodox rabbis）已經推斷，在性別的區分之前，亞當本身是一個男女合體（masculo-feminine being），[112] 然而某個卡巴拉的原始資料把人性之雙性的體現與被應許——但並不是說已經被放置——在原始的創造裡的相似性同等看待。在《腓力比書》第二章五至九節裡也許有對這些觀念的回憶，在這些章節裡說，基督本有神的樣式（morphe or form of God）；它們之中的一些流言確定傳遞到《約翰密傳》的作者裡，這位作者把屬靈的亞當描繪成崇高的人之世俗的反映。糾纏在這些要素中的不是這個非物體的存有者之固有本性，他的身體是與工匠神聯盟的忌妒的執政者（archons）的作品；另一方面，他把他的生氣歸功於來自於智慧神（Sophia）的悄悄的吹氣（a stealthy insufflation）。[113]

甚至在這種二元論逐漸的增多裡，還是有某種《聖經》的教導蹤跡。在《所羅門的智慧》（Wisdom of Solomon）裡，使我們想起在出生時我們都是無助的受造物，沒有智慧的紀律（discipline of wisdom），我們是沒有能力站著或者說話；這是這個相同的智慧，創造者的一面鏡子，他介入並使像羅德（Lot）與挪亞（Noah）一樣享有特權的人擁有能力去迴避他來自普遍憤怒的後果。[114] 唯有《聖經》的原始

---

[111] 參考 Scholem（1965），104-5 論述神的陰性；Tishby（1989），770-73 論述神的圖像體現在人身上；《創世紀》1.26；《以西結書》1.26。

[112] Urbach（1975），227-8 引述一些在三世紀之前的權威。斐羅，《世界的創造》（*Making of the World*）46.134，推測第一位亞當是非身體的，與其說他是雌雄同體，不如說他既不是男的，也不是女的。

[113] 例如參考《約翰密傳》（拿戈哈瑪第抄本 2.1），14.21-31 在 Robinson（1988），113，以及 19.24-31 在 Robinson（1988），116。

[114] 尤其參考《所羅門的智慧》7 與 10，包括 Edwards（2001），214。

資料可以說明合併有神聖智慧之仁慈工作的墮落與在神的圖像（God's image）裡的人性創造。肯定的，有一個文本《牧羊人》（Poimandres），並被歸諸於赫爾莫斯‧特里斯墨吉斯忒斯（Hermes Trismegistus）（埃及的托特〔the Egyptian Thoth〕），說：當屬天的人（heavenly Anthropos）──神的圖像和人類的初型（archetype）──被他美麗的映像引誘進入下界的水時，現在的世界就出現了：[115] 但是《牧羊人》是一部不確定日期的作品，而它的標題似乎是來自埃及出處，猶太特徵在它裡面被有聲譽的學者識別出來，[116] 它肯定在很大的部分是摩西的宇宙起源說（Mosaic cosmogony）的改寫。難以去否認亞當的墮落在基督宗教的神義論裡有一個關鍵的角色，在拉比或者其他的猶太人的思辨裡（rabbinic or other Jewish speculations）神義論甚少被分配給墮落一事，基督思想的這種特殊性合情合理地追溯到保羅。儘管如此，在本世紀對教會的代言人而言，保羅與愛任紐之間並不重要，甚至那些像大第安（Tatian）或者提阿非羅（Theophilus）那樣強調創造論的人。在愛任紐裡，在基督與亞當之間回到保羅的反題（antithesis）的回歸，是由華倫提努學派的學說──創造本身是一種墮落，隨之而來的一種在神性裡不可逆轉的斷裂──所促進。基督徒的反駁是，無論如何，墮落出現在物質的次序之內，不是在從靈到物質的轉變；一個必然的結果是，拯救沒有廢除物質，而是透過基督的肉身體現（embodiment of Christ）歸正和恢復。

對於這個爭辯歐利根聽到的有多少，我們不能說。他與克雷蒙都沒有任何的留意到華倫提努學派的神話（Valentinian myth），這則神話

---

[115] 參考《牧羊人》（Poimandres）15-16 附有 Copenhaver（1992），109-11 的註解。這篇論文在密文集（Hermetic Corpus）裡，雖然並非總是，卻經常被視為最早的作品；一般上 Reitzenstein（1904），31-6 與 Dodd（1935），201-9 根據不同的理由，接受其時間大約是在公元 100 年。有關學術上各種不同意見的總結參考 Copenhaver（1992），95。
[116] 對證據嚴謹的評論參考 Pearson（1981）。

在當時應是惡名昭彰的 —— 或許因為他們把它視為對命題的一種虛有其表，教師們以更大的清晰度向亞歷山大城的學生們揭露這些問題。在《論第一原理》的論文裡，這部論文是歐利根在亞歷山大城的寫作，作為對經文的正統解釋的一本手冊，[117] 歐利根指名道姓攻擊華倫提努學派者，當他區別智慧的三種範疇時 —— 世人的智慧，它造成屬於感覺的與肉體的偶像；「世界之君」的智慧，歐利根把他們視為是這個有用的技藝與科學的發明者；基督一族的智慧，他們只研究天上的道路[118] —— 他似乎默默地對他們出擊。第一類，與華倫提努學派的物質說（Valentinian hylics）相似，也許是不可改正的；第二類，與物理學相似，擁有真理的模糊想法。對決定論的拒絕一般歸因於華倫提努斯，歐利根堅持，藉由發揮我們自己的自由意志，我們成為某一族的成員。[119] 我在第三章裡論證他有關魂的先存在的觀點，以及亞當的墮落的觀點，就如一般所設想的，這些是與愛任紐的觀點相差不遠；在這裡我主張，透過救主肉身的顯現，相信身體的救贖，這種信仰已經為亞歷山大城的異端（the heretics of Alexandria）所預期了。

▌基督學的因素（Christological Considerations）

西坡力圖斯 —— 在第三世紀早期從愛任紐那裡接手重要的探詢者角色 —— 記錄華倫提努學派的基督學的一個分歧。他舉出保羅的詞彙，而我已經提出這些詞彙帶有保羅的意涵；然而，西坡力圖斯暗示，透過一個「屬靈的身體」（'spiritual body'）異端（heretics）總是意指身體由靈所組成，透過一個「屬魂的身體」（'psychic body'），身體由一個

---

[117] 與他的《雜集》一起，根據優色比烏斯，《教會史》6.24.3。
[118]《論第一原理》（Princ.）3.3，頁 256.5-263.10 克特蕭（Koetschau）。在《論第一原理》2.9.5，頁 168.15 克特蕭，歐利根指控提出「魂的多樣性」（diversity of souls）——亦即，魂的本性已經命定了他們的滅亡或者咒詛——的華倫提努學派者。
[119]《論第一原理》（Princ.）3.4.2，頁 267.8-12 克特蕭。

赤裸的魂（naked soul）所組成。甚至他的亞歷山大城的合作的宗教家（co-religionists）指出了這點不實，因爲由克雷蒙所創作的《狄奧多圖斯選錄》（*Excerpts from Theodotus*）以華倫提努的特質（Valentinian traits），而不是以否定道成肉身的基督認可這個「東方學派的領袖」（'leader of the eastern school'）。的確，他不能斷定道成肉身的神，像華倫提努學派者那樣，儘管他談論在神格（Godhead）裡生命期的擴散（proliferation of aeons），他是足以成爲一位神格唯一論者，以否定神格的任何未完成部分可以降到大地而與人的肉體結合成一體。我們無法證明他與這位眾所周知的神格唯一論者狄奧多圖斯是相同的，儘管一個在先性情況（*a priori* case）也許可以根據西坡力圖斯譴責那些與諾斯替主義者結合的異端而提出。[120] 然而，我們可以觀察到華倫提努學派的系統（Valentinian system）在早期的異端學者（heresiologists）裡經常取得神格唯一論的色彩（a monarchian colour），早期的異端者懷疑，生命期（aeons）如果它們不是虛構的，僅僅是神靈的不同位相或者側面（phases or aspects of the Deity），而不是「基體的」實體（'hypostatic' entities），基督徒把這些實體倒轉爲子神（God the Son）和靈神（God the Spirit）。形容詞「同實體」（*homoousios*, consubstantial）最後變成爲正統地位的標語，這三個基體（hypostases）是一個單一的神——首先是華倫提努學派者的一個專技的詞彙，[121] 因此，被許多的神職人員避免使用一個半世紀。就他的華倫提努學派的前提而言，狄奧多圖斯推斷屬天的道（heavenly Logos）與有人性的基

---

[120] 西坡力圖斯，《駁斥》7.35-6；對照特圖良，《對異端的禁令》（*Proscription of Heresies*）9。Edwards（2000），176-7指出古代的見證者相信華倫提努學派與神格唯一論者——在現代的異端學（heresiology）裡經常被視爲是對立者（antipodes）——是保有 (a) 在神格（Godhead）中沒有任何實質性的區別（hypostatic distinctions）；(b) 地上的基督與天上的基督不是相同的存有者。

[121] 因此狄奧多圖斯，《選錄》（*Excerpt*）42 說，我們的靈與神的靈存有共同實體（consubstantial）。

督（human Christ）是相當有區別的，較低的存有者是較高存有者在肉體的約束（*perigraphe*, circumscription）上的一個圖像。[122]但是僅僅在否定肉體是神的肉體時，而不是否定肉體是真實的，這才是幻影說的（docetic）。

在克雷蒙的《狄奧多圖斯選錄》的第一章裡，狄奧多圖斯確實把基督的身體稱呼為「靈」，但是某些編輯者不願意如其原文那樣印刷希臘文，顯示格言（apophthegm）不容易分析，也許是指某個事物比身體是一個幻影（phantom）更深奧：

> 屬靈的種子——由智慧（wisdom）透過道（Logos）被種在肉體的形狀裡——是這樣的一個種子，當救主下來時，他把他自己本身覆蓋在這屬靈的種子裡。因此在受難裡（Passion）他把他的智慧託付給父神（Father），[123]以便他可以把智慧從父神裡接回，以免它墜落到那些擁有權力去拘留它的人[124]的掌握。（《選錄》1）

「靈」（*pneuma*, 'spirit'）這個詞是與「肉體」（*sarkion*, 'fleshly'）同位格的，作為一個述語名詞（predicative noun），不是作為一個修飾形容詞（qualifying adjective）：並不是說肉體是屬靈的，而是說在世界上它做靈的工作。在《舊約》裡 *ruach* 這個詞可以翻譯為「靈」（'spirit'）、「氣息」（'breath'）或者「風」（'wind'）：談論神的 *ruach*，是去陳述他正在運作在他的受造物之內、之中或者之上的能力。因此，這是神的靈（Spirit）在第一天攪動水，在接下來的日子裡，神的靈將被澆灌在以色列的兒女們身上；全能神（the Almighty）不是

---

[122]《狄奧多圖斯選錄》（*Excerpts from Theodotus*）19；參考 Edwards（2000），174。

[123]狄奧多圖斯評論《路加福音》23.46，也瀏覽了《約翰福音》10.17與《以弗所書》（Eph）4.9-10。

[124]亦即，邪靈（demons）。對照《哥林多前書》（1 Cor.）2.8，《歌羅西書》（Col.）2.14 與 Procter（1998），46。後者似乎從質料中完全地抽離開靈，我在文本裡並沒有發現到這點。

在人的力量之內，而是藉他的靈，完成了他的神祕目的。使徒說，「首先的人是屬地，屬土；第二位的人被製成叫人活的靈」（《哥林多前書》15.45）；他不是指肉體被消滅，而是指透過神性的具體同在，在其他的人裡那個已經死去的東西變成為生命的能源。在《約翰福音》裡，神的靈是那陣使新的生命變得有氣息的不可見的風，生命活水的源泉從那位重生的人的腹部流出，甚至這著名的諺語「神是靈」與其告訴我們說神靈是不可觸及的，不如說是他把他的殿建在「在靈與真理上」敬拜他的人的心上。[125]當早期的基督徒爭論神是純粹的靈，神不被身體限制或隸屬於任何身體的屬性（corporeal attribute）時，他們已經得到了一個哲學的結論，這結論也許不是在福音書作者的心裡，儘管與這個結論並無差異。甚至那時靈的能力與生命力特質不被遺忘，在教父時期，聖靈（Holy Spirit）通常只與他的活動或臨在宇宙中有關而被提及，甚少在其他裡被提及。因為這是一個物質（matter）在其間作為呈現的工具的宇宙，人們僅僅期待這一點：在經文以及在許多的聖事上，與基督的肉成道身一樣，肉體應作為靈的工具（an instrument of spirit）。

　　根據一個諾斯替團體拿參尼（Naassenes），西坡力圖斯和他的現代註釋者推斷它至少與任何其他團體一樣古老，在質料與靈之間的二分發生在某種狀態上，其中有一個未分化的實體（undifferentiated substance），被頌揚的無形式（a blessed formlessness, *askhemosune*）。[126]甚至當它們被蒼苔所分開，兩個世界仍然在不斷地交流，統治著較低處似火一般的工匠神在較高處擁有其幸福的配對（beatific counterpart）。中介者（mediator）是赫爾莫斯（Hermes），他在埃及不僅是煉金術士（alchemists）的意想的導師（preceptor），而且在某個意義上，他是等同於術士們致力於變形的基

---

[125]《約翰福音》3.8；7.39；4.24。

[126] 西坡力圖斯，《駁斥所有的異端》（*Refutation of all Heresies*）5.7.18，有目的地引述《羅馬書》1.26-7。

底（substrate）。左希姆斯（Zosimus）老師，大約三百年左右在潘波利（Panopolis）寫作，提出了有關已經被拿參尼討論的首先的人的同一性這樣的問題，他們做出結論（正如他們過去也這樣做）：基督與亞當都是永恆的、堅硬的磐石的神的化身，它界定人類的本性。[127] 煉金術士與拿參尼追求所有宗教的綜合，但是埃及人左希姆士更顯然是一位基督徒，他的挑燈夜讀的目標——一個意味著他在他自己的研究室裡要去達成的目標——是對神子（Son of God）的沉思。[128]

　　靈的首要地位蘊含在華倫提努的神話（Valentinian myth）裡，在這則神話裡，質料（matter）是在神格（Godhead）裡意志與自然之間一個鬥爭的殘餘物。同時，神話教導我們，這個貧瘠的世界被智慧神的苦行所施肥，被認為反覆教誨華倫提努聖禮理論（Valentinian theory of the sacraments）的文本暗示著：甚至對「屬靈」的基督徒（'pneumatic' Christian），物質是靈的不可或缺的管道。[129] 出自於拿戈哈瑪第的《腓力的福音》（Gospel of Philip）禁止抹油與受洗，以油膏抹和沒入或浸在水裡。賦予宗教儀式一個深奧的意義——但它仍然是某種的宗教儀式——扮演著許多實質的象徵。這個幻象——與創造論敵對的諾斯替主義必定是不在乎聖事——在愛任紐裡被有學問的馬可（Mark the

---

[127] 《俄梅戛論》（*Treatise on the Omega*）10，在 Scott（1936），106 裡，評論在 118-23 裡。左希姆士與普羅丁的諾斯替主義（波菲利，《普羅丁的生平》16）分享一個資料來源，即，Nicotheus：進一步參考 Jackson（1990）。在左希姆士與拿參尼（西坡力圖斯，《駁斥》5.7.3-6）之間的親密性，參考 Reitzenstein（1904）。

[128] 《俄梅戛論》6 與 14 以及在 Scott（1936）年裡的 106 與 108 裡含在 119-20 的評論裡。我不希望去否認，在左希姆士裡也有許多本地的埃及的來源，如 Fowden（1986）所證明的那樣。在希伯來人的思想最原始的層面中似乎有一些元素，這些元素也是埃及本土的——尤其是，如果 Atwell（2000）是正確的，那麼創造學說是根據這個詞。在埃及的猶太人中，這一主題的堅韌性被《創世紀》1 的釋義所證實，《摩西的密傳》（*Apocryphon of Moses*）（《希臘的神奇紙莎草》〔*Greek Magical Papyri*〕13.11 Preisendanz）在其中世界是透過一系列七種神聖的唾液而產生。

[129] 參考 Procter（1998），45-51 論述在華倫提努的聖餐（Valentian sacraments）裡靈與物質的要素的合作。

Mage）的說明所打消。愛任紐名列華倫提努學派者之中，但是他也清楚感謝煉金術士：向他的易輕信的會眾倒酒並宣稱，這酒可以變成爲恩惠女神（Charis, Grace）的血。他以某些含血的實物的神祕注入，設法把它做得看起來是奇蹟的出現。[130] 對這個時期的大公教徒（catholics）而言，去相信身體與基督的血呈現在聖餐（eucharist）裡並不罕見，但是我們沒有聽說過任何人在短暫的世界裡期待再看到他的這種苦難。

赫拉克雷翁（Heracleon），把《約翰福音》當作他的文本，[131] 宣稱基督和他的宣教是他的宗教的核心；在歐利根裡的一個簡短的評語把它說明得很清楚，他把教會——不論他意指什麼——視爲是升天的基督在地上的居所。如果歐利根的引述是具有代表性的話，他對約翰的許多段落的選擇是隨意的，[132] 或許唯一的一節，他逐行逐行地對這節做評論的，是基督走向那位在井邊的撒瑪利亞的女人跟她說話的那一節。[133] 接著發生的交談——至少在一些華倫提努派的翻譯者的手上——是向每個尋找王國的人說話。那位撒瑪利亞人，作爲一位女性，代表沒有區別的魂，這個魂是易以教導；她欠缺的丈夫是完滿（ple-roma）或者是她自身的完滿的充滿，以及基督的充滿；她打水的井是物質的徒勞的領域；她所攜帶回城裡的水桶是新的生命的標記，魂喝了這水桶的水是其皈依的蹤跡。[134] 這是明顯的，這個比喻增加了許多文

---

130 愛任紐，《駁異端》1.13.2。儘管 Förster（1999），在 91-123 裡有正當的懷疑理由，他引自異教徒的來源資料裡類似的東西，使這點清楚說出：這個記載不是一個單純的捏造（fabrication），而在楊布里庫斯的《論奧祕》（On the Mysteries）9.6 裡的確證的材料可能是埃及的來源，儘管 Mark 不這樣認為。

131 根據 Ehrmann（1993），這點是與歐利根不同；因爲所有他的證據均來自於歐利根的評論，因此本文也證明了後者的批評既是真實又準確。由 Brooke（1891）所收集的赫拉克雷翁的作品殘篇在 Pagels（1973）裡得到一個同情的評論。

132 參考 Bendinelli（1997），9，他跟隨著 Simonetti（1966）。

133 赫拉克雷翁的十七個引述出現在第 234.7 頁 Preuschen（《約翰福音》4.12）與第 257.9 頁（在《約翰福音》4.31）之間。

134 《評論約翰福音》（CommJoh）4.17.63，頁 235.1-3 Preuschen 論述女人；4.17.66，頁 235.12-14

本的樸素的意義，但是我們不能確定，在所有方面這與福音書作者的意圖相矛盾，這些福音書作者總是使得基督透過他的對話者詳細地談論人性。[135] 因為人們說魂是福音的領受者，我們也不應認定身體被排除在救贖之外。在人的行動裡，如果魂是意志與選擇的位置，甚至一位道成肉身的救主也幾乎不能去選擇一個不同的收信者，第四福音書對其他福音書是屬靈的垂飾，這個看法首先是由在亞歷山大城的克雷蒙提出的，為許多的讀者所贊同，這些讀者持續把道成肉身、復活與聖事的效能視為「約翰社群」（Johannine community）的基本信條。[136] 逃避世界的諂媚和尋找超越感官的永恆真理的命令，在早期的基督宗教的文獻裡是一個老生常談；不論人們如何談論有關物質的創造的良善，許多良善的果斷仍然化為烏有，甚至在基督徒裡，因為苦難（passion）、害怕或慾望削弱了意志。赫拉克雷翁沒有消解基督的肉體，或者把肉體驅逐到經驗之外的世界；他主張——歐利根同意的——如果他的使命被侷限在一個單一的有生之年或者地方，他不會是現在世界的救主。

▍對歐利根的總結評論

因此，歐利根能從他的故鄉裡的猶太人、教會以及諾斯替的圈子一點一點蒐集到許多資料，這些資料能夠幫助他建構系統性的基督宗教的神學。因為羅馬帝國的所有居民都是活在一個天空之下，感受相同的慾望，且根據同樣的原則推理，有時在一個信仰與另一個信仰之間，或者甚至在宗教的準則與哲學的定理之間，不能畫出一條清晰的界線；儘管

論述源泉：4.17.67，頁235.20論述「豐盛」（pleroma）；4.17.187，頁255.12-15裡論述水壺。

[135] 譬如在《約翰福音》3.11裡在基督對尼哥底母（Nicodemus）的話語的中間，複數突然取代第一人稱和第二人稱的單數；《約翰福音》3.14被在《約翰福音》12.34裡的人群聽到。

[136] 《約翰福音》6.63作為對聖餐儀式的暗示，Barrett（1982），42認為「他的態度一般可以定義為既不是拒絕也不是聖禮主義，而是一種批判性的接受」。這適用於歐利根，儘管他透過對他的話語的研究經常把「以人子的肉餵養」詮釋為對上帝的知識的獲得。

如此，至少有一個課題是源自於這些個社團，歐利根沒有在其他地方學習。當準備研究他的作品時，去留意那些他所認為有利借助的事物，以及去留意他所感覺到一位基督宗教的神學家有責任去否定它的事物，這是有幫助的。

1. 從猶太人那裡，他學習到以堅固的、信靠每句話的默示去閱讀經文，因此他學習到留意每個細節去處理每個詞彙，至今為止不被許多的基督宗教的註釋家所超越。這樣極詳盡的評論同樣與斐羅的目的無關，[137] 然而他的例子鼓勵了歐利根把比喻性的閱讀應用到《舊約》，想要從律法主義、荒謬與過時中恢復古代文本的渴望，從來不曾是某個人的專利。從保羅[138]到克雷蒙，寓意（allegory）對基督宗教的詮釋家而言已經是一個不可或缺的工具，所有這些人，包括歐利根，都不得不認為斐羅的教規（canon）是不完全的，不得不認為沒有先知的詮釋可以是權威性的，除非它見證了基督。

2. 歐利根是否是克雷蒙的學生，或者僅僅是他的志同道合的教士（Churchman），歐利根在亞歷山大城受教育，他的信仰基礎由第一代基督徒的使徒們所傳授，接著以一個新的而且是具有權威性的經文的形式留給後代。[139] 當教會有職事看管資源的發放時，像他自己一樣，確認他們出自於教規的教導就是學者的事。在寫作於亞歷山大城、名稱借自於克雷蒙著作的《論第一原理》（*On First Principles*）這部作品裡，支持正統宗教的寫作，使他成為更具冒險的，卻是有紀律的思辨的鷹架。無疑地，他依賴克雷蒙的《雜集》，作為他在這項事業中偶爾使用異教徒的知識的許可；但是他也為這部作品所告誡：神的知識的作品不是像其他知識這種科學，而是啟示的恩賜，不論是第一手或者二手的知識。關於歐利根自己的《雜

---

[137] 參考 Bendinelli（1997），10-14 對歐利根與猶太評論者的一個簡短比較。

[138]《加拉太書》4.24 等等；參考在第四章裡的討論。

[139] 參考《論第一原理》（*Princ.*）1，序文 1-3，頁 7.5-9.11 克特蕭。

集》，我們有足夠的知識肯定，在引用希臘文文獻方面它是不如前輩文獻那樣自由大度，的確，這種小氣是歐利根作品的不變特徵，除了在他對異教徒瑟蘇斯（Celsus）的回應之外，這是有必要用他自己的武器去反擊瑟蘇斯。在他訴諸教規之外的文本上，歐利根也是比克雷蒙更精打細算且更膽怯的，[140] 他放棄曾經有過（帶著有意從群眾退回的神祕）被使徒信任過的教會或教會部門的任何這樣觀念。每個學說，如果沒有已經包含在信仰的共同規則裡的話，必須從經文的內在意義裡證明。

3. 愛任紐清楚說，首先的人的犯罪因對救主的順服而回轉，華倫提努學派者透過一則神話 ── 在這則神話裡智慧的盛衰提供一個架構給第一次的災難，以及一個背景給第二次災難 ── 把宇宙學與基督學（Christology）結合在一起。自保羅之後不曾有這樣一個核心的與分歧的功能被賦於給十字架；不曾再有一部基督宗教的創世論（cosmogony）納入如此多的聖經創造的說明，或者，把它們帶入到與基督的本性與工作如此緊密的連結。《約翰福音》裡的前言是歷史的開端與其中間點的並置的典範，靈澆灌在世界是幾乎每位諾斯替思想家所從事的神祕經驗，即使那裡沒有公開宣稱基督宗教。儘管如此，由於缺乏證據，我們必須謹慎談論，說這點並不太過分：對諾斯替主義的熟悉使得歐利根增進對克雷蒙的道成肉身的理解 ── 肯定神不僅對沉思的理智開啟了他的智慧，而且神也進入到世界裡尋找人。

為了路途，他沒有要成為一位為任何諾斯替團體辯護教師（apologist），他大部分憑藉著他的大公教會同代人的雙眼感知覺他們（譯註：

---

[140] 對照《哥林多前書》1.23 裡論述十字架作為猶太人的絆腳石以及希臘人的愚拙。有關華倫提努學派者的十字架的核心（以及基督在地上的先前事工）已經藉由如所謂的《真理的福音書》（*Gospel of Truth*）（拿戈哈瑪第抄本 1.3），18.22-32 在 Robinson（1988），41 被說明了；儘管十字架在這裡被賦予某種屬靈的意義，釘子確實是夠真實的了。

他們指諾斯替團體）。與愛任紐或者西坡力圖斯一樣，他相信華倫提努學派者詆毀復活（resurrection），他相信他們的救主在肉身的歲月中沒有買贖它（譯註：它指肉身），而是從它（譯註：它指肉身）那裡釋放其他的人，他們相信一位較小的神被認爲對較小世界的創造負有責任。他的《論第一原理》更多被設想爲諾斯替的毒藥的解藥，現在的研究的許多主題——神、魂與啓示——構成了在整個基督宗教的世界裡（Christendom）大公教會反對異端的情況的三重負擔。後來他們構成教會反對歐利根的情況的負擔。歐利根在三世紀時被一群他的惡意批評者視爲是一位華倫提努學派者。要證明這點——事實上他運用一種自主的哲學，主要依據《聖經》以及大公教會傳統的許多前提——是去隨機宣判他沒有被譏笑與被譴責的事情。這樣的一種免除責備既不蘊含也不預設亞歷山大城的諾斯替主義在教條的思辨上優於大公教會，但是如果主要的被告可以逃避異端的汙點的話，人們認爲那個已可用來證明反對許多他的老師的指控將無可避免地受到審查。

第二章
歐利根的神以及柏拉圖的眾神

　　歐利根的神格（Godhead）的概念是柏拉圖式的（Platonic），這是一個自明之理，而不是一個與許多的學者爭論的案件。「柏拉圖式的」這是一個有多用途的修飾語，這一般上顯然已被風俗習慣，而不是被信約所規定；尤其習慣上它被強加給那些接受有關神的特別崇高觀點的神學，或者有關我們理解他的本性的特別卑微的觀點的神學。這些理論主張，由於我們缺乏手段去說神是什麼，我們只能說他不是什麼：「無時間的」、「無變化的」、「無限的」、「沒有誕生的」、「不可思議的」、「不可言說」、「沒有形體的」、「沒有感覺的」，這些都是一些消極的（negative）或者否定的（apophatic）詞彙，根據這些，我們把我們的無知轉向到某種知識。沒有人會質疑是新柏拉圖主義，而不是《聖經》提供這些詞彙給基督宗教傳統的詞典（lexicon）；當基督徒恰逢其時，例如歐利根，出生在亞歷山大城的第二世紀晚期，這些環境經常被引述在證明或者在緩和他對這位偉大哲學家的虧欠。我們被告知一個人不可能逃避他的時代占優勢的思想，以及在亞歷山大城裡「中期的柏拉圖主義」是所有大腦運作過程的氧氣，因此甚至一位熱衷的基督徒也不能不以他的教義問答（catechism）來吸收它。這個論證戴有某個老生常談的外貌，但是儘管如此，它依然涉及到兩種推測——柏拉圖主義者都是有神論者，以及，在這個時期他們有著無上的影響——在我們檢視歐利根有關神的本性、創作與目的的教導之前，這兩者都是有問題的，足以需要分別處理。

柏拉圖主義以及神的名字

　　大約有一半個世紀已經成爲風尚，對英國神學家而言，斷定一個在本性上與其受造物不相通的神，其神聖的超驗觀念是與《聖經》的傳統不相關，正如與現代科學的精神不相關那樣。他們論證，基督宗教的思想過去一直以來都太過於傾向把福音的根本的事物（the essential matter of the gospel）和一時與之黏結的銅綠（verdigris）相混淆，亦即當聖靈（Holy Spirit）發現使用他的第二種語言希臘文作爲向萬國傳道的工具是合宜之計時。神在柏拉圖的語言裡是一個有距離的模樣（a distant figure，譯註：在《聖經》裡，'figure'，意思是指「榜樣」，例如，《提摩太前書》4:12。在《約翰福音》20:25節翻譯爲「釘痕」〔mark, print〕），一位他（a he），如果不是一個它（not an it）的話；對照希伯來先知的神是就在近處，雖然是不可見卻無可逃脫的祢。[1] 從希臘文返回到希伯來文——從短暫的表達到演說的基本的範疇——是與永遠長存的太一（One）一同返回到親密關係裡，總是內在於變化與受難的世界裡，另一世界的主或者「來世」沒有比那世界命定從這出現更有意義。[2] 因此，在盛行的理論上，內在性（immanence）是《聖經》的設定，或者至少是希伯來文的設定，而超驗性（transcendence）是異教的異端（heresy）。然而，這樣說是很奇怪的，從古老時期到早期的二十世紀的每一個世代，這是在那領域裡的相反觀點。帝國時期基督徒與猶太人認爲希臘人作爲一個種族，是根據眾多要素的敬拜者，而現代的歐

---

[1] 這個對照（antithesis）公認的來源是猶太思想家 Martin Buber，但是他的名字經常被較不重要的學者與較低劣的神學家所濫用。有關他把神視為那位未知的對話者之靈巧的說明，請參考 Vermes（1980），156-235，以及有關 Buber 對他在德國的基督教當代人的影響的考查，請參考 Ward（1995），53-102。當然，Buber 與他的早期追隨者的設想是，只有一位凌駕存有常見的範疇的神——一位總是具位格（person）、不是對象的神——能以這種難以捉摸的方式向我們顯現；為了從基督教的詞彙達成超驗性的驅邪，從這個神學變為宣言的轉換，是作家被稱號「位格的」（personal）的虛假內涵所誘惑的創新。

[2] 例如，參考 Robinson（1968）。

洲人已把柏拉圖主義者視爲誇大神的內在性（the immanence of Deity）
的泛神論者（pantheists），直到神與世界成爲等同。另一方面，猶太
教的不可言說以及不可想像的（unpicturable）神，他以命令創造所有
事物，是過於崇高以致無法成爲任何他的創造物的同伴，這位神是在羅
馬帝國各處盡人皆知；**3** 稍晚猶太籍的思想家們根據他們的宗教，認可
這個觀點，棄絕一般稱爲新柏拉圖主義的流射學說，對把創造主與祂的
世界的這種間隔，加以褻瀆式的否認。**4**

　　在學術偏見上的這個革命或許擁有一些原因。首先，現代的注釋
家感覺到沒有義務使許多的文本 —— 他相信這些文本在不同時期由不
同的人寫的 —— 與僅有的部分知識協調。他承認《摩西五經》（Pen-
tateuch）的人形論（anthropomorphisms）是神話的，但是他拒絕把先
知的更爲質樸與清晰的說明附加在它們身上。其次，現代的神學家否
認思辨（speculation）應該可回答中世紀形上學的法則與現代分析哲
學的法則。他感覺到，從經驗的證據去演繹神的邏輯的表述（the logi-
cal predicates of the deity）不是他的工作，他力言經驗見證神的內在性
（the immanence of God）。第三，一些語詞的意義已經變得分歧，這
點爭論的各方不一定注意到。有些支持內在性的人意思僅僅是指神愛世
人，並透過得到應允的禱告與斷斷續續的神蹟介入；另一些支持內在性
的人卻是意指神住在世界之內，正如魂居住在身體之內一樣，以及對於
神自身的存在的實現，神依賴於世界，正如對於世界的維續存在以及其
有秩序的設計，世界依賴於神一樣。第一點是教會的古代的教導，但是
唯有第二點說明了「內在性」之嚴格的哲學意義。根據第一個說明，神
的介入自由是被他的超驗性所保證，就是說，對他的創造物不受限制的

3　例如，參考努美尼烏斯（Numenius），斷簡（Fr.）56 Des Places（被拜占庭的作家 Lydus，《論
月》〔*On Months* 4.53〕所引述）論猶太人的神明的「不可分有性」（imparticipability）。

4　參考 Scholem（1954），109 關於 Judah the Hasid 對在中世紀時期的猶太人的新柏拉圖主義的不
利批評。

優越性；就這個觀點而言，獨立性不蘊含不關心，這不推論出，如果神沒有遭受苦難，他無法感覺。另一方面，如果神正如現代的內在性的學說所主張的那樣，是被羈絆在世界之內的話，他也許與我們有同樣的感覺，但就是由於那個真正的理由，他行動的能力（the power to act）就被剝奪了。

高於創造本身的神——他依然是自由的以及願意介入他的創造——的學說（the doctrine of a God），是《聖經》的學說；嚴格的內在性的學說是現今的異端（the latter-day heresy），如果任何人真正主張它的話。與這兩種立場相反的是這樣的一個神——他把世界帶入到存在裡——的觀念，他坐在高高的位置上，以致無法留意在世界上所正在進行的事情。現代反對柏拉圖的指控的理由（gravamen）是他不僅教導這點，而且也說服我們說《聖經》也這麼教導我們，這已經有幾乎兩千年之久了。事實上，他們告訴我們，哲學家的抽象的有神論與以賽亞和何西阿（Hosea）的永活的神之間沒有共同的基礎。由於已經希臘化而不認識這點，教父們把基督的工作誤解為關於和解的不可重複的神蹟，而不是作為人與神之間永恆的團契的象徵。這也許不是好的神學，即使歷史是較健全的；事實上，論證在一開始的前提就絆跌了一跤。危險的是，把柏拉圖視為是單一神論者（monotheist），或者任何類型的有神論者（theist），當他不相信就《聖經》所認識的神時。

當然他相信眾神，與全體的雅典人一樣，保羅說雅典人凡事都太迷信（*deisidaimonesteroi*），頗為傾向於迷信。[5] 幾乎每篇對話錄認為這些超人類與不朽的行動者（immortal agents）的存在是理所當然；在《法律》裡一位全知的獨裁者（omniscient despotism）把嚴屬的處罰加

---

5 《使徒行傳》17.22；接在那個演說之後的是諾登（Norden）的《未識之神》（*Agnostos Theos*, 1913）的出發點，它推測晚期古代哲學的奧祕與超驗的一神論是東方嫁接在希臘的傳統上。

諸在無神論者（atheists）以及那些懷疑上天保護城邦的人。⁶神的標記（the mark of deity）不是無根據的，在《蒂邁歐》（*Timaeus*）裡，在第二世紀時或許是他的作品中最著名的一部，柏拉圖把宇宙的起源追溯回到一位工匠神（Demiurge），柏拉圖經常稱呼他為神（*ho theos*）。這種行話在希臘文的《聖經》裡用作一個專有名詞或者確定的描述，不可以翻譯為其他的意思，除了「神」之外；然而，當我們翻譯柏拉圖的對話錄時，我們有兩個理由要謹慎小心這個慣用語。第一個理由是，這位工匠神把許多的工作授權這些助手，他們儘管位階較低屬於眾神的範疇；其次，雖然他有自由去創造，卻沒有自由去決定他的創造之特質（character）。那種特質由那位永恆的典範（the everlasting paradigm）所決定，這個永恆的典範是在邏輯上即使不是在時間上，先於所有質料的（material）存在，以及包含許多自然種類的眾多的初型（archetypes）。⁷

《蒂邁歐》的神話——我們不應忘記它是一則神話——也許被視為「相論」（'theory of Ideas'）的變體，因為這是被預先假設或者設定在許多柏拉圖的對話錄裡。正如一般毀謗性的文字所說的那樣，一點都不是形上學對經驗的代替，這個理論的誕生是作為對經驗的辯護。它認為像「美麗的」、「公正的」與「神聖的」的這些詞彙擁有單一性的意義，而且不被隨意地授予許多的短暫的、混雜的與有爭議的對象。⁸因此，這推論出，這些詞彙所指謂的許多屬性（attributes）既不是虛構的事物，也不是幻象，而是實在的存在物（entities），以相同的方式與

6　參考《法律》907b-909c。

7　參考《蒂邁歐》41b-d 有關較小的神的正式的演說；29d-31a 有關造物主對永恆的典範的模仿。在《赫耳墨斯文集》（*Hermetica*）23.50 裡，至上神對他的下屬的演說把柏拉圖的回響與《詩篇》62 的撫慰的背景結合在一起。

8　尤其參考《歐緒弗洛》（*Euthyphro*）6d-e 關於衡量我們行為聖潔一個標準的必然性；《饗宴》209-11 關於理解美本身的相（the form of Beauty）的心智之豐饒多產；《理想國》433a-b 關於正義的定義，534c-e 關於對眾相熟悉的政治的效益（political utility）。

每個美的事物、神聖的事物與公正的事物的實例相關。因為，沒有任何事物在現在的世界裡是完全地與其屬性相等同（equipollent with）——例如，沒有任何事物是屬於這類無條件的美，它在任何時間、在任何方面以及對所有的觀察者是美的[9]——，我們在這裡所假設的實在的存在物不在這個世界上發現到，而必須被賦予存有的較高水準。這個較高水準能抵抗時間的流逝以及感覺的詭異。簡言之，相本身（Forms or Ideas）的領域是在感官之上，而其棲居者——可以邏輯定義，而不可以經驗發現——是沒有變化的、無時間性的以及僅僅訴諸心智理解的。[10]

是否有自然種類以及特性（properties）的相本身，是一個在柏拉圖的對話錄裡甚少提出的問題，但是卻有各種不同的回答。根據在《巴曼尼德斯》裡的蘇格拉底，沒有人的相本身（Idea of man），但是這個意見似乎被在《斐立普》（*Philebus*）裡相同的一位談話者所撤回。[11]然而，《蒂邁歐》含有每種植物與動物都擁有其原型（prototype）在典範（paradigm）裡的意思，在這篇對話錄或者任何其他的對話錄裡沒有談話者把相本身（Ideas）賦予這種無形的與不光彩的現象，像醜或者泥巴之類。[12]還有，在《蒂邁歐》裡暗示，在較低的世界裡的任何個別事物，任何具體的存在物，是在較高世界裡它的相的複製品（a copy of its idea）；巴曼尼德斯，在這篇對話錄裡以他命名，反對這點，因為這蘊含一個惡性的後退，因為相同的邏輯——從個別事物之間的相似性裡演繹出相本身（Idea）——將被迫推斷出另一個初型（archetype）——那個「第三人」，正如在亞里斯多德給它的稱呼那樣——去說明在個別

---

[9] 《饗宴》211a-c；論眾相本身（Forms）更優越的實在性（superior reality），參考 Vlastos（1965）。

[10] 如同 Crombie（1963），319-25 所觀察到的那樣，它不能從這點得到眾相本身（Ideas or Forms）是可分離的，意思是：甚至當它們在世上不具堅定持久性時，它們仍然潛存著（subsist）。

[11] 《巴曼尼德斯》130b-c；《斐立普》15a。

[12] 《巴曼尼德斯》130c。

事物（the particular）與相本身（the Idea）之間的相似性。[13] 反之，如果我們推測相（idea）是內在於個別事物的話，我們被推入一個兩難裡頭：或者，違反所有的邏輯，我們必須主張相本身的整體（the whole of the Idea）是呈現在個別事物的每一個，或者，其他的相自身（Idea Itself）必須在個別事物之中被分成若干部分，彷彿它不是作為不可見之非具體事物之特權。[14] 相本身是物質存在之形式的先前條件（pre-condition），不是物質存在之否定，因為沒有任何事物存在這世界上，除非它是某一種類的事物；但是，因為我們從蘇格拉底無法滿足巴曼尼德斯的駁斥裡看見，印記在基底上的相（the impression of form on sub-strate），不可以被許多揭露相的邏輯特性（properties of the form）的相同理由所解釋。

在《智者》裡，巴曼尼德斯的一位學生——他辯解說這是荒謬的：眾相本身比它們所傳達的心智（mind）更不活躍——力辯說，眾相本身（Ideas）孕育著一個超級充沛的能量（superabounding energy），這個能量在生命的形式裡，把自身傳遞到現在的世界。[15] 然而，在《蒂邁歐》裡，形式（form）與質料（matter）的結合為工匠神所完成，工匠神的創造是他的善性的一個自發的擴散，[16] 儘管那個善性的內容在空間與時間的變化領域裡被典範（paradigm）支配，正如我們所看到的。有關這點，他不是作者，而是一位有特權的注視者、一位執行者，而不是一位受惠者。其他的存有者與其說是先知，不如說是眾相本身的尋求者，存有者以眾相本身作為目的因（final causes）而固守其中，無論這個表達被理解為意指抽象的概念與否，例如美，或是在它的類中的各

---

[13] 《巴曼尼德斯》132d-133a。有關於亞里斯多德的批評，請參考《形上學》990b，以及對它的答覆，參考 Meinwold（1992）。

[14] 請參考《巴曼尼德斯》131d，以及有關於對被拒絕的立場的辯護，參考 Fine（1986）。

[15] 《智者》248c-249c。參考 Hadot（1960）以及（1967）論述在新柏拉圖主義裡「可理解的三格組合」（存有、生命與心智）的進化（the evolution of the 'intelligible triad'）。

[16] 《蒂邁歐》29d-e。

個創造物的完美性。在《費德羅斯》（*Phaedrus*）的偉大神話中，這兩者被結合在一起，這則神話斷定每個魂在它墜落進入到較低的領域裡之前，居住在一個「超天體的地方」（supercelestial place），在這裡魂在它的神的侍者中，追求它所分配到的德性。這裡，正如在《蒂邁歐》裡一樣，很清楚地，眾神不是存有的最高等級，因為他們不創造，而是沉思眾相本身，這些相本身仍然是外在於他們。在《理想國》（*Republic*）的第十卷裡我們讀到有一個相本身（Idea），它在「神的心智」（mind of god）裡擁有其位置，但是這僅僅是一張床的相（form），一個人類的製品，和一個技藝模仿的託辭。不過在其他的地方柏拉圖認識到這種無價值的眾相本身的存在，與哲學家（譯註：柏拉圖）那些早期作品所描繪的，經由長期教導達到的極致時所渴慕看到的相比較，這些無價值的眾相本身（valueless Ideas）相對這位哲學家而言是無關重要的。

《理想國》確定這個原理，首先清晰地表達在《費多》（*Phaedo*）裡，即，在自然中真正的原因是目的因（final causes），因為這些原因不僅僅解釋情況是什麼，也解釋為什麼。任何事物的目的因是它的善，因為柏拉圖的哲學假定所有可欲求的目的可以被調和，這與問什麼是一個事物的善以及什麼是有益於事物本身是有很多相同之處的。[17]當我們把這個問題放在眾相本身（Ideas）裡時，我們結論出，因為有很多美、正義與神聖的單純的相（forms），所以必定有善的單純的相（form），這善的單純的相賜予它們存在與存在的理由。在《費德羅斯》裡眾魂極盡其力要去看到它，[18]但是在它們魯莽的使力當中，它們踐踏其他的魂也被其他魂所踐踏，對拖著它們的馬騎失去控制，因此最

---

[17] 參考 Nettleship（1897），218-34 關於在希臘文以及柏拉圖的作品裡「善」（*agathos*）這個詞的歷史。

[18] 儘管柏拉圖在《費德羅斯》247c-248b 裡較喜歡存有與真理的稱號，然而 Hackforth（1972）正確地把那個段落的圖像與詞彙與《理想國》508c 善是渴望的最高對象裡的圖像與詞彙做對比。

後它們沒有翅膀被扔到地上。[19] 然而，在《理想國》裡被科學與辯證法淨化的心智（mind），提升在政治的影子遊戲以及物理世界種種的感覺之上，提升在數學的確定性甚至眾相的沉思之上，直到它尋找視域的頂點的時間到了爲止。[20] 這景象不可以在這之前被描述，以及不要求真實性：善是其自身的證明書，正如在較低的世界裡太陽透過相同的光線照射到所有下界，使得它是可見的。

　　這裡沒有提到神，我們可以從一個簡單的比較裡看到這種倫理學與存有論的混合是如何遠離有神論。學者們——宣稱發現到在基督教作家裡對《理想國》這個段落的回應——偶爾把它與出自於他的學生色諾芬（Xenophon）所創作的蘇格拉底的《回憶錄》（*Apomnemoneumata, Memorabilia*）相類似而混淆。在諸多會話中之一，這位直率但是有天分的軍人把這個對話歸於蘇格拉底。這位聖人勸告我們不要去懷疑眾神的存在，因爲我們沒有關於它們的直接的知識。正如我們的肉眼缺乏力量去注視太陽一樣，所以人類的理性不能盼望去理解眾神自身，更不用說去辨別它們。儘管我們在白天是能意識到太陽，因爲我們藉著它看到所有其他的東西，所以我們不能不意識到眾神，每當我們反省他們的作品無所不在的證據時。[21] 這或許是在希臘文裡自然神學的第一個範例（specimen），從這位作家的作品裡，他將蘇格拉底表徵爲普通人的宗

---

19 《費德羅斯》248c-e，將這些魂與在 247e-248a 那些達成他們目的的神相對比。這裡人們認爲墮落是來自於必然性的權威性的法規（提指恩培都克勒〔Empedocles〕，斷簡〔Fr.〕115DK），以及那些希望使得魂對其自身的困境負責的柏拉圖主義者，發現到老師對其身體化的原因的陳述不一致與困惑：參考普羅丁，《九章集》4.8.1。

20 參考在《理想國》的洞穴 517b-518b 裡這位哲學家的出現的比喻，透過在 508a-509b 善及太陽之間的類比來預想。有關在洞穴裡由囚犯得到的城邦榮譽的獎賞，參考 516c；除了他們背後的火焰投射到屏壁上的影子之外，他們對這世界一無所知。有關數學的假設的不適當性，參考 511a-e。

21 《回憶錄》4.11-14，米努修（Minucius Felix）在《奧特威斯》（*Octavius*）32 裡適合一位基督徒的目的。

教鬥士。[22] 另一方面，柏拉圖在他的《申辯》（*Apology*）裡努力去反駁這個指控：蘇格拉底敗壞雅典的年輕人，在回應其他的控告裡，他甚少說他由於敬拜自己的神而輕蔑他的同胞的眾神。

柏拉圖的蘇格拉底也許更合理地被指控引進虔誠的某種新奇的品牌，而不是引進新的眾神。在這種新奇的品牌裡，對於一位非凡的卓越的存有者而言，神（*theos*）是一個詞，但是這個詞卻不在任何地方裡擁有最高原則的稱呼。蘇格拉底所相信的神祇的數量似乎蘊含著它們分有一個較高的統一體（unity），有人也許認為更多的榮耀應給予一位神，甚於給於許多的神。然而，儘管蘇格拉底準備好去崇拜特拉斯（Thracian）的神正如去信賴雅典人的眾神那樣，[23] 他既沒有獻上禱告，也沒有向善（Good）獻祭。眾神的非身體性引起了一個形上學的問題，這個問題在許多的對話錄裡並沒有解決。如果根據自然它們是公正的與神聖的，然而不等同於公正或者神聖，這應推論出它們分有這些德行的相本身（Ideas）；然而我們如何可以僅僅談論分享欠缺物質的原理，而這原理能區分在世界裡的許多個別事物不同於另一些個別事物，以及不同於它們的共同特性（common properties）呢？這個問題將以雙重的力道應用到《蒂邁歐》裡的工匠神，如果我們把它當作一個定理（axiom），即，所有的善的存有者直接分有善（Good）。在神話裡它也被稱呼為努斯或者理智（*nous* or intellect），[24] 如果它確實不是與理智本身（Intellect）同義詞；這點留給了晚期的柏拉圖主義者去決定至上的心智（supernal mind）的對象是在它之外，還是在它之內，以及

---

22 參考《回憶錄》1.1 論蘇格拉底的常規的虔誠；Chroust（1973），173-93 論在亞里斯多德已遺失的作品裡他晚期的企圖是想從設計的證據裡去證明有一位神的存在。前兩個世紀的基督徒將比我自己對亞里斯多德的討論所依據的「深奧」（'esoteric'）作品更加熟悉這些「開放式」（'exoteric'）的著作。

23 參考《理想國》327a 與 354a，有關他出席本迪斯（the festival of Bendis）的慶典。

24 參考 Mueller（1998），88 論在《蒂邁歐》裡努斯（*Nous*）的活動與在《理想國》裡其從屬於相之間的對比。

對於心智（mind）與其對象而言，它是否足以一致或者有外在的行動者促使它們成為一體。[25]

　　柏拉圖的學生亞里斯多德在神性之中消除了在理智與其對象之間的區別。在他的系統裡質料是潛能的，形式是實現的；意思是說，質料是可以有轉變為任何形式之身體的可能，而形式自身——根據自然是其本質（what it is）以及是概念的定義——是沒有能力失去或者獲得特性（properties）。對亞里斯多德而言，沒有任何東西單獨存在於實現中，而只是作為某個已實現的潛能（an actualized potential），這是一般的法則；然而，對於思想而言，有一個例外，它已經不需要基底（substrate）被實現作為神的理智（the intellect of God）。因為這種實現是一種狀態。這種狀態是所有其他的存有者，從最低到最高，努力去實現，亞里斯多德的神是在宇宙中每個變化與運動的目的因。然而，神自己本身是不帶有潛能的所有元素（tincture），即，他不經歷許多的變化，這種變化需要從一個認知的對象到另一個的認知對象。[26]事實上，除了他自己之外，他不思想任何東西，[27]他完全沒有意識到他的神意的統治（providential government），並推動宇宙，僅僅作為被愛者推動愛者，透過慾望的吸引。這位神完全沒有人格（personality），但是他至少是思想家及行動者，像基督文化國度裡的神（the God of Christendom）一樣。柏拉圖的與亞里斯多德的第一原理觀念之間的比較是老生常談，甚至在這兩位哲學家之後，這個比較已經與他們

25　參考菲斯都吉耶賀（Festugière, 1954），275-93，有關在普羅克洛（Proclus）的《蒂邁歐的注釋 I》，303-317 Diehl 裡前面觀點的總結之註釋的翻譯。

26　有關在由其他行動者所獲得的知識之中主動與被動理智的串通，參考亞里斯多德，《論魂》（De Anima）429-31，附帶有在 Kosman（1992）裡「製作者的心智」的活動的分析，以及由 Brentano（[1867]1992）所做的詮釋的全面評述。因為 Blumenthal（1991）提醒我們，亞里斯多德在 429b24-5 裡談論「被動理智」，但是「主動理智」的表述是源自 430a11-12。

27　對出自於《形上學》1072b15-1072b27 的論證的評論，Norman（1969），69，寫道：「所指的東西不是『自我沉思』，而僅僅是刻畫所有抽象思想的思想之理智與對象的同一性。」

支持者的心智融合在一起了：[28] 六世紀的一位邏輯學家問為何亞里斯多德主義者稱那個原理為心智本身（Mind），而柏拉圖主義者稱它為善（Good）。[29]

在柏拉圖裡善是目的因（final cause），他的工匠神是動力因（efficient cause）；如果其中一個是亞里斯多德的神的話，這是前者，一般人們同意柏拉圖的形上學與亞里斯多德的形上學聯姻了。亞里斯多德的形上學產生了眾相本身作為「神的眾多思想」的詮釋。[30] 亞里斯多德的第一個運動者當然是神對自己的沉思的唯一對象，但是我們從相同哲學家的其他作品裡學習到，這是可能的，即，理智在思想其自身時，向外（without）仔細思考諸物之思想。的確，沒有這樣的自我反思的沉思（self-reflexive contemplation），就沒有外在世界的感覺，因為在每個這樣的機會裡，唯一心智的實現（the realization of the mind）是作為「主動理智」，這主動理智使得「潛能理智」自身能夠與形式結合在一起，這個形式是它從個別的物質裡抽離出來的。[31] 不含有任何潛能的殘餘的心智也許仍注視著眾相（ideas），如果其對它們的意識是無時間性的、不可分離的，以及對外在的刺激是毫無關心的。

我們在這裡不需要努力把作為神的眾多思想的眾相本身的學說（the doctrine of the Ideas as thoughts of God）追溯到某個單一的作者；歐利根不會在乎去知道是否他是猶太人的斐羅（Philo）、新柏拉圖主

---

[28] 有關在新柏拉圖主義者中柏拉圖與亞里斯多德的調解，參考 Hadot（1990）；由 Dexippus 與波菲利所提出的解決之道是：亞里斯多德的邏輯包含有對共同世界的論謂規則，然而，柏拉圖的辯證法尋求對崇高的現實性的洞察。

[29] 參考 Hadot（1991），引述 David（Elias），《論範疇》（On Categories）120。

[30] 參考 Rich（1954）論這個宗旨的演變；Armstrong（1960）論述普羅丁的學說的前件是「可理解的事物不是在理智之外」。六世紀時期的亞里斯多德評論家阿摩尼烏斯（Ammonius），反對新柏拉圖主義者普羅克洛與 Simplicius，他主張亞里斯多德的神是存有與運動的原因：Sorabji（1990b），184-5。

[31] 參考《論魂》429-31，還有 Blumenthal（1991）與 Kosman（1992）。

義者的安地庫斯（Antiochus of Ascalon），還是亞里斯多德的第一位重要評論家亞歷山大（Alexander of Aphrodisias）。[32] 他也許沒有認識到這個在其最簡單的形式中的理論，儘管，正如我們看到的那樣，他自己接受他一個相似的觀點。肯定地他是熟悉努美尼烏斯（Numenius of Apamea）的作品，一位自身是第二世紀中期到晚期的畢達哥拉斯主義者，他著名的柏拉圖的詮釋假定有兩個超驗的理智（two transcendent intellects），較高的理智是靜止的，而且不受任何的干擾，然而，較低的理智從事於對較高理智的無休止的沉思。只要把其凝視轉向到上面，這種較低的理智只產生眾相本身（Ideas）；但是當它讓它的視線降落到物質的溶化的不安息裡時，它經歷分裂並變成爲現在世界裡的勉強的工匠神。[33] 約束第二個心智是至上美的領域，而較低世界從它分享裡得到美；然而甚至這第二種心智（this second mind）的許多內容（我們也許把它們當作是所有的眾相）不都是善的，除了它們盡可能分享作爲善自身（Good itself）的較高心智（mind）之外。[34]

　　人們經常認爲，當歐利根在他的作品《駁瑟蘇斯》（*Against Celsus*）[35] 裡引述努美尼烏斯論四種時機時，因著理智的親密性被他所吸引，畢竟，在與他的同伴柏拉圖主義者瑟蘇斯（Celsus）競爭以贏得柏拉圖學院（Academy）的戰利品的權利上，誰可以成爲一位較

32　Witt（1937），70-5 是安地庫斯（Antiochus）的發言人；然而，Barnes（1989）幾乎把證據的每個證據論點仔細詳審。Armstrong（1960）論述二世紀評論亞里斯多德的傳統的創始者亞歷山大的《補編》（*Mantissa* of Alexander）。有關斐羅，參考 Wolfson（1948），1,322 以及（1961），33-8。他論證斐羅追隨亞里斯多德，《論魂》429 探索眾相本身的處所，以及，他論證：在把神設立爲唯一的永恆的存有者的這種神學裡，這個處所不可以位在神聖的理智之外。

33　斷簡 11.11-20 Des Places，出自於優色比烏斯（Eusebius），《預備》（*Preparation*）11.17。

34　有關善自身（*autoagothon*）這個詞，參考斷簡 20.12（優色比烏斯，同上，11.22）；斷簡 18.10（同上，11.18）有關善當作統治第二個心靈的「舵」；（'rudder'）；斷簡 16.14-17（同上，11.22）仕善自身中分有第二心靈以及在美中分有宇宙的美。

35　參考《駁瑟蘇斯》1.15（斷簡 1b Des Places），4.51（斷簡 1c），5.38（斷簡 53），5.57（斷簡 29）。

好的盟友呢？但是歐利根承認他把瑟蘇斯視爲是一位伊畢鳩魯主義者（Epicurean），以及當他援引努美尼烏斯時，並沒有把他說成是他自己的三位一體學說的先驅，而是把他作爲見證賽拉比思（Serapis）的起源的例子，和作爲見證耶穌的奇蹟以及許多在出埃及的前夕裡與摩西和亞倫（Aaron）對抗的埃及祭師名字的另一個例子。³⁶歐利根知道努美尼烏斯《論善》（*On the Good*）的論文，³⁷這論文經常保留在他的《評論約翰福音》（*Commentary on John*）裡，當他以稱呼父神爲神自身（autotheos, God himself）來表達父對子的更高性時，他把這部作品的技術上的詞彙當作一個模範（model）。³⁸但這裡並沒有釐清眞正問題，因爲努美尼烏斯稱呼第一位神是善自身（*autoagathon*, Good itself），不是神自身（*autotheos*）──對許多柏拉圖主義者而言，這是一個重要的重點。對他們而言，不是名詞，而是形容詞總是最卓越的衆相本身（Ideas *par excellence*）。在柏拉圖的直接的繼承者之中，有一些人談論把諸如此類的衆相說成是「人自身」（'man himself'）或者「馬自身」（'horse itself'），但是這類詞彙沒什麼證據存留在亞里斯多德的批評裡。³⁹然而被歐利根精讀的波菲利（Porphyry）的作家目錄裡既沒有早年的老師也沒有晚期的畢達哥拉斯主義者可以證明字首「自身」（*auto*）被用來斷定只有一位眞神：

　　這位人物，是阿摩尼烏斯（Ammonius）的學生，他在我們時代裡

---

³⁶ 斷簡 10a（《駁瑟蘇斯》4.51）與 53（5.38）。

³⁷ 斷簡 1b（《駁瑟蘇斯》1.14），儘管摩西與耶穌的參照都是取自於其他未知的「奧祕」（*Epops*）。後者的寓意的要旨提及它的名稱──通常是意指「戴勝鳥」（hoopoe）──也指起始的「奧祕的」最高峰（the 'epoptic' climax of initiation）。

³⁸ 《評論約翰福音》2.2。有關在努美尼烏斯裡的善自身，參考以上。

³⁹ 參考亞里斯多德《形上學》1040b 33-4；《範疇》1b，一再出現在那裡相同的例子，可能是他的反駁，這是值得注意的，當努美尼烏斯在斷簡 20.8-9 裡斷定有人與馬的相（ideas）時，他迴避前綴詞自身（auto），他繼續把自身這個詞連結在「善」之中。

的哲學界擁有最偉大的學養，就他對文學的熟悉而言，他從他的
老師那裡得到重要的益處，但是就他對生命的選擇而言，他卻追
隨著與他相反的路徑。因為阿摩尼烏斯，由基督徒的父母扶養長
大，一到達他的判斷與哲學思辨的年齡就依據法律馬上改變生命
的方式。但是歐利根，一位在希臘文學裡學習長大的希臘人，變
節投到蠻族的存心的錯誤（the wilful error[40]）裡……他花了很多的
時間研究柏拉圖以及熟悉努美尼烏斯與克羅尼烏斯（Cronius）、
阿波羅法尼斯（Apollophanes）、朗吉努斯（Longinus）[41]、摩德
拉杜斯（Moderatus）、尼可馬可斯（Nicomachus）以及在畢達
哥拉斯主義者之中一些知名人物的作品。他也使用斯多葛主義者
開雷蒙（Chaeremon）以及寇努杜斯（Cornutus）的書籍，從寇
努杜斯那裡他學習到希臘人裡對神祕的轉義的詮釋（tropological
interpretation），並把它應用到猶太人作品裡。（引述優色比烏斯
〔Eusebius〕，《教會史》6.19.6-8）

我們不需要去懷疑歐利根閱讀由波菲利所列出的作者，儘管在他現存的
作品裡他沒有一個字提到他們的大多數名字，另一方面，有些人也被規
定在普羅丁的學圈研究的這個事實，並沒有證明任何東西，除了希臘傳
統的一致性之外。[42] 沒有任何地方比亞歷山大城更專心致志地保存這種
傳統，沒有任何地方有比亞歷山大城更容易得到這些古代的作品；沒有

---

[40] *Tolmema*，在異教的希臘文裡最接近於「異端」這個詞。

[41] 如果這是那個時代最著名的朗吉努斯，我們看到歐利根跟上與他同時代的人，因為朗吉努斯存活到 271 年。參考 Heath（1999）論述他的生平與作品。

[42] 波菲利，《普羅丁的生平》14 描述努美尼烏斯與克羅尼烏斯的作品被規定為學校的閱讀書籍，而普羅丁研讀與批評與他同時代的朗吉努斯的作品。摩德拉杜斯與尼可馬可斯（第二世紀時期的畢達哥拉斯主義者）被波菲利在其他地方裡引述。波菲利是朗吉努斯與普羅丁的學生。阿波羅法尼斯是更晦澀，但是波菲利，同上，承認斯多葛主義在普羅丁的課程裡是个被忽略的。因為波菲利暗示，在歐利根時代對異教文本應用寓意（allegory）的唯一先例是早期羅馬時期的斯多葛主義的文章；進一步參見第四章。

任何地方有比亞歷山大城這地方較不可能使得單一個作者能成爲教學題綱的惡霸，或者較不可能使得任何有強烈主見的學生，甚至基督徒被任何一種意見所搖擺，只因沒有聽到第二種意見。

▌在亞歷山大城的研究哲學

亞歷山大城不是一個古老的城市，因爲它的名字命名自希臘與埃及的征服者亞歷山大大帝。在亞歷山大的將軍托勒密（Ptolemy）的後繼者統治之下，亞歷山大城欣欣向榮，直到它在人口方面甚至超過雅典，並且威脅其展現自己作爲希臘文化的中心。它的豐富的圖書館，在托勒密二世的命令之下建造，供應學者們的勤勞以及精煉詩人的品味。的確其第一任的監護人的兩位都是詩人，他們是卡利馬科斯（Callimachus）與羅德島的阿波羅尼奧斯（Apollonius Rhodius）——一位避免創作六韻步史詩，另一位卻試圖創作六韻步史詩，但是每位在他的創作方式上努力加重高雅的色彩以及逃避荷馬專制的先例。[43] 同時，在《伊利亞德》（*Iliad*）與《奧德賽》（*Odyssey*）經過亞歷山大城的編輯者的努力之下獲得一種嶄新的穩固狀態，這些編輯者有技巧地整理手稿，但是他們也都傾向於根據他們合適的觀念與優美的風格去刪除以及修改文本。[44] 至少在某一段時間科學是與文藝（arts）同步的：希羅（Hero）掌握住的蒸氣推進的初步原理，埃拉托斯特尼（Eratosthenes）以令人矚目的精確性測量地球的周長，以及在法羅斯（Pharos）島上的燈塔被列入世界七大奇蹟之中。[45]

---

[43] 參考 Cantora（1987），40-4 對這兩位詩人的工作進行簡短而生動的回顧；Fraser（1972），vol. 1, 448-79 關於希臘化城市的學術研究（scholarship）。

[44] 參考 Pfeiffer（1968），有關在亞歷山大城裡的荷馬的學術研究的考查；Cantora（1987），102-3 有關簡明的參考文獻集。

[45] 參考 Fraser（1972），vol. 1, 17-20 論法羅斯（on Pharos）；vol. 2, 186-7 論埃拉托斯特尼（on Eratosthenes）。

　　在羅馬人的統治之中，韻文與科學在東方的省分衰退，這些地方的人們對於當前許多的疾病一個確定的處方，似乎是活在過去的永恆虛空裡。在整個的希臘世界裡，作者模仿可能去模仿的東西，以及去頌揚似乎看起來適宜從古典時期多變的歷史裡做回憶的東西。[46] 亞歷山大城過去有一個特殊的角色：就我們所知，它過去不是任何一位偉大的智者的故鄉，這些智者以古代人的樣式囉嗦爲業；而且其名聲是作爲古典文化遺產的寶藏地（argosy）仍存在，即使在公元前第一世紀時由尤利烏斯・凱撒（Julius Caesar）的軍隊燒毀部分的圖書館。[47] 亞歷山大城對古代人的詩與哲學的定位不是要與其競爭，而是對他們的作品加以註釋：例如，大多數現在存留下來的有關亞里斯多德的評注是由許多居住在那城市的學者們所編輯成的。[48] 有證據——如果證據有需要提供的話——顯示學者們對柏拉圖表示尊敬之意，但是這點卻沒有表示：柏拉圖享受那種優勢（prepotence），就是在現代教科書中論教父神學已經賦予他的優勢，[49] 有意地或者無意地，神學家以從克雷蒙與歐利根裡對柏拉圖提及到的尊敬，藉著內省的論斷自圓其說，這些提及到的尊敬——奠基在一位基督徒不曾思考他人的思想，卻只是吸收其他人的思想的前提上——被認爲是他們自己學派似鸚鵡般的回聲。如果神學家以從克雷蒙的老師潘他努斯（Pantaenus）不被認爲是一位斯多葛主義者的話；如果克雷蒙不是來自雅典，歐利根沒有逃出凱撒利亞

46　參考 Swain（1996）論在羅馬統治之下希臘精英的人為世界。

47　參考盧坎（Lucan），《內戰》（*Civil War*）10. 486-505，以及阿圖尼屋斯（Apthonius），《預習》（*Progymnasmata*）12。Cantora（1987），77-100 彙編了一些紀錄，這些紀錄提到在凱撒時代之後圖書館的留存或修復，儘管很大量的紀錄是建立在這個假設上：那座圖書館是與在斯特拉博（Strabo）的《地理》（*Geography*）17.1.8 裡似乎是作為現存的遺蹟的博物館是同一個。

48　參考在 Sorabji（1990a），173-303 裡經由不同人寫的論文。

49　事實上，由 Fraser（1972），vol. 1, 480-94 所做的判斷，懷疑論者和折衷主義者比畢達哥拉斯的和亞里斯多德的柏拉圖主義者更加興盛。在第 493 頁裡，Fraser 評述在公元一世紀時，當這個學派開始在各處興起時，我們不知道在亞歷山大城裡的個別的新畢達哥拉斯主義者的名稱。

（Caesarea）的話；[50] 如果這些偉大的亞歷山大城人，例如，迪梅提屋斯（Demetrius）、戴奧尼西屋斯（Dionysius）、阿坦納西屋斯（Athanasius）與西里爾（Cyril）都更一般被認爲是柏拉圖主義者；或者，如果亞歷山大城的學術研究對柏拉圖的對話錄的評注達到像對亞里斯多德的評注的一半的話，其理論會更強有力。這裡，如經常一般那樣，詳盡的研究揭露：對他人所做的猜測，一種風媒花的接受性，是現代的特徵，不是古代基督宗教心智（the ancient Christian mind）的特徵。

但是，至少人們將會說，我們從波菲利裡得知歐利根是向阿摩尼烏斯學習，以及從古代時期開始的學術研究幾乎是一致同意這位阿摩尼烏斯教導了第一位新柏拉圖主義者普羅丁（Plotinus）。爾後，帖歐都雷特（Theodoret）把沙卡斯（Saccas）這個姓加在這位阿摩尼烏斯上，波菲利的《普羅丁的生平》包含一封出自於博學的朗吉努斯（Longinus）的信，在這封信裡，普羅丁被稱頌爲他的世代的一個重要的柏拉圖主義者。[51] 波菲利在同一個作品裡也提到，有某位歐利根是在阿摩尼烏斯學圈裡的普羅丁的同事。優色比烏斯確認基督徒的歐利根跟一位名字叫阿摩尼烏斯的老師，並引述出自於歐利根的一封信，在這封信裡他稱讚一位不具名的老師，這位老師就我們所知，是在希臘哲學裡他唯一的導師。[52] 淖丁（Nautin）與克魯熱爾（Crouzel）是最傑出的權威，他們論證——因爲有一位阿摩尼烏斯教導歐利根，而阿摩尼烏斯是一位著名的柏拉圖主義者的名字——毫無疑問地，我們知道歐利根在他年輕的時候是一位柏拉圖主義者。[53]

---

[50] 參考優色比烏斯，《教會史》5.10.1 論述潘他努斯的斯多葛主義；5.11.1 論述他作爲克雷蒙教師的角色。

[51] 帖歐都雷特，《對希臘人的疾病的治癒》6.61（儘管現在的文本隱含阿摩尼烏斯的學生，基督徒的歐利根教導過普羅丁）；朗吉努斯，在波菲利，《普羅丁的生平》20.36-7。

[52] 優色比烏斯，《教會史》6.19.13（論述阿摩尼烏斯）；6.9.14（歐利根的信件）。

[53] 淖丁（Nautin, 1977），200-201。

　　在我的一篇文章〈阿摩尼烏斯，歐利根的老師〉，我已論證，仔細檢驗這些資料出處，會揭露有兩位歐利根、兩位阿摩尼烏斯，因此，奠基在其名字的巧合而把他們判斷爲同一位人，有兩個理由要十分的謹愼小心：

1. 柏拉圖主義者阿摩尼烏斯有一個同時代的同名字的人，以聲名和以與朗吉努斯熟悉而被大家認識的，朗吉努斯把他當作是漫步學派（Peripatos）或者亞里斯多德學派的成員。朗吉努斯意指漫步學派過去有兩位阿摩尼烏斯的飽學之士，而菲勞特拉斯圖斯（Philostratus）在他的《智者的生平》（*Lives of the Sophists*）提到相同的阿摩尼烏斯確證這個判斷。[54] 同時異教的見證者斷定，這兩位阿摩尼烏斯沒什麼著作，他們沒有建樹。因此，他們之中有一位（或者都沒有）也許創作了《耶穌與摩西的和諧》（*Harmony of Jesus and Moses*），優色比烏斯把這部著作認定爲基督徒歐利根的老師阿摩尼烏斯的作品；[55] 由於這件事情，他們之中有一位或許可以合在一起，正如我們在第一章裡看到的那樣，《福音書的和諧》被優色比烏斯認爲是持有那個名稱的人所有。

2. 「歐利根」在埃及不是一個稀有的稱謂，它是出自於偉大的神何魯斯（Horus）所形成的名字；阿摩尼烏斯甚至是一個更普通的名字，

---

54 朗吉努斯在波菲利的《普羅丁的生平》20.49；菲勞特拉斯圖斯的《智者的生平》頁 618 Boissonade。Edwards（1993），178 觀察到名爲阿摩尼烏斯表現出一種埃及的血統（當朗吉努斯與另一位被稱爲托勒密〔Ptolemaeus〕的漫步學派聯繫時更顯得是如此）；普羅丁的評論，「朗吉努斯是語言學家，不是哲學家」（波菲利，《普羅丁的生平》14.19-20）至少揭示：柏拉圖主義者把朗吉努斯視爲是一位有能力的評論家。

55 參考波菲利，《普羅丁的生平》3（論阿摩尼烏斯沙卡斯的沉默）；同上 20.50-7（引述朗吉努斯論漫步學派者阿摩尼烏斯的微量的作品）；優色比烏斯，《教會史》6.19.13 論和諧。Edwards（1993），177 支持 Dörrie（1955）的觀點，445-59，即波菲利所指阿摩尼烏斯沙卡斯在勒莫西屋斯（Nemesius of Emesa）的具體與非具體的「非融合的混合」之教導的資料來源，《論人的本性》（*On the Nature of Man*）3.20；如果那是如此的話，教導可能是口頭上透過普羅丁來傳送。

因此，沒有先例的可能，這兩位由某位阿摩尼烏斯所教導的歐利根是同一個人。基督徒歐利根是大量詮譯希臘文《聖經》的詮釋者；普羅丁的同窗歐利根據說在他整個生命裡出版了兩部著作，這兩部作品沒有任何一部擁有一個書名談論任何基督宗教的旨趣，更不用說已知是基督徒的歐利根的作品書名。許多參考這部題目爲《論精靈》（*On Daemons*）的較早作品的古代文獻都證明，這是在努美尼烏斯的精神之下所寫的作品，並且這部作品把惡的精靈與好的精靈區別開來；[56] 基督徒歐利根是努美尼烏斯的讀者，但是不是努美尼烏斯的學生，對他而言，精靈是墮落的天使，被創造爲善的，但是卻自願地習慣於犯罪。新柏拉圖主義者歐利根的第二本書，書名爲《那位國王是唯一的詩人》（*That the King is the Only Poet*）包含有向加里恩努斯（Gallienus）皇帝的獻詞；因爲失策以至忽略他的父親法勒里安（Valerian）在他們從 253 至 263 年共同的攝政期間，這篇論文必須追溯到在 263 年與 268 年之間當加里恩努斯單獨執政時。但是在那種情況裡，它不是基督徒歐利根的作品，他於 254 年過世。當然，我們可以自行把加里恩努斯的名字修改成某位比他較早活著的某個人的名字，例如執政官埃里阿努斯（Aelianus），假如我們願意隱藏手稿中無異議的閱讀，並忽略了阿諛奉承的書名裡顯而易見的旨意的話。如果這樣的猜測技巧已經成爲一般的話，就沒有可以作爲證據的東西，也沒有可以作爲歷史的學科。

在這裡去證明基督徒的歐利根是一位漫步學派，或者他不經常出現在阿摩尼烏斯沙卡斯的學校裡，這不是我這部分的目的。[57] 一旦我們同

---

[56] 參考波菲利，《普羅丁的生平》2.20-38 以及 2.41-5。在較後面的段落裡，引述自朗吉努斯，這位歐利根被視爲阿摩尼烏斯沙卡斯的一位值得敬佩的同事——有任何的異教徒可能受基督徒歐利根歡迎，這種看法幾乎沒有，正如我們從波菲利在優色比烏斯的評論，《教會史》6.19.5-7 裡看到的那樣。

[57] 人們也許會說，例如，如果歐利根曾被某一漫步學派的人教導的話，他的作品應會對亞里斯多德來表現出較大的尊重，然而，事實上由菲斯都吉耶賀（1932），221-63 與 Runia（1989）所

意兩位阿摩尼烏斯與兩位歐利根，一個人教兩位歐利根這是可能的，正
如他們每位是不同的老師的學生一樣這也是可能的。然而，我確實主
張，許多學者在爲基督徒的歐利根的生平製作年表時，涉及到把他與這
位同名的異教徒混淆──更應受到譴責的一種混淆，是因爲許多的古典
主義者（Classicists）已經知道基督教的學者歐利根是一個人，以及異
教徒的精靈學者（the pagan demonologist）歐利根是另一個人。沒有人
是生爲柏拉圖主義者，任何人選擇在亞歷山大城裡研究哲學已經有了學
派的選擇。

▎神、哲學與啟示

　　就前述的考察，我們應該建立兩個重點。首先，「古典的有神論」
（classical theism）的神（god）從柏拉圖獲得他的特殊的屬性（attri-
butes）是全然真的，他沒有從柏拉圖的「神」（'God'）得到它們，而
是從「善」（'Good'）得到它們──亦即，從實在界的概念裡得到它
們，這實在界的概念是大大地獨立於神學。第二，在歐利根的思辨裡不
論什麼詞彙都可說是源自希臘哲學，它們經過選擇被使用，不是經過
潛移默化（osmosis），單單環境可以提供給他一個選擇的判準。歐利
根作爲學者和作爲釋經者都遙遙領先於他的先驅：作爲一位學者，透過
學習希伯來文，爲了復原《七十士譯本》有缺陷的希臘文的目的；作爲
一位釋經者，透過完成比斐羅範圍更廣的對新舊約的評論的方式，企圖
完成對《妥拉》的評論。因爲神是《聖經》的基本主題，一位基督徒有
關神的信仰是比任何其他的人更可能成爲信託者（fiduciary）；像所有

創作的，在希臘教父之中從亞里斯多德所引述與引文的選集裡，他幾乎很少描繪。反對這種說
法的人也許會爭論說：(1) 因爲漫步學派者養成一種百科全書式的學習，阿摩尼烏斯可能除了
亞里斯多德的哲學外，還教了歐利根其他的東西；(2) 無論如何，一個學生不一定得採用他的
老師的主張。Clark（1977）與 Bos（2000）的研究顯示，亞里斯多德沒有被亞歷山大城的基督
徒所忽略，如果這是真的話，歐利根忽略了他，這不是由於對他的思想的不熟悉。

其他的基督徒一樣，在與其他許多系統相遭遇的過程中，那個歐利根當作是信仰信條的東西迫使他去珍愛它如同珍愛定理那樣。不談論神，是否異教徒、猶太人或者基督徒可以因此輸入到他自己的系統裡，據他看來似乎，他改進那些不清晰的前提，而不是把它們嫁接到一個外來的信條裡。

這是真實的，經文幾乎完全地無害於對神的本性從事思辨，而且它甚少使用抽象的觀念，這些抽象的觀念兩千年來已經成為護教學與宗教哲學裡一個主要的資源。儘管如此，相信啟示的可翻譯性是基督宗教的基石（the root of Christianity），基督教真正的使徒們引述翻譯成希臘文的希伯文經文；這也是大多數哲學家的一種設想：思想可以被翻譯，當我們把希臘文與拉丁文翻譯成英文時，如果我們突然被阻止使用我們自己的專技術語的話，許多稀奇古怪的翻案詩因此就隨之而來。很清楚地，亞伯拉罕、摩西及耶穌的神是全能的，因為他可以用地震、閃電、洪水及民族的命運為所欲為；在中世紀的意義上，他可以不是全能的，他可以做任何事情並不蘊含一個邏輯的矛盾，但是那個意義是教父不感興趣的。他是不可見的這一點是在對提摩太所寫的第一封書信裡（《提摩太前書》6.16）公開地說出來的，以及蘊含在第二誡裡禁止我們以某個圖像來代表他。《詩篇》138表明他的無所不在：「我如果展開清晨的翅膀，你必在那裡。」他的無形性（incorporeality）肯定來自於他的運作的普遍性：身體是可見的，僅在一個特定的地點動作，以及發揮某種與其體積相稱的力量。如果神不是無形的，他的無處不在將只在泛神論的學說裡——整個世界是他的身體——可以解釋，當然，那是一種神聖的內在性，甚至神學的最激底的修正者仍然不願意去支持。

是否《聖經》斷定了神的不變性（immutability）呢？現在這是常見的爭論，如果神可以改變的話，他缺乏許多使他成為人的性質，而如果他是沒有時間的話，他不擁有經驗的語法，因此，在相互的知識、苦難與愛上，他是不如那些擁有這些能力的有死的受造物。更甚者，神的

不變性的學說也許被認爲與《舊約》裡《摩西五經》（Pentateuch）著名的段落對撞。這些段落記載神後悔、放棄威脅，或者接受對他的認識的增長。[58] 這些反對看法不是相當集中，因爲，那些主張神必定有能力改變的哲學家們，很少願意去把在摩西的描述裡把他刻畫成目的的變動不定，以及缺乏遠見的暴怒歸咎於他。儘管如此，如果《聖經》（Holy Writ）可以容忍這類奇思遐想的話，這是公平的：堅決主張神的不變性不是基督教必需的信條，而只是在基督教裡的組成部分把神同化到柏拉圖主義之邏輯初型（archetype）的必需信條。在較晚的先知裡，這樣的言語，例如「我是主，我不改變」，或者在《新約》裡更強有力的宣稱「在他並沒有改變，也沒轉動的影兒」不被正確地視爲形上學的命題，而是被視爲在審判中神的正直的保證，特別是記錄在《聖經》裡的神對盟約的信實的保證。[59] 基督徒哲學家也許爲他信仰所採取的神聖的冷淡（impassibility）── 這冷淡蘊含神總是環境的主人，從不（像人類那樣是）僅是環境的副手── 尋找保證，然而，我們可以在沒有否定神具有自發動力與自主改變的能力之中做出這個規定。

關於神的基督教學說，作爲對抗瑟蘇斯的攻擊的鬥士，歐利根否認他的任何情感（affections），這些情感將把他的地位折衷爲一位代理人。他認爲神的發怒是報復的某種不變的律法（constant law），不是情感的某種瞬間的激動；他質問瑟蘇斯在前言裡對有關洪水的故事的理解是錯誤的。在這個故事裡他說全能者對他的創造物感到懊悔。[60] 他是

---

58 對於未履行諾言的威嚇（「你吃的日子必定會死」）參考例如《創世紀》2.17；《創世紀》6.6 這裡，主後悔造人；《創世紀》11.5 這裡，他降臨以查明巴別塔的建造者的目的。

59 《彌迦書》（Micah）3.6；《雅各書》（James）1.17。

60 參考《駁瑟蘇斯》4.72 論述憤怒；6.58 論述在《創世紀》6.6 裡神的反悔，斐羅（Philo）在《論神的不變性》（On the Immutability of God）承認許多人分析那文本，它意指這一點：神反悔，儘管他在《七十士譯本》的希臘文裡引述它。動詞 'enethumethe' 在《七十士譯本》的希臘文裡可能只蘊含神「已細想過」他的作品。瑟蘇斯似乎是比不是斐羅就是歐利根更熟悉希伯來文的原文。

意識到這些擬人化的詩句需要詮釋；另一方面，他把神的非物質性視爲
來自於反對偶像崇拜的誡命的直接意義，以及來自於施洗約翰的這個陳
述：「沒有人見過神」（《約翰福音》1.18）。[61] 這一個前提迅速發展
成一連串更進一步的表述：

> 正如我們確定的那樣，神是心智（mind），或者比心智或者存有
> 更高──簡單的、不可見的與非物質的──我們說神不被任何人所
> 理解，除了那位以那個心智的影像來到世界的人之外。（《駁瑟蘇
> 斯》7.38，頁 188.11-14 克特蕭）

歐利根沒有訴諸於任何世俗的哲學家去支持這些立場。不過，這依然是
他的觀點，即，基督徒的信仰應被視爲某種哲學，以及，有關神的非物
質性，他反對兩個廣泛流行的學派的錯誤。在伊畢鳩魯的思想裡神是原
子的某種偶然的聚集體，因此是具體的、可毀壞的，以及沒有行使神意
的統治（providential government）的能力：在這廣泛篤信宗教的年代
裡，基督宗教的護教士（Christian apologist）僅僅必須去陳述這理論以
反駁它，歐利根沒有什麼理由去提到它，或許除了藉由聯結而牽連到
瑟蘇斯。另一方面，在每個異教徒身上可以在榮譽名冊上發現斯多葛
主義者，而歐利根一再地反對他們的神的觀念是某種神經機械學的要素
（cybernetic element），或者火或者某種遍佈在物質宇宙裡較稀有的東
西。他強調，沒有眞正的眷顧的學說（doctrine of providence）可以配
合這樣的一位神（deity），這位神不僅僅分有可變性（mutability），
且也分有所有物體的被動性（passibility），因爲（根據斯多葛主義）
他捲入各個連續的世界裡的創生與消亡（the birth and perishing）。[62]
歐利根把他自己本身視爲某個每個基督徒主張的學說的傳聲筒，即，當

---

[61] 《論第一原理》（*Princ.*）1.1.7，頁 25.8，克特蕭；2.4.3，頁 130.7。
[62] 《駁瑟蘇斯》4.14。

他在《論第一原理》裡論證到神不是物質性的火，以及，靈不可以被列在眾多要素之中；他駁斥在經文裡有關兩個隱喻（metaphors）字面上的錯誤解讀，不是他所知道的另一位基督教哲學家所持的立場。[63] 在這之中，他正確地看到，因爲即使他的偉大的與他同時代的特圖良（Tertullian），他讚美斯多葛主義以及主張神是一個身體，也堅持構成這個身體的靈不是多樣的質料。[64] 特圖良的神甚至是能夠超越矛盾律（law of contradiction），[65] 他的神不可能會認可受到自然律（law of nature）的約束；事實上，我們沒有證據顯示這種神的內在性的希臘化學說（Hellenistic doctrine of divine immanence）在教會內被主張過，因此，對歐利根而言，成爲一位基督徒的柏拉圖主義者以便去反駁一位基督徒的斯多葛主義者（Christian Stoic），這是沒有必要的。

歐利根在《論第一原理》裡做出的結論是：神是心智（mind）[66] ——使人想起努美尼烏斯的一個提議，當然，除了後者假定有兩位理智的神（intellectual deities），如果不是三位的話。對柏拉圖而言，正如我們以上已經注意到的，工匠神是一個心智，或者心智自身，但是工匠神是作爲最高的原理，這是不清楚的。因爲斯多葛主義的

---

63 《申命記》4.24 與《約翰福音》4.24，被引述在《論第一原理》（Princ.）1.1.1，頁 17 克特蕭。因為迪倫（Dillon, 1988）注意到，歐利根測試這兩段反對在《約翰壹書》1.5 神是光的斷言的經文，而毫無疑問地認為光是無形體的（incorporeal）。他可能從柏拉圖主義者的物理學裡取得這個設想，但是這並不含有他感激他們的神學之意，更不用說如迪倫所提及的，他的神聖的光照的概念是源自《理想國》（Republic）507a-509c，而古代末期將這與亞里斯多德論主動理性的陳述合併。把基督宗教的神與太陽的天體相比已經是司空見慣了：基督本身不只是公義的太陽（Malachi 4.2），而且特圖良（《申辯》〔Apology〕）記錄基督徒在禱告時面對太陽作為復活的象徵。

64 參考《論基督的肉身》（On the Flesh of Christ）14。論述他對斯多葛主義的心理學與物理學的使用，尤其在哲學的論文《論魂》裡，參考 Daniélou（1977），209-32。

65 因此，在《論基督的肉身》3.5 他主張神聖的本性可以轉變成為肉身，而不喪失其原始的性質，只因為這是神的本性。

66 《論第一原理》（Princ.）1.1.6，頁 21.14-17 克特蕭，論證心智（mind）像神那樣，不需要媒介而運作。

神是羅格斯（Logos）或者理性，而亞里斯多德的第一推動者是「思想的思想」，把神等同於心智絕不是柏拉圖主義的一個特殊信條。歐利根的神學與柏拉圖的神學分歧的一個顯著的方面是它對實體不預設特殊定義。他斥責斯多葛主義，的確是因為基於這個前提：所有實體是物質的，他們使得神本身成為身體；但是他的爭論是針對他們的神性的概念，而不是他們的哲學術語。他同意柏拉圖主義者，可以有一個思想的實體（noetic substance），但是他沒有保證所有的實體都是具有思想的（noetic）；意思是說，他沒有主張任何真正存在的東西都必須或者是認知的（cognitive）或者是完全可認識的（cognoscible）。事實上，他主張唯有神可以理解他自己的存有，對神而言，這是一個合法的假設：神比實體更高，或許，是比心智自身更高。[67]

我們翻譯ousia這個詞為「實體」（substance），而這個詞沒有出現在《新約》裡的任何一個地方，正如歐利根所想的那樣，除了根據在主禱文中的這個詞epiousios。一般而言，大家現在同意這個詞意指「未來的日子的糧食」（bread for the coming day），因此，意思是指「每天的糧食」（daily bread）；但是在歐利根的時代裡，一般它被認為是，這種祈求適合一種更精神性上的建造。[68]他自己在一種新穎的意義來理解它，「比ousia高，超實體的」。但是「實體」是一個希臘人使用在許多意義上的詞，他繼續主張，這個詞的意義在這裡不應從任何哲學家的詞彙裡理解，而是應從絕對可靠的內容裡理解。一群哲學家的一方主張，所有的ousia在其固有的意義是無形體的（incorporeal），而另一群哲學家把它等同於無形式的質料（formless matter）；如果我們所禱告的糧食是「主的智慧，聖人與天使的共同食物」，那麼前者的解

---

[67] 參考 Markschies（1995），73 論在歐利根裡「實體」（ousia）這個詞的各種不同的意義。

[68] 參考特圖良（Tertullian），《論禱告》6.3，由 Cyprian 所追隨，《論天主的禱告》（On the Lord's Prayer）。

釋（柏拉圖主義的解釋，儘管他沒有這麼說）是較好的解釋。[69]

　　歐利根習慣於操練從另一個文本裡來解釋一個已經揭露出來的文本，這種做法由他的這個信念引起的：沒有神自己的幫助，我們不可能談論及認識父神的真理。他承認——的確，在他的《羅馬書的評論》裡，他斷定[70]——甚至連外邦人都被神賦於一種理性的推論能力（ratiocinative faculty）引導他們部分地理解他的本性；同時，他嘲笑那些哲學家努力以類比、抽象或者綜合的推論的方法去完善這種理解。菲斯都吉耶賀（Festugière）[71]觀察到相同的三個程序已經被阿爾基努斯（Alcinous）稱讚過了，即使他不是柏拉圖主義者，也是一位柏拉圖的詮釋者，他不害怕把善等同於神，以及將神等同於心智。在人類的心智與神的心智之間的類比，阿爾基努斯強調，從他的作品裡演繹出祂來成為可能——綜合之路或者彰顯之路（via eminentiae）——透過許多的符號（symbols）——類比之路或者via analogiae——去表徵祂的固有特性（properties），或者透過剝去心智外在的各種知覺（抽象之路，或者否定之路，via negativa），[72]使得心智成為神的圖像（an image of divinity）。柏拉圖在《蒂邁歐》（Timaeus）是更寡言少語，他僅僅說「這是難以去發現一切之父與製作者，如果人可以發現他的話，也是不可能把祂公開周知給人類」。[73]

---

[69] 《論禱告》8, 367.13-368.19 克特蕭；11，頁 370.10-11。Markschies（1995），71-3 促請我們注意這個對柏拉圖主義者是不可理解的結果，這個結果據說當聖徒分享聖餐時，他攝取這個超實體的餅（supersubstantial bread）。

[70] 《評論羅馬書》2.6 之 1，頁 131.15 Bammel，評論《羅馬書》2.12 以下。

[71] 菲斯都吉耶賀（1954），95-102，頁 115-23 他發現在瑟蘇斯裡相同的三種方式（歐利根，《駁瑟蘇斯》7.42 與 45）。

[72] 參考《教導》（Didascalicus）10.5-6，頁 165.17-35 Hermann。有關首要的神作為善，參考 10.3（164.36）；有關神作為理智或者理智的原因，參考 9.3（163.32）。迪倫（Dillon, 1993），106 評論《理想國》509 的善與《蒂邁歐》的工匠神的合併。

[73] 《蒂邁歐》28c；參考 Daniélou（1973），107-14 論述這個文本被引述在第二世紀時基督教文學裡的頻率（frequency）。

　　儘管這個警句使得第二世紀的護教士很高興，但是對歐利根而言是不夠的，他反駁說，這雖不困難但卻不可能以我們自己的策略到達神那裡：

> 考慮是否神的道在引入那位太初與神同在的人時，沒有顯示更多的仁慈，神—道成了肉身……讓柏拉圖說，這是一項任務去理解這個世界的製作者與父的工作，包含著對人性而言不可能去到達對神的有價值的理解，或者即使不是一個有價值領會的神，至少他是比群眾的神更卓越。如果這是真的話，如果神在真理中被柏拉圖或者被希臘人中的一個所理解的話，他們將不敬拜另一個神而稱祂為神……就我們這部分而言，我們宣稱，去尋找出神，以及對他達到某種純粹的理解，人性於此並不充足，除非透過人們所尋求的那一位的幫助。（《駁瑟蘇斯》7.42）

我們必須理解到，當我們默認啟示時，不失去理性是必須的。如果他不是一位哲學家，基督徒是個傻子，而他只可以透過提供道德改善的證據以及對其信念的理性說明，來逃避狂熱主義的責難。因為這個理由，歐利根以柏拉圖的核心德性——智慧、節制、堅毅與公正——的頌詞為他的《對殉教的勸誡》寫序；[74] 而且為著這個理由，他不滿意從經文的引文去嚇唬那些哲學的反對者，而是根據他自己的理由回答瑟蘇斯。他強調異教（paganism）被其邏輯的及道德的不一致性所反駁；另一方面，創造的統一、《舊約》的古老、教會的奇蹟，以及許多預言的實現，都一致證明臣服於文字記載的權柄，因此臣服於成了肉身的道的權柄。[75]

　　有人或許抗議，歐利根在自己的意見與那些他在亞歷山大城的學校

---

[74] 《規勸》（*Exhortation*）5，頁 6.16-21 克特蕭；有關於柏拉圖的四分體參考《理想國》428a-433c。

[75] 參考 Fédou（1988）有關歐利根對異教徒的責難；Reemts（1998）有關基督教的捍衛。

必定遇到過的柏拉圖主義者的意見，過於誇大其間意義的不同。如果他沒有從他自己得知的話，這些人可能已經告知他，說與努美尼烏斯的哲學親近的一種哲學，最近已經被眾神自己歸爲艱澀的與深刻的詩句。儘管大家都同意他們應把它們的流行歸因於二世紀時兩位相同名字的魔術家朱利安（Julian），《迦勒底亞神諭》（*Chaldaean Oracles*）逐漸地被大多數的柏拉圖主義者視爲一個無時間性永不錯誤的啓示。[76] 他們教導，在極高之處，理性剝落了，那裡有萬物不可言說的源頭，父般的單一（Monad），他透過能力（power）或者潛能（*dunamis*）伴隨著他，生下了兒子理智，兩（Dyad）或者數字二（number two）。[77] 在區別他的眾神時，努美尼烏斯也應用數字的與家庭的名稱，以及有時感染到某種先知的作風，讓人回想到《神論》；而波菲利是努美尼烏斯與普羅丁的學生，他沒有否定許多的詩句都是卡底亞的詩以及神的詩。[78]

儘管如此，說柏拉圖主義者的神學是某種啓示的宗教，這是不正確的。因爲《迦勒底亞神諭》不可以視爲哲學不可廢棄的部分，哲學沒有這些神諭存在了五百年之久。其次，老師的對話錄總是柏拉圖主義的魂，以及提供最常見的材料做註解；甚至普羅克洛（Proclus）——在學派的歷史上他表現最迷信時期的特徵——堅持主張《蒂邁歐》是與迦勒底亞的教導有同等的價值。[79] 最後，這是很少見的，在一個論證裡一則神論是唯一的前提：更爲一般地，引文是達成結論的預兆或者收場白。這結論是透過解經，或者透過大腦活動的一些更具規則的模式而達成。柏拉圖的思想很少是神祕的，如果那是意指我們不冀望心智能提供其信仰的理性基礎。

---

[76] 參考 Saffrey（1981）論述古代的證據以及現代的猜測。

[77] 參考斷簡 3,4,7,8 Des Places。

[78] 參考 Lewy（1958），1-61 論述波菲利對《神論》的使用；努美尼烏斯的斷簡 21 有關「祖父、後裔、子孫」；斷簡 17（Dodd〔1960〕）有關對《神論》的可能的引用；斷簡 37 論述波菲利對努美尼烏斯的忠誠。

[79] Marinus，《普羅克洛的生平》（*Life of Proclus*）37；普羅克洛於公元 480 過世。

　　把神是比理智更高級這點放在歐利根的心智裡的人肯定不是柏拉圖主義者。可以確定的，這是一個悖論，這個悖論在華倫提努斯（Valentinus）、巴西里德斯（Basilides）與《赫耳墨斯文集》（Hermetica）裡同時被鼓吹，當這個悖論缺乏廣泛的基督徒的作品時；[80] 但是這些作家所借取的任何柏拉圖的材料是與《舊約》、《新約》以及本土的埃及傳說的成分緊密結合在一起的。由歐利根所閱讀的畢達哥拉斯主義者當中，嘉德斯的摩德拉杜斯（Moderatus of Gades）或許被列在否定神學裡，[81] 但是他的時代的畢達哥拉斯主義者甚少把他們自己看作柏拉圖主義者。在第二世紀時柏拉圖的主要闡述者——普魯塔克（Plutarch）、努美尼烏斯、泰爾的瑪西穆斯（Maximus of Tyre）——想像沒有任何的東西比純粹的理智（pure intellect）更高；單單阿爾基努斯就提出在某處最高的神也許屬於某個更高的自然。[82] 這種猜測顯然與《教導》（Didascalicus）或者《柏拉圖的手冊》（Platonic Handbook）的一般要旨是有異議的；無論如何，這本手冊本身，儘管是早期翻譯成拉丁文，[83] 被隨後的柏拉圖主義者所忽略，雖然我們能談論它的作者的身分或要旨，還是把它當成匿名的好。主張神是絕對不可言說的是第一位說希臘文的作者亞歷山大城的斐羅，[84] 斐羅（正如我們以上已經注意到

80　參考迪倫（1999）。

81　參考迪倫（1977），347-8 論述在摩德拉杜斯（Moderatus）裡的超級理智的太一（supranoetic One）。Whittaker（1969）從柏拉圖與畢達哥拉斯的源頭裡（包括 Maximus，《交話》〔Discourses〕11.11 Hobein；普魯塔克〔Plutarch〕，《柏拉圖的問題》〔Platonic Questions〕1001e-1002a；阿爾基奴斯／阿比路思〔Alcinous/Albinus〕，《教導》〔Didascalicus〕10，頁 164 Hobein；以及克雷蒙〔Clement〕，《雜集》〔Stromateis〕5.11）累積了一些引文；但是，當這些引文從感性現象的有限性中解放了最高原則，它們之中沒有一個等於宣稱：上帝對純淨化的人類理智是無法接近的。

82　《教導》10，頁 164.6-8 Hermann，儘管迪倫（1993）給出一個警告反對推斷阿爾基奴斯的神是「不可以字面言說的」。

83　被公認為《論柏拉圖》（De Platone）的作者是阿普列尤斯（Apuleius of Madaura），一位公元二世紀中期的非洲的智者。有關他的哲學，參考迪倫（1977），306-38。

84　Wolfson（1952），引述例子《論夢》（On Dreams）1.67。迪倫（1993），101 似乎我們對於這方面的考察實在是少之又少。

的）在現代的研究裡也許被當作柏拉圖主義者，但是被他的基督徒後輩稱為畢達哥拉斯主義者，以及他把自己視為一位信神的猶太人。[85]意思是說，他敬拜亞伯拉罕的、以撒的及雅各的神——當這位神啟示祂的存在歸在一個只稱為「自有永有」的名字時，[86]祂創造了祂的本質的一個奧祕。

對歐利根而言，正如對斐羅而言那樣，神的不可認識的性質（incognoscibility）蘊含了積極的啟示的必要性；相反地，啟示使得每個其他邁向神的途徑陷入死胡同裡。這些作家沒有一位隨同普羅丁這個第一位新柏拉圖主義者以及較歐利根年輕的同時代的。透過一系列邏輯的關卡終止在他的太一的學說（the doctrine of the One）裡。太一是不可言說的、無限的、理性難以理解的、與所有的確定述詞（affirmative predicates）為敵的；但是當它與《聖經》的神（Biblical God）分有這些特性（properties）時，它缺乏他的位格的屬性（personal attributes）——全知的、永恆的創造性、熱衷於公義及上帝的愛（providential love）。沒有特殊的啟示使得普羅丁與太一熟悉，他藉由冥想工匠神的理智（intellect）的統一性，努力前進超出心智，超出柏拉圖的眾相本身的世界。就亞里斯多德的前提而言，知覺是實現了心智與被知覺到的事物之非物質的形式之間的潛在聯合。柏拉圖的工匠神的心智，以及這個心智所沉思的眾相本身同樣是沒有質料的，因此，他的思想不蘊含從潛能到實現的運動；這推論出就存有的層面而言，認識者，一旦連結成一，就不可分地與被認識的東西結合在一起。然而，因為心智是一（one），但是相的領域是多樣的。工匠神的心智不包含其自身的完整理性。它從一個較高的原理獲得其統一性，這個較高的原理，藉著它的效果以及不因為它像其他的對象是可以削減數目的（denumer-

---

[85] 參考 Runia（1995）。

[86] 參考 Starobinski-Safran（1978）。

able），我們稱之爲太一（One）：事實上，它不是任何種類的對象，儘管它也許正好是與善，或者與所有存在的最終因等同，善已經作爲比存有更高（superior to being）被宣告在《理想國》裡。太一的存在沒有原因，它產生自己，而這個自有者（aseity）（正如中世紀神學家稱它那樣）透過使得它是它自己的意志的產品被表達在《九章集》之一裡。普羅丁說，這個意志是其獨特的活動（*energeia*或者activity）；[87] 但是在表述的活動領域裡、實現與存有同時發生在理智的範圍裡（the sphere of intellect）。沒有任何低於其自身的東西可以是一個朝向太一的意志力的對象，或者甚至是認知的對象（object of cognition）：意識到任何事物，甚至意識到自己，可分爲這種二元性，從這種二元性裡太一贖回理智（intellect）。因爲沒有東西比太一更高，太一是神；然而照顧到神性的治理的義務不落在太一的身上。儘管這不是自由的——或者更精確地，在缺乏所有的質料中，變化與潛能、必然性與自由同時發生。與歐利根的神不一樣，太一則別無選擇：它是原因而不創造，它坐高位而不治理，它超豐盛而不施愛。

▌神性的創造者（The Divine Creator）

在基督徒的眼裡神在製作世界時，神的自治是最明顯的。相信經文的讀者認爲，從現在回頭看創造的第一年這是可能的，世界在時間中開始的這個前提，有時被認爲從柏拉圖最熟悉的對話錄《蒂邁歐》裡獲得支持。《蒂邁歐》在非受造物（*agennêton*）——因此是眾相本身（Ideas）的自足的世界——與其反面受造物（*genêton*）之間做出區別。後者的語詞的意義被討論過，而到二世紀末時，大多數柏拉圖主義者同意亞里斯多德對於宇宙產生在某個年代，而不是在另一個年代，是

沒有理由的看法。[88] 接著，在《蒂邁歐》裡所描述的創造的不相續行動是一則神話，儘管受造物（*genêton* 或者 *gennêton*）意思是它依賴一個初型（archetype），世界具有不可確定的年齡。阿提古斯（Atticus）與普魯塔克堅持柏拉圖的意思是給可見的宇宙提供一個暫時的來源，但是在新柏拉圖主義的勝利之後，他們僅僅作為意見不同者被記得；在第二世紀時，這已經是基督徒護教士的工作：去顯明世界不是永恆的，在一個無限的系列裡，世界也不是一個階段。柏拉圖主義者與斯多葛主義者在基督教的作品裡為摩西的權威所驅逐，正如在斐羅的作品裡那樣；儘管斐羅認為澈底討論相反立場的論證是有益的，猶太人與基督徒都知道，一個永恆的世界應是這樣的一個世界：神或者從來不創造它，或者神藉由帶著意志的無心作為（no deliberate exercise）的必然性創造了它。

　　在猶太人的與基督徒思想裡的神的超越性學說，慣例上包含祂是全能的，至少是指祂對萬物發揮力量，即使不是對所有可設想的事物。如果根據柏拉圖的神，我們所指的是工匠神，那些贊成神的全能的羅馬世界基督徒，對柏拉圖主義的敵意更甚於否定神的全能的現代神學家。在柏拉圖的《蒂邁歐》那位「看顧者」或者那接受眾相本身（Ideas）的影像的母體（matrix），是在一種不間斷的生成或者變化——不安的、好鬥的、不和諧的——的狀態之中，除了對工匠神之外，它從不在存有的永恆裡獲得一種分享。然而，當然這位看顧者全然可以被談論——甚至（正如柏拉圖說的那樣）它只有透過某種「不依常規的推論」（bastard reasoning）被談論——它必須以某種方式存在，甚至它不是作為一個可削減數目的實體：它可以不是一個存有者，但是它不能是純粹的非存有者。雖然空間（*chora*, space）是柏拉圖對於眾相的容器的眾多名稱之一，我們不應期待在一個真空裡去遇見這樣的陀飛輪錶（tourbil-

---

[88] 參考迪倫（1977），242-4 論述在 Calvenus Taurus 對《蒂邁歐》28b 的古典的討論。

lions），大多數的柏拉圖主義者同意這個容器是亞里斯多德的質料的先驅——就是說，一個物體的存在的基底（substrate），這個基底不是物體本身，或者內在賦有體的性質，儘管由於那個理由，基底對所有的性質是都接納的。因爲所有廣延之物都有規模大小和部分，一般認爲柏拉圖把物質等同於第二因（dyad），或者數字二。數字二在畢達哥拉斯的算數裡是所有除法之根源。它不休止的流動性被認爲表明魂的呈現，這魂必須是永恆的，因爲在魂裡所有的運動從它裡面而來；但是運動是如此的偶然與無用，普魯塔克推論，這些運動必定來自一個邪惡的魂，就像《法律》篇裡教師自己在一點上所做的設定。

這個麻煩的作用者變成什麼呢？或者它維持作爲由工匠神所塑造出來的世界魂的一個長久的競爭對手，亦即宇宙的外層與調整器，或者它本身是世界魂的原料，而它的原始混亂的蹤跡殘存下變形。阿爾基努斯持相似的觀點，聲稱世界的魂是休眠的，直到工匠神激起它，儘管在這種情況中，時間的次序顯然是隱喻的（metaphorical），我們無法得知，魂曾被重塑過，邪惡之殘渣徘徊不去。就算那樣，柏拉圖主義者的一致性的教導是，是否它起源於魂之內或者起源於質料裡的魂，自然展現一種違抗的傾向，這種傾向經常抗拒且有時辜負其溫良的技工的智慧。新柏拉圖主義歸咎物質，根據普羅丁，質料是原初的惡，是沒有耐心的寄主，而且從來不是確定的特性的具有者，而根據柏拉圖在《泰阿泰德》（*Theaetetus*）篇的箴言，是惡無法完全從世界驅除的原因。

柏拉圖主義者的工匠神縱使不缺乏善，也缺乏《聖經》的創造者的能力。對基督徒的讀者而言，更令其厭惡的是靈知派的神話（Gnostic myth），在靈知派的神話裡，神格（Godhead）的較低的部分或者其影像變成物質的囚犯。亞歷山大城的基督徒孰悉華倫提努斯的引人激怒的褻瀆。當華倫提努斯把質料及工匠神表徵爲智慧或者墮落智慧的暗地的後裔時，他把「粗劣的推理」帶到極端。這裡，神明在當前世界的建構和統治裡只扮演可忽略的角色，我們對靈的較高階層是無知的，而較低

的，或者創造世界的魂的代理人（psychic agency），以相同的方式裡被捕捉在物質的牢籠裡，作爲個人的魂屈服於肉體的痛苦與錯誤。大公教會的基督宗教，藉由使最高神性成爲造物主，使世界與神的意志和諧；同時它保有那個意志的強而有力的自由（prepotent freedom），藉由堅持神的本性與他的手藝的本性之間的絕對區別，因而支持神的眷顧的學說（the doctrine of providence）。

這超出《聖經》的證據所指出的，因爲《創世紀》一開頭的經文提示給古代讀者，正如是給現代的評論家一樣，在神構造天地之前，創造的材料信手可得，「空虛混沌」。儘管出自於無（*ex ouk onton*）的創造在馬加比家族文學與寫給希伯來人的書信裡的信仰的文章，這個詞彙也許是指「尤其從無的狀態」而不是「從絕對無」。[89]斐羅與殉教者查士丁（Justin Martyr）都滿意地採取前者的意義；安提阿的提阿非羅（Theophilus of Antioch）是模稜兩可的；特圖良在拉丁文裡找不出相同的詞彙，他是第一位果斷地陳述神從無創造所有的一切，包括質料。[90]

歐利根作爲他的世代的基督徒把這當作一個自明之理，即，質料由神所製造來的，不然就是沒有質料這樣的東西。[91]對他而言，這兩種可能性都是開放的，因爲當他不與漫步學派構想的共同基底斷絕關係，缺乏實際的述詞，但是潛在地敏感到所有的述詞和在具體事物裡個別性的先決條件，很顯然，他應該會較喜歡把自己的命運與那些承認在混沌的存有與絕對的非存有之間沒有差別的人結合在一起，因此他們完全地從他們的宇宙論中摒棄了質料：

---

[89] 參考《創世紀》1.2，《希伯來書》11.2；《馬加比二書》7.28。

[90] 參考安提阿的提阿非羅，*To Autolycus* 2.4 以及 2.10；特圖良，*Against Hermogenes* 19-27。

[91] 在《愛美集》24 裡一部也被歸爲梅都地伍斯（Methodius）以及 'Maximus' 與 'Adamantius' 作品（對歐利根而言，後者的名字是一個常見的綽號）的反對物質的存在的論文歸功於歐利根。有關其作者的身分的討論，請參考 Robinson 的編輯的導論（1896），xl – xlviii。

因為如果硬與暖、熱與冷、溼與乾都是性質的話，當這些或者像它
們那樣的性質都被消除了，再沒有任何其他的東西可以作為基底而
被感覺到，所有的東西作為性質出現……因為所有那些斷定質料是
不被創造的人都承認性質為神所創造，他們的見解或者也可發現蘊
含著質料不是不被創造的，如果所有東西都應該是性質的話，所有
人都毫無異議宣稱性質已為神所創造。（《論第一原理》4.7 (34)，
頁 358.1-8 克特蕭）

這段話證明那些宣稱希臘人在形上學上沒有能力成為純粹相論（ideal-
ism）的人為不實。[92] 同時，這顯示現代的古典主義者出乎預料留下某一
個較早的名字，當他們指出四世紀時的卡帕多奇亞人（Cappadocians）
是主教柏克萊（Berkeley）的先驅。[93] 我們必須說，不只一個名字，因
為歐利根只是《愛美集》（*Philokalia*）（從他的作品中有關「美」的
選編）的這部論著裡，所冀望的作者的身分四位中的一個，這部書指責
質料的哲學的假設。即使他是這部作品的作者，他也不是主要論點的發
明者，因為在《論第一原理》的摘錄裡他自己的話說得很清楚。不論他
們是誰，主張沒有質料這樣的東西的支持者不是柏拉圖主義者，因為那
些成員現在贊同亞里斯多德的主張，即，在時間秩序中所出現的任何事
物是先前的潛能的實現。不論它是質料、空間、第二因（dyad）或者
僅僅潛能（*dunamis*），在它可以成為任何東西之前，總是必須比無更
多。因為所有的柏拉圖主義的神學是自然神學，從虛空（void）裡自發
的產生不會是某種奇蹟，而是神的眷顧（providence，譯註：這個詞來
自於拉丁文的 'providentia'，其動詞是 provideo，'video' 意指「看」，

---

[92] Burnyeat（1982）；比較 2.1.4, pp. 110.7-111.12 論神的全能。

[93] Sorabji（1983），290-4，從 Gregory 裡引述了一些在他的觀點裡表達柏克萊式的觀念論（Berke-lian idealism）的段落之後，在希臘哲學裡尋找先例，但是發現在普羅丁（Plotinus）之前沒有任何值得考慮的東西。

意思是指神的預見的一種照顧〔the foreseeing care of God〕，有時候這個詞也翻譯為「天啓」或「靈鑒」）的破口。

　　另一方面，對基督徒而言，創造是神的不受限制的意志的操習——一種出現在時間裡的某個點的操習，不論我們是否可以推測出他的理由。歐利根認為當摩西紀念在距今幾千年世界的基礎時，他是可被信任的，儘管有異教徒的諷刺作家問道：神偶然想到這一樁有利可圖的工作之前，祂正在幹些什麼事情。奧古斯丁的《上帝之城》證實柏拉圖主義者是極力主張這種反對意見的教派，瑟蘇斯把這種意見強加給歐利根。為了滿足晚期的基督徒讀者，他的回答是神從來不倦怠，因為，只有在世界存在時，時間本身才擁有意義：

> 正是我們的這個論斷，即，「當他不存在時，就永遠不存在任何東西」必須全神貫注去傾聽。因為正是這些詞彙——我的意思是指「當」以及「永遠不」是從時間的字彙裡獲得它們的意義；但是那些表述父、子與聖靈的事物，在某種意義上都被理解為超越所有的時間、所有的世紀及所有的永恆。（《論第一原理》4.4.1 (29)，頁350.18-23 克特蕭）

柏拉圖已把時間定義為永恆運動的圖像；對歐利根而言，太初（arche，譯註：原理）或者宇宙的開始與時間本身同齡，正是三位一體的第二位格基督[94]。儘管他堅持世界的偶然性以及受造物與造物主之間的差異，歐利根意識到經文很少談論神，除了神作為主與現在秩序的建築師之外，他是不樂意把許多沒有顯現在設計裡的能力歸屬於這位設計者。因此，他推論世界是有限的，因為無限超出合理的理智（rational intel-

---

[94]　參考《蒂邁歐》37c，附帶 Edwards（1997a）。

lect）的掌握，甚至是一個神的理智。[95]

> 我們必須說，神本身的能力是受到限制的，它的限制將不會因敬
> 虔的演說的任何託辭而被否定。因為如果神的能力是無限的話，
> 他必然連他自己本身也能不認識，因為無限本性上是不可理解的。
> （《論第一原理》2.9.1，頁 164.2-6 克特蕭，引述自查士丁尼的《致
> 曼尼斯的信》〔Letter to Mennas〕）

歐利根在 254 年去世的時候，柏拉圖主義者最著名的學派的教導，最高
的原理是無限（apeiron）[96]，不是因為（像物質那樣）它缺乏實在的特
性（properties），而是因為它是先於理智和存有者，所以它不能分有
有限性（finitude），後者總是在可感領域與理智領域這兩者之中的一
個存有的並存物。可感的現象透過分有可感現象的眾相本身（Ideas）
獲得它們的屬性；眾相本身既個別又集體地從太一（One）裡源生出
它們的同一性（unity）。在所有一切事物之上的太一，它可以分有無
（nothing）。另一方面，對歐利根而言，只有裡面的人（inner man）
可以分有神，或者更確切地說，可以透過分享他的恩賜「被神性化」
（'divinized'）；除了他之外，所存在的任何東西都是他的意志的產
物，一個簡單的命令，可以給予或者奪回他本身所擁有的最優層級的特
性。神的非物質性（incorporeality）是他對他的創造至上的尺度。若無
體（without body），則沒有任何其他的事物存在，不存在有思想的對
象（noetic objects）的永恆性，與被創生的世界相對比：

---

[95] 這裡我引述查士丁尼的希臘文（Justinian's Greek），因為在實質上它與盧非努斯（Rufinus）的
拉丁文一致；為了拉丁文的讀者的緣故，他們覺得嚴謹的邏輯難以理解，他在段落裡把那些哲
學的論證簡化（沒有造假）。參考 Rist（1975）以及 Pace（1990），46-57。

[96] 《九章集》5.5.11，6.9.6 等等。Guyot（1906），35-101 認為第一位哲學家斐羅的至上原理既是無
限的又是個人的，他感謝本土的猶太教以及柏拉圖。這段被引述的段落可能是歐利根對斐羅這
類的文本《論該隱與亞伯的獻祭》（On the Sacrifice of Abel and Cain）15 的反駁。

因為他說，我不是來自於這個世界；彷彿他談論這些話語，我不是來自這個世界，正如某人來自另一個世界那樣。我們已經說過，對於我們而言，難以給這個世界提供一個說明，唯恐我們提供給任何人機會去形塑這個概念，即，我們正在肯定的希臘人稱之為相的某些圖像。現在，去談論非物質的世界，這絕對與我們的意圖無關，它僅僅潛存在（subsists）心智的想像（fantasy）[97]以及怪異的思想（cogitation）中，他們如何能斷定救主從那裡或者聖人往那裡去，我不能說。（《論第一原理》2.3.6，頁 121.19-122.6 克特蕭）

這些評論應該教導我們，在《論第一原理》裡一個惡名昭彰的猜測如何造成的，這個猜測經常被錯誤分析爲是柏拉圖主義的告白：

的確，如果個別物（particulars）都在太陽底下的話，它們已經存在在我們之前的世代裡，[98]屬（genera）或者種（species）永恆存在，以及另一個人會說，甚至所有可計數的同一性（numerable unities）也是如此；[99]但是無論如何，這顯示神在某些時候祂是怠惰並不動工的。[100]（《論第一原理》1.4.5，頁 68.8-12 克特蕭）

---

[97] 柏拉圖主義者把想像（*phantasia*）理解為一種知覺的內在模式，完全根據感官知覺或者根據對它們的回憶。進一步參考第三章論述在死亡之後，這種印象對魂的依附構成在波菲利裡轉生的媒介。

[98] 《傳道書》（Eccl）1.9-10，在 23.5.3 裡重複（頁 273 克特蕭）。對於先前世界的存在的這個論證，對歐利根而言似乎是重要的僅有的一個論證，當然，對於柏拉圖主義者或者斯多葛主義者而言，這似乎是微不足道的。Gasparri（1987），57 評論說唯有梅都地伍斯，正如福提屋斯（Photius）的《群書摘要》（*Bibliotheca*）236 所引述的那樣，指控歐利根主張過現在的宇宙的永恆性。

[99] 這點似乎意指所有在這個世界裡的個體；但是就我們所知，普羅丁是第一位提出這個可能性的柏拉圖主義者：存有許多個體的形式，而學者們已經成功調和他在《九章集》5.7 裡的肯定的回覆與他在其他地方更約定俗成的談話，這一點完全不清楚。參考 Blumenthal（1966）與 O'Meara（1999）的重要討論。

[100] 這種對基督教的宇宙起源論的異議在《論第一原理》1.4.3，頁 66.4 克特蕭，裡被提出。

我們在乍看之下也許把這點與阿爾基努斯以及其他人的學說——眾相是神的思想——混淆。但是歐利根為他所摒棄的論點保留「相」（*idea*）這個詞彙，儘管在柏拉圖的《克拉提路斯》（*Cratylus*）裡證實，這裡這兩個詞彙「屬」（genus）與「種」（species）（*gene kai eide*）的連結，更可能提醒古代的讀者想起亞里斯多德的《範疇》。在這部作品裡名詞 *eidos* 意指一種自然的類或者種，例如，人，*genos* 是一個更廣泛的範疇，例如，動物。兩者都是「第二本質」（*deutera ousia*）的範例（specimens），「第二本質」從不作為一個可分離的實體（entity）存在，而只是作為具體的個別物的形式或本質（quiddity），亞里斯多德稱具體的個別物為「第一本質」（*prôtê ousia*）。它是主要的本質，即，是現實的（actual），儘管次要本質似乎是其實現的最終的以及形式的原因；對照於柏拉圖的眾相本身，甚至是在神的心智裡的思想，它們是比任何在我們稱這個世界裡的事物更現實的，因此是更實在的。當然，亞里斯多德式的用法因而更自然地更被歐利根所繼承，正如我在上面所提到的那樣，如果他是漫步學派阿摩尼烏斯的學生。如果他另外採取柏拉圖主義者的命名法的話，我們就不得不認為他與普羅丁畢竟有一個共同的老師，因為在普羅丁之前，我們知道沒有其他的人設想到就在個別物裡能存有個別物的眾相本身。然而，就在那時我們需要解釋為何歐利根——他的《論第一原理》的第一卷裡眾相已基督教化（Christianized），且似乎已被亞歷山大里亞化（Alexandrianized）——應當在第二卷裡把它們驅逐出聖殿。與其強迫他進入到自我矛盾或者個人癖好，最好的方式是把暗指在神的心智裡的個別物視為對這個問題的回答，神在創造之前做了什麼，作為一個關於預定論（predestination）的學說的哲學註解，根據預定論的學說，對於神的慈父般地關愛未來如同現在一樣是可見的，因此甚至連一隻麻雀的掉落都可以預見。

▊ 基督作爲道（Christ as Logos）

　　沒有人會否認基督作爲道（Logos）、永恆的話語及神的智慧是歐利根神學的核心；然而，我們知道在各方面他的道不是基督教的敬拜與信條的基督，也不是《新約》裡人子。他不是居首位，因爲在他作爲一位創造者與救世主的所有的行動上，他服從於父神。父神差遣他以便隔離世界的玷汙；他不是第二位，儘管他與心智有著天然的血緣關係，以及他斷斷續續屈就於感官，因爲他在地上的傳道，在啓示的另類不可捉摸與無時間性的歷史中，是一個肉體的暫息。然而，關於信仰的基督是神而人，歐利根的基督（就這個解釋上）兩者都不是。一個是盟約的中保，另一個是宇宙裡的中介者；一個是在那裡拆毀了罪與公義之間的牆，另一個是貫通天與地之間想像的鴻溝。一如往常，人們認爲他策劃這個計謀以反對現代批評聯合某個哲學家的共同偏見；一如往例，這位哲學家是柏拉圖，在現代諷刺畫面裡，他被認爲設定了一種不可能的超越的神（transcendent god），接著草率搭起中介的梯子以填滿由他自己的鹵莽所創造出來的空虛。

　　對他與哲學家互通氣息的這個懷疑，並沒有被他源自第四福音書中道這個名稱所做的平和不爭的考察所緩和。在他的《評論》（Commentary）裡，就那個文本他極充分地使用它。因爲第四福音書是四個福音書中最思辨的——因此，有人會說是最具希臘的——習慣上，《約翰福音》被視爲帶有純眞的、巴勒斯坦的傳統的哲學的混合；學者們不總是被要求對證據的平常法則做回應，當他們把所發現到的不論是不可調和的或者難解的東西歸諸於外來的影響時。支離破碎的批評傾向於抓住序言，以之作爲截然有別的特徵，不僅僅因爲其抒情性的晦澀，且因爲基督作爲道的名稱不在這部福音書的其他的地方找到，更不用說在其他的三部福音書了。[101] 因爲《新約》沒有其他段落如此大篇幅詳述

---

[101] 參考 Ashton（1994），5-33 論述在約翰的序言裡猶太人的智慧的人格化的變形；Ridderbos

他作爲所有可見事物的創造者的這個角色，亦即一個原型（prototype）可以在內在的道（immanent Logos）裡被尋求——在別處，被認爲是靈（spirit）、火或者宙斯——，這內在的道在斯多葛的宇宙論裡調節與保持元素的活動。[102] 其他的段落——更要留意到這個事實，在序言開始的經節裡，有兩個神聖的主題——可以推測，約翰預先考慮到教父（Church Fathers）從柏拉圖主義者裡竊取道（Logos）的名稱，而柏拉圖主義者似乎是如此惡名昭彰地耽溺於這個渾名，以作爲第二心智（Second Mind）或者媒介的原則，以至於實例式的引述會是多餘的。提及斐羅，可以滿足學術上的禮貌，即使人們不確定他的年代。

然而，沒有人會否定這個序言一開頭的句子——太初有道——包含暗指《七十士譯本》的第一段經節。在《七十士譯本》裡「起初」神創造「天與地」。[103] 單單這個事實足以把從斯多葛主義借用的觀念驅散。斯多葛主義者的道（Logos）、靈、火或者宙斯不是創造者，而是在每個新的世界出生與消失之間自然次序的共同動力。[104] 至於這個理論：「柏拉圖的道」是約翰的道的父親，有關於前者，我們已知道的總和或許可以濃縮成一章，就像在冰島的著名的歷史有一章談論蛇那樣：沒有這樣的一個中介作爲道與外邦人柏拉圖主義者的作品相遇。就是工匠神或睿智（Nous），至善的助手把形式附加於質料上；在較低者裡的較高者的每一個彰顯，的確可以被稱爲某種的道（logos），但是在這樣的實例裡，這個詞彙是作爲一個共同的名詞的功能，不是作爲一個專有名詞的功能。如果少數的評論者談論內在的道（immanent Lo-

---

（1966）反對這個主張：序言是可以與福音書的主體可分開的。

[102] 參考 Aetius，《哲學家的意見》1.7.33 論述神作爲火、靈與道；Diogenes Laertius，《哲學家的生活》（*Lives of the Philosophers*）7.135-6 論述神作爲道與命運。

[103]《約翰福音》1.1；《創世紀》1.1。

[104] 歐利根，《駁瑟蘇斯》4.14 譴責斯多葛主義的神作爲一個體（body, *soma*）的概念以及他們的重現的大火的學說（the doctrine of recurrent conflagrations, *ekpuroseis*）。

gos），以斯多葛主義的方式，它是作爲宇宙的支配權的原理，[105]像在《蒂邁歐》裡的世界魂（World-Soul）一樣，很清楚地這是神的工具，不是本來有的某個神。

　　甚至在希臘的護教士（the Greek apologists）的作品裡，《聖經》的與哲學的用法的某些合併是無可避免的，道（Logos）把他的名稱歸因於作爲話語的他的啓示以及創造的特質。他透過命令使衆元素發生第一個創造，以及透過他的教導使得人成爲新的受造物；使得光從黑暗裡發射出光芒的話語，是那在後來的日子裡起死回生的話語。[106]殉教者查士丁的基督主要是成文法的作者與初型（archetype），是透過這個媒介（medium），而不是透過直接的吹氣，他把眞理的種子種植在柏拉圖及其他希臘人的心智裡。在他的值得尊崇的參考資料中，查士丁聲稱啓示的無所不在，並非像他從斯多葛主義者那裡挑出的詞彙，即，理性的普遍性。[107]爲了這個連斯多葛主義者自己都從未曾想到會把這個區別應用到神學上的區別，安提阿的提阿非羅（Theophilus of Antioch）也轉向到斯多葛主義的語言學，藉此，他說明道（Logos）和父（Father）如何在一個單一神性裡可以是兩個具神性的行爲者：提

---

[105] 因此，第二世紀《蒂邁歐》的解釋者，普魯塔克（*Convivial Questions* 720b 等等）以及阿提古斯（Atticus），談論「道」或者理性—原理，工匠神將之植入創造的混沌的物質中，以作爲秩序的萌芽。這兩位人士是文字的釋經學家（literal exegetes），他們反對漫步學派的學說——工匠神在時間中創造世界——的侵蝕。更多的亞里斯多德的柏拉圖主義者，例如阿爾基努斯，藉著某個觀念把「道」用作爲一個共通的名詞去指稱物質的任何性質（《教導》〔*Didascalicus*〕9.1，頁 163.15 Hermann）。既沒有保守主義者，也沒有亞里斯多德主義者想像「道」是神，或者是一個在上面的媒介（supernal intermediary），這個媒介能夠使得具神性的理智（divine intellect）在把衆相本身（Forms）加諸在質料（matter）中之前去沉思衆相本身（Forms）。在第二世紀末時，當基督徒得出這個結論：甚至質料由無創造出來，阿提古斯與普魯塔克的起源觀（cosmogonies）都與主張世界是永恆的柏拉圖主義者一樣是過時的了。

[106] 參考《歌羅西書》1.15-18；《哥林多前書》6.4。

[107] 參考 Edwards（1995a），反對 Holte（1958）論「道」起源與功能；有關真理藉著經文的傳播，參考《申辯一書》（1 Apol）44，在這裡很清楚的，種植在哲學家心智裡的種子不直接來自聖靈，而是來自對猶太文本私下細讀。

阿非羅的教導，基督在一開始時是父的內在的理性（immanent reason,
endiathetos logos），但是對於世界的創造他被展現為他所說出來的話
語（uttered speech, *prophorikos logos*）。[108]

　　包括約翰在內的早期基督徒都受惠於斐羅的道的學說（doctrine of
Logos），這並非不可能。有學養的猶太人[109]已覺知到，交通的神性
的意志（the divine will to communicate）——既在創造裡，也在經文
裡表現為創造的記載——以這個詞彙去表達是比它的柏拉圖的競爭對
手，以睿智（*nous*）及範型（*paradeigma*，譯註：英文是‘paradigm’
「典範」）這些詞彙更好；另一方面，共感與敬虔禁止他去想像神的
談話由許多的聲音所組成，這些聲音就像是從人的喉部發出來的。因
此，創造的工具在斐羅的思想裡，與其說是居住在神的心智中作為不
變型態的一個「話語」（word），不如說是存有者的一個連貫性的
圖式（scheme），而此時它尚未在時空中成形。這個道（Logos）似
乎是智慧的貼身親人，這智慧伴隨著那位在所羅門的智慧裡和在《箴
言》第八章裡的創造者；同時，這樣具位格的稱號「大祭司」（‘high
priest’）、「神子」（‘Son of God’）以及「唯一的獨生子」（‘only be-
gotten’, *monogenes*）不僅預表他的莊嚴以及與神的親近，而且預表他
對以色列命運的關注，道就是在《舊約》裡這些形容詞稱號的持有者。
然而，人們從來不說他作為一個與眾不同的基體（hypostasis，譯註：
單數：hypostasis，複數：hypostases）從父而來，更不用說他成為肉身
了。當然，在這方面，他不是第四福音書裡的道（Logos），也不是亞
歷山大城的大公教克雷蒙與歐利根的道；然而，這兩位從斐羅裡繼承
這個信念，即，神的屬性與功能都是永恆不變的，對基督學（Christol-

---

[108] 參考 Edwards（2000），161 論述在提阿非羅（Theophilus）的 *To Autolycus* 2.10 與 2.22 裡所發
　　　表的很稀有的「兩個階段」的理論。

[109] 論述神的話語的人格化作為在猶太教師的思想裡的媒介，參考 Moore（1922），儘管，如同作
　　　者所觀察到的那樣，要推定這樣的證據的日期或者確定它對基督徒（或者對斐羅）可能產生什
　　　麼樣的影響，這是不容易的。

ogy）而言，其結果是剝奪了一個興起的道的任何觀念。如果道過去是父神的內在理性的話，他將仍會是內在的；反之，如果道與父神兩者永恆地不加以區分的話，道就不能完成他區別與父神所應該要做的工作。

　　然而，許多第二世紀的護教士暗示，三位一體帶來了一個未區別的統一體（undifferentiated unity），[110]歐利根在他的《論第一原理》裡堅持，眾基體（hypostases）的分別是嚴密地與神格（Godhead）永遠共存。保羅在他的寫給哥林多人的第一封書信裡把基督稱爲神的智慧，雖然在這章節裡他的意思也許只是指世界的邏輯被耶穌的釘十字架推翻，在《歌羅西書》與《希伯來書》裡清楚地暗示《聖經》裡神的智慧的擬人化（the Biblical personification of Wisdom）似乎證明了那個形象是與道等同的，因此，應用到他身上的《七十士譯本》的章節，「主在太初用他的方式創造我」。[111]除非我們已經準備好去說，曾經有過一個神存在而沒有智慧的時間，歐利根推論，我們不可以把太初置於道的存在。至目前爲止，甚至這個詞彙的塵世的使用將帶出這個論證，但是歐利根警告我們不要過度反覆強調這個類比（analogy），以至於去想像父是三位一體的整個實體，以及想像第二位格（Second Person）處於一個與他是偶然的或者形容詞的關係：

　　　我們有責任去抵抗那些持續使用這些經文的人，「我的心湧出美辭」〔《詩篇》45.2〕，想像神的兒子是從父神而來的某種投射，彷彿他是由一些音節所組成的那樣，在這種意義上，如果我們正

---

[110] 雅典娜哥拉斯（Athenagoras），《大使團的全體官員》（*Embassy*）10；Tatian，《演講》（*Oration*）5。

[111] 參考《哥林多前書》1.21-3，《歌羅西書》1.15，以及《箴言》8.22，雖然希伯來文現在是更常被翻譯「主擁有我」，以及，希伯來語在其他古代翻譯這段經文爲希臘文時是如此理解它的（例如參考尼撒的格列高利〔Gregory of Nyssa〕，*Against Eunomius* 1.299）。《希伯來書》1.3似乎更明顯提到《所羅門的智慧》（Wisdom of Solomon）7.25-6，在這裡智慧是全能者的助手和流出（effluence）兩者。

> 確地理解它們，這些音節否定他是一個基體（hypostasis），無法
> 清楚地談論他的實體（ousia）—— 我不是指這個或者那個種類的
> 本質，而是任何事物的本質。（《評論約翰福音》〔CommJoh〕
> 1.24.151，頁 29.17-26 Preuschen）

在末尾的句子裡，實體（ousia）與基體（hypostasis）這兩個語詞在意
義上似乎是幾近交集的，但是因爲它們出現在伴隨不同的動詞裡，人
們可以推測在此它們不全然是同義詞。在較晚期的基督宗教的慣用詞語
裡，ousia 是本性（nature），即，神性的三個位格是共同的，而個別的
基體是那個本性的一個特殊的限定。然而，歐利根不可以跟隨著這個規
則，正如在他的論文《論禱告》裡，他肯定子與父在基底（hypokeime-
non, substrate）和在本性或者實體（ousia）上都是截然不同的。[112] 他一
定也不贊同在 325 年時尼西亞議會（Nicene Synod）的宣言，即，子神
（Son），作爲唯一獨生子（Only-begotten, menogenes）是來自於父神
的實體（the ousia of the Father），以及因此，是與他同本質（homoou-
sios）或者共同實體（consubstantial）。對歐利根而言，一如對柏拉圖
主義者而言，這個形容詞，在其固有的使用上，是侷限在有形體的事物
上，儘管油膏與香氣之間的共同實體性（consubstantiality）可以作爲
在父神與子神之間的共同本性薄弱的類比。[113] 在《智慧書》7.25-6 —— 在

---

[112] 《論禱告》15.1，頁 353.27-354.6 克特蕭 —— 給主宰者的序言：我們不能給予子神的崇拜的禱
告的。歐利根指責他的神格唯一論的對手（monarchian opponents）主張聖父與聖子不只是在
基體上（hypostasis），而且在基底（hen hupokeimenon）上是一，《評論馬太福音》17.14，
頁 624.13-17 Benz 與 Klostermann。我並不認爲（以 Lommatzsch 在他給 Huet〔846〕裡的註記
爲依據）113 這些詞語是同義詞，但是我認爲十分具體的存有者或者基體擁有一個單一的基底
（substrate, hupokeimenon）。如果基體（hypostasis）是如此話，它幾乎是與亞里斯多德在他
的《形上學》對實體（ousia）所界定的同一意義相等同。

[113] 進一步參考 Edwards（1998），對這段落的真實性的捍衛要歸諸在盧非努斯的拉丁文的版本裡
的龐飛陸（Pamphilus），但是主張：「共同實體」（homoousios）這個詞對歐利根的正統性的
證明在這裡沒有被引用。

這裡智慧被稱為父神的某種流射（aporroia, emanation）——與在《希伯來書》1.3——它把基督表徵為父神的榮光和父神的基體（hypostasis）之特徵或印象——這兩處經文的結合把他的本文提供給神學家：

> 因為〔經文〕採用「蒸氣」這個詞，以這個有形體現象的明喻（simile）直至我們可以部分理解是智慧本身的基督，如何以相似的方式，那個蒸氣來自於某種物質性的實體，他本身從神的能力類似於蒸氣裡散發出來。因此，智慧因他而來，從父的完全的實體裡誕生。（龐飛陸〔Pamphilus〕，《為歐利根辯護》〔Apology for Origen〕5，頁 358 Lommatzsch）

我們可以懷疑「來自於父的基體」是否是一個允當的意譯，但是許多詞彙已經根植於教會，因為特圖良在他的小冊子中把子神是「來自於父神的實體」定為座右銘，以反對神格唯一論者（Monarchians），他們拒絕去區別三種位格。[114]特圖良詰問，從父神的實體而來的他如何可以是沒有實體呢？[115]然而，歐利根沒有支持這個推理，作為教會的告白，他說，有三個基體（hypostases），父（Father）、子（Son）與靈（Spirit）。「基體」這個詞在波菲利編輯普羅丁的作品之前未出現在柏拉圖主義者的文字脈絡上，波菲利在編輯時把紅色標題「論三個基

---

[114] 有關歐利根與那些拒絕對基體做區別的人的爭論，參考 Orbe（1991）。有關第二世紀時期所盛行的神格唯一論（monarchianism），參考 Hubner（1999），尤其 1-38。在《駁瑟蘇斯》6.52 裡，這位異教的修辭學家似乎已經熟悉這個理論：聖父的靈——而不是三一體的神格的不同的基體（a distinct hypostasis of the triune Godhead）——在基督裡提供神聖的元素；進一步參考 Heine（1998）論在歐利根時期的這種「神格唯一的」基督學（'monarchian' Christology）。

[115] 《駁巴拉西亞》（Against Praxeas）14。無可質疑的，歐利根在《評論羅馬書》（CommRom）4.10 裡使用基體（hypotases）這個詞，盧非努斯在那裡採用了特圖良的詞彙（Tertullianic phrase）「來自父神的實體」（ex substantia patris）。所有好的譯者都借用那些已建立起來的公式，一個新的公式將很難與他們自己同時代人的慣用語調和，因此，韓聖（Hanson, 1987）指責拉丁文的翻譯的可靠是錯誤的。

體」添加於《九章集》5.1 上。[116] 波菲利是在歐利根死後的 50 年寫作，或許有意識地模仿他；無論如何，他使用這個語詞掩飾了那篇論文本身的用法，在那篇論文裡，一個基體幾乎總是在存有的較低層面裡的創生原則的產品或實體物（concretion）。因此，睿智可以是太一（One）的基體，魂是睿智的基體，但是太一本身僅僅一次——或許因為缺乏更好的語詞——被普羅丁描述為一個「基體」，[117] 以及他沒有任何地方裡說有三個，因為歐利根的「基體」不是一個指謂某種關係的語詞，[118] 三個基體的斷定在三位一體裡蘊含著父神與子神在數上是截然不同的（正如殉教者查士丁已經說過的那樣）。相同的要點以惡名昭彰的措辭「另一位神」（heteros theos, another god）所傳達。「另一位神」在歐利根《與赫拉克雷德斯（Heracleides）的對話》（Dialogue）裡被用來描述基督。這顯示另一位（heteros）蘊含第二位（deuteros），因為在歐利根裡這是明顯出自於其他章節，他的道在能力上與尊嚴上是較低於父神，他的基督是太明顯是「第二位神」（second god）[119]，或者柏拉圖主義者努美尼烏斯的「第二個理智」。然而，甚至那些暗示歐利根自己贊成「第二位神」（deuteros theos）的說法的人並沒有假裝，他曾談論

---

[116] 也比較《九章集》5.3，《論認知的基體》（On the Knowing Hypostases）。Smith（1994）評註：這是廣泛地被視為在新柏拉圖主義裡首先使用「基體」這個詞，但是他繼續發現到在《判決》（Sententiae，頁35）裡，實體（the substantive）作為「能力的產生」（the production of dunamis）的專技上的使用，儘管在其他的地方波菲利的用法是變化多端的。

[117] 如 Rutten（1994）對它的評論那樣，《九章集》6.8.7.47 謹慎地說：太一是「某種基體」。在普羅丁裡，太一不能滿足它自己對基體的定義：「事物的固有本性，它在事物中構成某個理智事物（即可理解的內容），與每個其他的事物有區別，它或多或少可透過言說被完整的表達出來。」（'la nature propre [d'une] chose, ce qui, dans cette chose, forme une contenu noetique, distinct de toute autre, qu'exprime, plus ou moins parfaitement, le discours'）（頁30）。

[118] 正如在普羅丁裡它有時可以這樣，當關係被認為是某個名詞的指謂項（referent）時：Rutten（1994），29。

[119] 有時人們認為，在護教士之中，這是一個共同的語詞，或者至少被殉教者查士丁所支持；奧斯邦（Osborn, 1993），4 消除了這兩則神話。

過第一位神（First God）[120]或者在基督宗教裡三位一體的第三位神，在
《與赫拉克雷德斯的對話》（*Dialogue with Heracleides*）的論證裡，
「另一位」（*heteros*）的意思不是基督在本性上較低於父神，而是在推
理的序列上他是第二。在與異端的爭論裡，父神的神性是一個必然要求
（postulate），而子神的神性仍然要被證明：

> 歐利根說：「基督耶穌，潛存在於神的形式裡（*subsisting in the
> form of God*），他是在父神之旁的另一位（神），他潛存在於父
> 神的相／形式（form）裡──他是否是先於他進入身體的神呢？還
> 是不是呢？」
> 赫拉克雷德斯說：「他之前是神。」
> 歐利根說：「是否在他進入身體之前是神呢？還是不是呢？」
> 赫拉克雷德斯說：「他是。」
> 歐利根說：「他是神（God）之旁的另一位神，他本身『潛存在』
> （*subsisted*）於神的『相』（*form*）裡嗎？」
> （《與赫拉克雷德斯的對話》1.25-33；頁 54 Scherer）

最後的句子所使用的語言是大膽的，[121]因為，雖然它預取了《腓力比
書》2.6 的正統讀法，它至少顯得與第一條誡命的文字相牴觸。歐利根
或可表示不贊同──但是他幾乎沒有預先阻止──二神論（ditheism）
的指控，在他繼續陳述「我們在一方面不迷信地談論兩個神，但在另一

---

[120] 在《駁瑟蘇斯》6.61，頁 132.2 克特蕭裡，歐利根使用「第二位神」的名稱，是對他的對手否
認「第一位神」能接受人形論的表述詞（anthropomorphic predications）的一個嘲笑的答辯。在
5.39，頁 43.22-3 裡，他承認：「第二位神」（*deuteros theos*）這個措辭可能被基督徒使用，但
是他並沒有主張這個措辭是他自己的。

[121] 「兩位神」對歐利根而言是比「神聖的本性的區別」──他把這點歸諸 Marcion 與華倫提努斯
（Valentinus），《論第一原理》2.7.1，頁 148.19 克特蕭──更能忍受的；聖父與聖子可以不
同，但是並不就是說：祂們之中有一位是善的，另一位是惡的。

方面則只談論一個神」之時。[122] 一位與歐利根一樣貼近他的文本的釋經家似乎發現，要斷定到在子與父之間具有存有論的統一性的理由是不足的，儘管他當然可以發現基督的神性的暗示，這個神性也許被認爲與從護教作家的繼承的單一神論相左。[123] 在這對話錄的較後面，赫拉克雷德斯大膽提出「能力是整一」（'power is one'）（或許帶有護教士雅典娜哥拉斯〔Athenagoras〕的回應），然而歐利根主張在神格（Godhead）裡基體的交流（the communion of hypostases）是與亞當與夏娃的交流相似，他們是作爲具人格的存有者而不同，在婚姻裡成爲「一體」；藉著一個較高的法則，與基督連結的信仰者與他成爲「一靈」（one spirit）。[124] 在其他的作品裡，歐利根不能再更往前進，除了本性的交流或者意志的和諧[125]，而這是能容易地看到爲何第一代的評論家譴責他，不是因爲基督從屬於父神，而是因爲把相同的表述給予基督與父神。因爲在歐利根之前的基督徒，從屬論（subordinationism）—— 否定基督的完全的神性—— 是對在神格（Godhead）與「兩個不被創生的一」（two Unbegotten Ones）的觀念之區隔的防範。[126]

---

[122] 《對話》（Dialogue）2.56（頁 56 Scherer），提到在《使徒行傳》17.22 裡保羅的大聲譴責雅典人的「迷信」（deisidamonia）。

[123] 《羅馬書》9.5，《提多書》（Titus）2.13；《約翰壹書》5.20；《約翰福音》20:28；《約翰福音》1.1。在所有之中，除了最後那個之外，主張「神」（theos）這個詞應被指涉爲父神（God the Father）是可能的。對一神論（monotheism）的主張，參考《馬可福音》12.29，以及與更模稜兩可《哥林多前書》8.4 的類似例子。

[124] 《對話》（Dialogue）2.27（頁 58 Scherer）；比較雅典娜哥拉斯，《大使團的全體官員》10（大約公元 170 年）。參考在 Scherer 的《對話》3.8 的裡相同的頁數，引述《創世紀》2.24；3.14 引述《哥林多前書》6.17（歐利根最喜歡的一節經文）。

[125] 《評論約翰福音》（CommJoh）2.10 確定歐利根的確談論本性的交通（communion of nature），如同盧非努斯的拉丁文在《論第一原理》1.2.6（頁 35.1 克特蕭）裡所提到的那樣；《駁瑟蘇斯》8.12。

[126] 參考 Edwards（1998），663 論述在 351 年時在斯米屋的大公會議（Council of Sirmium）的這個信條的譴責。尼西亞的共同實體（homoousion）的倡導者把這點視爲一個亞流化的會議（Arianizing council），但是它的目標是要維持三個基體中特性的區別。根據盧非努斯，在《論第一原理》1，緒言 4 裡，歐利根陳述神子是否是「被創生」（begotten），還是「不被創生的」

　　然而，甚至在歐利根裡，在父神與子神之間等級上的某些差距，是其眾實體（*ousiai*）之間的差異不可避免的必然結果。在一般的希臘文裡，「基體」（*hypostasis*）與「實體」（*ousia*）不是同義詞，第二個詞更傾向抽象些，因此事物本身就是「基體」，而「實體」是事物特徵的總和。[127] 歐利根所理解的神格（Godhead），其中三個位格的每一個都是由他的顯著的特性（properties）個體化爲具體的存在物──在神學的用語上，某個「基體」由他自身的「實體」所定義。[128] 那麼，是否三位一體是由三個獨立的主體所組成的呢？不是，因爲來自於父神的較低層級的基體，其起源保證本性的某種共通性，[129] 帶有這個共通性的眾多屬性並不爲任何其他存有物所擁有。在非物質性裡，在永恆裡或者甚至在全能裡，沒有等級區分，因爲歐利根把對父的知識的否定作爲對子的責難，是他在《論第一原理》（*First Principles*）裡對此乏味關注所做的晚近誤讀，也就是，三位一體的成員看不到彼此，因爲他們不具有肉眼。[130] 在《評論約翰福音》裡我們知道，因爲子神是眞理，在

（unbegotten）（*natus an innatus*）──隱含了希臘文 *genêtos, ê, agennêtos*──是還沒有被確定的。耶柔米（Jerome）的翻譯 *factus an infectus*──使人想到希臘文 *genêtos ê agenêtos*──似乎對四世紀中期的大公教會（catholic）較少非正統的，儘管對耶柔米的耳朵而言，它擁有一支亞流派的響鈴（Arian ring）。更進一步參考 Bigg（1886），172n。

[127] 或許，最常被用來指僅僅「存在」（'existence'）這個詞是 *huparxis*，一個實詞（substantive），根據 Glucker（1994），19，這個詞首先爲斐羅所確認，或許是爲他創造的新詞，用來表明在爲我們所知的神的存在的事實，與他的不可理解的實體（*ousia*）或者本質之間的對照。Smith（1994）與 Rutten（1994）所做的考查提及基體（*hypostasis*）與存在（*hyparxis*）在新柏拉圖主義者裡可以扮演著同義詞的功能，儘管基體擁有較廣範圍的意義。

[128] 正如以上所引述的《評論約翰福音》1.24。有關 *perigraphe* 這個詞，參考《評論約翰福音》（*CommJoh*）1.39.212，頁 51.23 Preuschen，基體（*hypostasis*）在 51.25 裡。歐利根的用法可能被克雷蒙，《狄奧多圖斯選錄》（*Excerpts from Theodotus*）19-20 所預料。Van den Hoek（1999），43n.23 提到，歐利根接近了克雷蒙在《雜集》4.136.4 裡已經觀察到的區別，提到這一點，在《評論約翰福音》1.34.244，頁 43.20-25 Preuschen 裡可以發現。

[129]《評論約翰福音》2.10.76，頁 65.22 Preuschen 談到子神他的根源「本性上」（'by nature'）是源自父神。

[130]《論第一原理》1.1.8，頁 25.13-26.6 克特蕭。克特蕭的資料庫引述耶柔米，《駁耶路撒冷的約翰》（*Against John of Jerusalem*）7 以及伊皮凡尼武斯（Epiphanius），《駁異端》（*Panarion*）

他裡面真理不被隱藏，即使從父神而來的特權也不能否定。[131] 這裡，在基督宗教的教條主義者（Christian dogmatician）與普羅丁之間我們有了一些距離。普羅丁主張第一原理是不可認識的，甚至連第二原理也是，因為在第二原理中，完全實例化的知識特性（properties）並沒有表述到其原因。

就邏輯上，父神是較高於其他兩個基體（hypostases），即使不是就時間上的話，他是較後於他的創世的行動。子神從父神汲取他的實體（*ousia*）與他的基體（*hypostasis*），但是他缺乏自足（self-sufficiency），歐利根相當清楚將之表達為「不創生的」（ingenerate, *agennêtos*）與「不被創生的」（unbegotten, *agenêtos*）這些不惹眼的語詞。後來的異端學說者譴責歐利根對享樂的漠不關心，致使他們對抗四世紀的亞流派者（Arians），主張子神，雖然是被創生的（begotten），卻是不創生的（ingenerate）；[132] 一旦正統的基督學（orthodox Christology）已做出結論：《七十士譯士》對《箴言》8.22的翻譯（主創造我）沒有指涉到神的先存的子（the pre-existent Son of God），歐利根將子神描述為「受造物」（*ktisma*, creature）[133] 可以被認為是對神的褻瀆。護教士與貶抑者一樣，在公元325年的尼西亞大公會議（Nicene

---

64.4。有關於屬靈的感官，在《論第一原理》1.1.9 裡所研究的身體的與非身體的視野之間的區別，再出現在例如《駁瑟蘇斯》7.33 裡（克特蕭，《論第一原理》頁 26）。

[131] 《評論約翰福音》29.186，頁 34.19-21 Preuschen。在父神的真理與子神——他自己是真理（《約翰福音》14.6——的知識之間的完美的一致，參考 Rius-Camps（1987），157-64 以及 Williams（1987）；比較《評論約翰福音》2.4.38-41，頁 58.20-32 論真理的統一。

[132] 參考 Stead（1999）關於這個指控的公正性的反思。

[133] 在盧非努斯的《論第一原理》的文本裡並沒有證實，但是因為歐利根清楚地把基督與智慧等同，而且優色比烏斯沒有顧忌地把 ktisma 這個名詞應用到基督，甚至應用到三位一體之內，我們無須懷疑查士丁尼（Justinian）的證詞裡的實質的真理，雖然這是可能的，如同 Rius-Camps（1987），169-71 所提到的，就是：歐利根自己的用語不是創造物（*ktisma*，譯註：意思是指 'creatures' 或 'the created thing'。有關這個詞，參考《提摩太前書》4.4；《雅各書》1:18；《啟示錄》5:13，8:9），而是一個同源字（cognate）。進一步參考 Lowry（1938）；另一方面，Gorgemanns（1973）做出的結論是：*ktisma* 是一個竄改字（interpolation）。

Council）之後的幾十年裡，[134]他們忽視那位從無造出完美宇宙的創造主的作品與它的人的對立型（human antitype，譯註：antitype的希臘文是antitupos，參考《希伯來書》9：24或《彼得前書》3：21），即，製作（making或者*poiêsis*）——它只可以處理墜落的元素之短暫的排列組合——之間的區別。[135]對歐利根而言，存在物質中的任何東西註定要變化，甚至毀滅，在有感覺能力的存有者（sentient beings）之中，只有神子（Son of God）保存不被玷汙的圖像，因爲除了父神的意志外，他不擁有任何基底（substrate）。

歐利根一般被稱爲「從屬主義者」（subordinationist），以及不可置疑的在他的三位一體裡，第二與第三的基體都是第一的男僕。在教父的研究裡，這仍然是一般的習俗，把這個立場貶低爲一種錯誤，這種錯誤只可以被解釋爲與外來的哲學家交往的結果，與只可以藉口正統與異端還未被權威定義而寬宥。歐利根可能會對第二個陳述感到訝異，因爲他的時代的教會以《新約》（作爲使徒性質的測試，the test of apostolicity）和信仰的規則（作爲正統註釋的高低標記）爲武器。在教會世代裡，沒有任何三位一體的學說是比歐利根的學說更廣泛與更使徒的。至於第一陳述，一般認爲，在第三世紀初時大多數的基督徒作家教導從屬論比歐利根的從屬論更極端，他們否定子神的永恆性作爲一個分離的基體；[136]至於第二個陳述，《新約》的坦誠的現代讀者很少不被兩個擴散的特徵所擊中，這些特徵在隨著尼西亞會議（Council of Nicaea）

---

[134] 有關含有評論的信條的文本，參考 Bindley（1899），13-54。因為他在第 53 頁裡提到創造物（*ktisma*）這個詞不出現在令人厭惡的事情的每個版本裡。

[135] 參考哈爾（Harl, 1987），244 有關墮落的宇宙（fallen *kosmos*）與沒玷汙的創造（unblemished *ktisis*）之間的對比，Widdicombe（1994），89n.100 引述《評論約翰福音》20.182，它隱含著：裡面的人（inner man）根據神的圖像受造，然而外面的人（outer man）從土裡被形塑。「創生」（creating）與「製作」（making）之間的對照也繪含在這裡。

[136] Tatian，《演說》（*Oration*）5；雅典娜哥拉斯，《大使團的全體官員》10；提阿非羅（Theophilus），*To Autolycus* 2.10 以及 2.22；特圖良，《駁巴拉西亞》（*Against Praxeas*）5.6。許多人把克雷蒙加入到這個名單裡，參考 Edwards（2000）。

之後的種種研討，顯得模糊不清，甚至遺忘：

1. 耶穌在《新約》裡前後一致呈現為父神的受膏者或者父神的代言人
   的圖像，但是據說從未被描述成與父神同等。保羅常向他高呼為主
   （*kurios*, Lord），但是從未高呼他為神（*theos*, God），除了或許
   在一種或者兩種的說法裡，其詮釋是沒有超出論爭之外。[137]《約翰福
   音》陳述，道不僅僅是「與神」（with God）同在，而且道起初就
   是神（*theos*），將創世之前他參與父神的榮光之論歸於成了肉身的
   道；儘管如此，神（*theos*）這個詞當應用到道（Logos）時也許更
   是一種形容語，而不是名稱，[138] 因為它缺乏定冠詞，它是被具體化
   的道（embodied Logos），在他宣告他自己是救贖的全備事奉者之
   後的幾行，他宣稱他要到父神那裡去，因為「父是比我大的」（《約
   翰福音》14.28）。這樣的對位式的說法，例如，「我與父原為一」
   （《約翰福音》10.30），或者「他看見了我，就是看見了父」（《約
   翰福音》14.9），既不指出基督在本性上是神，同樣保羅也沒有暗
   指我們在本性上是神，當他寫道，信徒是「與主成為一靈」（one
   spirit with the Lord）（《哥林多前書》6.17）。在他受洗時，基督
   被父神授予「神子」的稱呼，也在傳道期間他自己和他的門徒，在
   釘十字架上一位士兵，在他復活時的聖靈所稱呼；[139] 但是在成了肉

---

[137] 在《羅馬書》9.5，「在萬有之上的神」到底這句話是回頭看基督，還是向父神感嘆祈禱的開
始，這是不清楚的。Titus 2.13 可能不是由保羅自己所寫的，是否基督，還是父神是「神」
（*theos*）這個語詞所意指的指謂項（the intended referent of the term），這裡也是不清楚的。與
《約翰福音》17.3 提到父神被稱為「唯一真神」相比，再一次的，在《約翰壹書》5.20 章裡它
的語法是模稜兩可的。

[138] 對《約翰福音》1.1 的解釋是一個超出本書的範圍的問題，但是透過與《出埃及記》7.1 中，
神向摩西說（無疑地是一位屬地的人）「我使你在法老前代替神」中《七十士譯本》裡的類似
用法相比，我猜想，這裡或許能說明這個沒有定冠詞的希臘語 *theos*（「神」）的意義。論在《約
翰福音》中基督與神的從屬關係，參考 Barrett（1982），19-36。

[139]《馬可福音》1.11 以及相同段落；《馬太福音》16.16 以及《約翰福音》10.36；《馬太福音》27.54；《羅
馬書》1.3。

身之前，這個稱呼沒有用來作爲他與父神的關係，更不用說用來作爲在神格（Godhead）裡無時間的共同本質性（timeless coessentiality）。至於敬拜，在《哥林多後書》最後裡的頌讚（doxology）列舉出三一神的三個位格，神只有一個。

2. 初期基督宗教所必須談論的先存救主（pre-existent saviour）的一切，是與他的人性（humanity），或者是他的人性與我們的人性之頌揚等攸關的結合在一起。《約翰福音》序言的對象顯示：道成肉身不是新穎的故事，而是當神說「要有光」時的前呼後應。[140] 在寫給希伯來人的書信裡，神透過祂的兒子創造了世界，他也是相同的一位，在被創造成「比天使較低一點」之後，現在被高舉在寶座上。[141] 萬物透過神的形象而造，在給歌羅西人書信（Epistle to the Colossians）裡，創造的首生清楚表明在三節經文裡，後來，是從死裡首先復生的。[142] 在某些脈絡上，有一不能確定的是，在人性（manhood）與神性（divinity）之間，是否意含有任何的區別性：即使在《腓力比書》2.6 基督在「神的形式」裡意味著比他被造的更多，像在神的形象裡的所有的男女一樣，在讚美詩的主要部分裡 —— 稱讚他不爲強奪（harpagmos），謙卑自己而甘心就死，與亞當的悖逆形成對比 ——，明顯地，他是一個人性的典範（paradigm of humanity）。救贖主的人性（manhood of the Saviour）對奉獻教會是不可剝奪的要素，在教會裡，基督作爲神的崇拜就發生在認知到被釘十字架基督是復活的主。[143]

東正教（Orthodoxy）一般提出能緩和第一點的第二點，宣稱不

---

[140] Ashton（1994），22 認爲，道在約翰的序言裡是「神的計畫」，福音書是一部神的啓示的歷史而非人的歷史。

[141] 《希伯來書》1.3 以及 2.9，《詩篇》8.5 引述自 2.7 適用於基督。

[142] 《歌羅西書》1.15 以及 1.18；比較《哥林多前書》15.20 論基督作爲「睡了之人的初熟果子」。

[143] 比照《腓力比書》2.9-12，以及在二世紀晚期時異教徒盧坎的《異邦人》（Peregrinus）13 的諷刺的觀察。

論在何處，歷史上的基督坦承他自己較低於父，他的話語是他存在的身體裡的一個必然結果，以及他的話語不影響他在神性裡的地位。然而，現代最著名的神學家把一個有智慧的禁令加在這種試圖，藉著先驗的推理增加三位一體的神的知識，這個知識是透過道成肉身、《聖經》與教會的經驗所得到的。著名耶穌會的拉內（Karl Rahner）寫道：「內在的三位一體是神明的計畫的三位一體（'The immanent Trinity is the economic Trinity'，譯註：economic可翻譯為神明的計畫，它的名詞是economy，它源自於希臘文的'oikonomia'，意思是指「管理」）。」[144] —— 意思是說，我們不可以談論任何在神之中的本性，除了向我們啓示的那位之外。這個說法，或者它的主旨，廣泛地爲新教神學家所贊成，儘管不總是導出相同的結論。誠如我們所看到的，現代的觀點可以誇耀這是《聖經》的，但不可以吹嘘這是原創的，如果我們從歐利根的作品裡導引出相同的兩個思路。

首先，我們已經留意到歐利根複合的神自身（compound *auto-theos*）的創見（如果是這樣的話）表達了父神對子神的至高性。[145]我們已看到那個詞本身不擁有先行詞，儘管前綴詞擁有柏拉圖式的先行詞，鑄造它的動機是去解釋在《約翰福音》序言裡的第一節定冠詞的功能，在這個序言裡，儘管道（Logos）接受述詞神（*theos*），這是單單父神聲稱神（*ho theos*, God）作爲其固有的名詞。如果神自身（*auto-theos*）已經是柏拉圖主義者的新詞的話，那麼無可置疑它蘊含父神，是許多不確定的神分有的典範；然而，歐利根不教導子神「分有」創造他的父神，而且像任何的基督徒那樣相信，作爲神自身（God himself）的單一（monad）[146]是透過基督的獨一無二的顯靈（theophany）

---

[144] 例如參考 Rahner（1978），136-7。

[145]《評論約翰福音》2.2，頁 54.30 Preuschen。

[146]《論第一原理》1.1.6，頁 21.13 克特蕭。儘管查士丁尼把該詞指責為畢達哥拉斯的詞彙（《致曼尼斯的信》〔*Letter to Mennas*〕，由克特蕭在如上所引述），這是被雅典娜哥拉斯，《大使團

被理解。簡言之，一個可能會贊同希臘哲學家的多神論的字詞被這位神學家用來事先制止多神論（polytheism），後者可能隨著我們去想像三位一體的所有三個位格是與「眾神」有相同的意義而來。

　　關於柏拉圖主義者，幾乎可以如實說：他們的第一原理的概念越高超，他們崇拜它的傾向就越薄弱。普羅丁迴避所有的節慶；楊布里庫斯（Iamblichus）把犧牲視為對較高學科的預備教育；普羅克洛力勸我們「彷彿它存在地」去頌讚太一（One），他選擇較小的神作為他自己的詩意祈禱（poetic orisons）的垂聽者。[147] 對歐利根而言，另一方面，所有種類的祈禱都是起因於父神。正如大家經常認為的那樣，他在他的論文《論禱告》沒有禁止基督的敬拜，但是，因為基督在實體（ousia）上以及在基底（substrate, hypokeimenon）[148] 上不同於父神，他主張，在最嚴格的意義上──（正如這篇論文的其他部分所顯示那樣）意思是說崇拜的禱告──他沒有資格禱告。[149] 至於說，對我們的祈求，以及對他應允我們的祈求的感謝不蒙基督垂聽，這些不只是與保羅的教會的實踐相矛盾，而且也使得他比那些我們以代禱接近的已逝的聖人更軟弱。不像柏拉圖主義的神學，歐利根的神學要求一位神應該擁有某種的崇拜。

　　其次，正如歐利根主張道與父神同享永恆（coeternity），很清楚地，他必須在道成肉身與道存在世上之前（the premundane existence of

---

的全體官員》6.3 以及克雷蒙，《雜集》5.11 所預料的，所以無論其來源會是什麼，對歐利根而言，這已經是傳統的了。

[147] 參考波菲利，《普羅丁的生平》（*Life of Plotinus*）10.35 論述哲學家對邪教實踐（cultic practice）的蔑視；普羅克洛，《柏拉圖的神學》2.11 論述讚美太一（比較柏拉圖，《饗宴》212b-c）。

[148] 當這個詞應用到非物質的神時，其意義是難以決定的，或許我們在這裡應該假定與在其他的地方一樣，成了肉身的肉體是與歐利根的無身體的道（incorporeal Logos）的概念是不可分的。

[149] 參考《論禱告》15.1 論不要向基督禱告；14.6 論向基督與聖徒感謝；14.2-3 論在真實的意義上作為對父神的崇拜的禱告。

the former）之間做出區別。[150] 更加明顯地，即，當在《論第一原理》的第二章裡他說明將第二基體（Second Hypostasis）刻畫為第一基體的圖像為何意時，他不能不考慮肉體。他說，[151] 想像一下，一隻眼睛無法盡收眼底這樣規模的一座雕像，而在第一座雕像旁邊的另一座雕像，在輪廓上及比例上相似，只就可以測量的維度：他繼續說，在相同的方式裡，道把父神的崇高調節到我們的軟弱能力上。儘管開始時設計為去區別在神性裡尊嚴的不同等級，這個比喻終止在《腓力比書》2.7的引文裡，它暗示，基督成為父神的可見圖像與其說是因著缺乏真正的神性，勿寧說是因著降卑成為人的形式：

在相同的方式裡，子神——不與父神同等「反倒虛己」〔《腓力比書》2.6-7〕，向我們顯示從他來知識的方式——變成「神本體的真像」〔《希伯來書》1.3〕，因此，當我們不能夠去忍受純粹光明的榮耀，這道光內住在他的神靈的顯赫裡，既然他已被造成一道向著我們的光輝（radiance）[152]，那麼我們可以透過這道光輝的展現找著一條沉思他的榮耀的路徑。（《論第一原理》1.2.8，頁 38.25-39.4 克特蕭）

第二基體被稱為道（Logos），這是作為理體（logikoi 與 logika）的統

---

[150] 例如，在《論耶利米的講道》（*Homilies on Jeremiah*）9.1，正如 Widdicombe（1994），52 所注意到的那樣。Widdicombe 繼續提到在《評論約翰福音》1.20.119（pp. 24, 23-6 Preuschen）裡多重的基督（manifold Christ）與單純的父神（simple Father）之間的對比（antithesis）關聯到在他的道成肉身裡救主的工作。

[151] 《論第一原理》1.8，頁 38.12 以下，克特蕭。參照優色比烏斯，《福音書的證明》（*Demonstration of the Gospel*）5.4.10，從這個明喻裡來的推論是：第一位格與第二位格是數位上不同，而不是在尊嚴上（dignity）不同。

[152] 會是出自於《希伯來書》1.3 裡的這個希臘詞 *apaugasma*（譯註：這個詞在《希伯來書》1:3 是指「神榮耀所發的光輝」）。壯麗（splendour）也是在卡巴拉文學裡（Cabbalistic literature）隱蔽的神的一個中介的特性，儘管這裡並沒有道成肉身的觀念。

治者——也就是屬於理性秩序的事物與情感的行動者的統治者。我們把理性物（*Ta logika*）當作創世之前內住在神的心智裡的種（genera）與類（species），但是就人類屬於理體（*logikoi*）這群類（class）而言，藉著不同的途徑各自在自己的程度上，他們與其說繼承了勿寧說達成了這個狀態。爲了統治異類的世界（heterogeneous world），道必須成爲所有他的對象的所有事物，但是這並不蘊含說，道在他自己的本性存在裡有任何的多樣性。在歐利根的《約書亞的評論》（*Commentary on Joshua*）裡，當我們讀到父是單純的以及子是多樣的，我們應該不願從簡約的角色劃分裡去推斷出在他們基本的特質之間的對比：

> 讓我們永遠不要把基督視爲純粹的人，而是讓我們等同地承認他是神與人，因爲神的智慧同樣地被稱爲多樣的，因此透過這我們被認爲值得去分享神的智慧，他是基督耶穌，我們的主。（《約書亞的佈道》〔*Homilies on Joshua*〕7.7，頁 335）

在經文裡，智慧被擬人化是帶有勸導我們成爲有智慧的這個目的：甚至作爲神的良伴，她仍然是具人性的人格化了的智慧（the personified wisdom of humanity），不論對她怎麼表述，藉著她在這個世界的作爲，這些表述都被認爲是眞實的。[153] 格里邁爾（Grillmeier）從這個段落所做的推導我們只有困惑，也就是：對於基督的冠名稱號「不僅從救贖論的觀點（a soteriological point of view），而且關係到他眞正的建造」。[154] 我們經常聽說，在歐利根的思想裡，道滿足了「宇宙論的中介者」（cosmological intermediary）的角色，這個中介者保護脆弱的受造物疏離另一方大而可畏的未受造的神。再次，這個極好的結論取決於

---

[153] 參考《箴言》8-9，《所羅門的智慧》各處以及 Von Rad（1972），157-9 論述在《箴言》裡智慧的呼求。

[154] 格里邁爾（Grillmeier, 1975），141。

枯燥無味地詮釋這個經常被引用來證實它的證據。基督——他在《論第一原理》2.6.1 裡據說「站在神與所有他的受造物之間」——就在相同的句子裡被保羅的用語「中間人」與「受造物的首生」所描述。[155] 這樣的提稱必須給予它們充分的重視，當他們出現在章節的一開始時，這一章節清楚的名稱是〈論道成肉身〉：這裡歐利根所說的基督，在不朽的東西與可毀滅的東西之間是聯合的結果（the result of union），不是聯合的手段。正如他繼續要解釋的，這個必然的連結是「基督的魂」（soul of Christ），因為魂的本性，既是被造的又是無形體的，沒有其他的本性意志，它適於與身體同時連結以及與道交流。的確，這裡他斷定，身體是神格的器皿會與本性相反，但是神格（Godhead）很清楚地是第二位格的器皿。[156] 儘管在神性（divinity）之中有等級，基督的魂是道的圖像，正如道是父的圖像，[157] 我們不應該強加這個類比以至於說在三位一體之內的基督是一個混合物（hybrid），甚至在他道成肉身（Incarnation）之前也是：難道先存的道是真實的神，對論證在耶穌裡具人的魂的不是根本的前提嗎？

　　歐利根對四世紀的正統觀念（orthodoxy）一無所知，這正統的觀念否認基督在世時對父的順服反映在神格的位格之間（between the per-

---

[155] 《論第一原理》2.6.1，頁 139.14-17 克特蕭：「這仍然是，我們應研究這個在所有受造物與神之間的中介，即是「中保」，他是那位使徒保羅所宣稱的，是在一切被造的以先。」（*superest ut harum omnium creaturarum et dei medium, id est 'mediatorem' quaeramus, quem Paulus apostolus 'primogenitum omnis creaturae' pronuntiat*），引述《提摩太前書》2.5 以及《歌羅西書》1.15。

[156] 同上 2.6.3，頁 142，12-15：「正如我們所說的那樣，這位神人（*deus-homo*）透過那種的實體的中介誕生，為那種實體去設想一個身體，這並非不自然的。然而，因為它是一個理性的實體，成為神的一個家，對魂也不是不自然的。」（*nascitur, ut diximus, deus-homo, illa substantia media existente, cui contra naturam non erat corpus assumere; sed neque rursum anima illa, utpote substantia rationalis, contra naturam habuit capere deum.*）在《駁瑟蘇斯》1.66 以及 2.9 裡歐利根大膽的斷定神—人（god-man）是一個「複合體」（'composite', *suntheton*），有點不客氣是指魂。

[157] 參考克魯熱爾（Crouzel）的《論第一原理》的版本，第三卷，頁 176，有關這個假定：創生中的道以及道成肉身中的魂扮演著相同的中介的角色。

sons of the Godhead）的關係上。另一方面，我們也不能認爲他應會形成他自己對這些關係到基督的道成肉身生命的說明，彷彿拉內「內在的三位一體（immanent Trinity）是神明計畫的三位一體（economic Trinity）」的說法，對他已經是老生常談。有一件事情我們可以確定：他贊成保羅、奧古斯丁與二十世紀的神學家們，如果神沒有成爲道成肉身的話，我們永遠不會把他作爲三位一體來認識。在他的推理上不同於柏拉圖主義者，這是充分的證明。柏拉圖主義者的神學從不源自特殊的啓示，而是透過從存有的不可分離的特質（inalienable properties of being）邏輯的抽離而來的。歐利根的神子——被創造的、可觸摸的、獨特的——也許與在《蒂邁歐》的宇宙裡擁有某些相同的修飾語，但是他不是任何柏拉圖主義者的神。

▎三位一體、「實體」與「基體」

　　新近的學術研究使得維持把基督宗教的三位一體等同是柏拉圖的三格組合論（Platonic triad）的這種陳腐觀念變得不可能。對基督教思想的無情的壓制是一神論（monotheism）：我們可以說在三位一體裡有三位，我們分別地崇拜每位神，但是我們不斷定有三個神。[158] 把神（theos）這個詞當作是一個可尊崇的標識，而不是一個僵硬指稱的柏拉圖主義者，他們並不反對多神論（polytheism），甚至當他們提出太一（One）是神的意見時，[159] 他們並沒有認定神是單一。在任何柏拉圖的系統裡，基督教的思想以三個超越性原則的功能，分派給完全相稱的神性的位格，這些功能也不等同於角色和性格。的確，我們也許可以說道成肉身之前，基督的道主要是像努美尼烏斯的第二個心智（Second

---

[158] Frede（1999）所忽略的一點。即使我們說這是一個有關於語詞使用的爭議，這並沒有讓它變得不重要：在任何宗教爭議中，除了語詞之外，還有什麼其他問題攸關呢？

[159] 參考 Rist（1962）以及以上的討論。

Mind）的工匠神的理智（demiurgic intellect）；努美尼烏斯的第一心
智和新柏拉圖主義的太一是與不可接近的父相匹配，只要我們忽略後者
的位格的性質；但是在柏拉圖系統裡不存在等同於基督教聖靈的第三原
則（third principle）。[160] 如果在努美尼烏斯裡有一個第三位神的話，
它或者是世界，或者是第二心智的世俗的部分（worldly portion）；在
普羅丁裡，第三位基體（third hypostasis）是魂，它是世界魂的以及我
們自己的大姊。[161] 然而，聖靈在他的工作中同時更加受到限制與更加
有力。省略在《約翰福音》裡的創造說明，以及明確說基督尚未得著榮
耀之前，他保證他的門徒成為不在的基督（absent Christ）在地上的代
言人，並作為信仰與希望的管家直到他再來。[162] 在保羅的書信裡，聖
靈是教會的印記以及拯救的憑據，是那位使基督從死裡復活，教導他的
跟隨者稱「神」（God）為「阿爸父」（'Abba Father'）；[163] 是那位與
那些把基督釘十字架上的這個世界的統治者相違逆，與統治天空的執政
者和掌權者相違逆，特別是與弄瞎了不信之人心眼不叫基督榮耀福音的
光照他們的「這世界的神」相違逆。[164] 基督教不可以與柏拉圖主義者
一起主張世界為神性（divinity）所充滿，因為正如我們所知，世界為
將被克服，新的創造為上帝的選民所預留。

正如他的敵人所宣稱的那樣，如果歐利根主張所有人都會被神贖
回，他持有的這個觀點是與他相信所有人都是墮落的相對應。物質的
領域不包含其自身救贖的萌芽；反而這是透過藉著聖靈影響個人，與
藉著屬靈教會影響人類逐漸產生的果效。我們作為理性的受造物，而
不是作為屬靈的受造物進入世界，因此目前聖子（Son）的領域是比聖

---

[160] 進一步參考 Ziebritski（1994），尤其 262-4。

[161] 參考《九章集》4.3.1-8 論魂（Soul）以及個別的魂（particular souls）；5.1.11 論魂與睿智（nous）。

[162] 《約翰福音》1.1-14；《約翰福音》7.39；《約翰福音》16.7-11 等等。

[163] 《哥林多後書》1.22；《羅馬書》8.11 以及 8.14。

[164] 《哥林多前書》2.8 以及《歌羅西書》2.13-14；《以弗所書》6.12-17；《哥林多後書》4.4。

靈（Spirit）的領域更寬廣，然而聖父的版圖——擴展到非理性的受造物——包含兩者：[165]

> 掌握萬有的父神擴展到存在著的每個事物上，應允物各從其類，事就這樣成了，但是聖子更無法與父比較，因為他是次於父，他只擴展到理性事物（*ta logika*）；然而聖靈卻每下愈況，因為他只有在聖人身上。（《論第一原理》1.3.5，希臘文文本在頁 55.4-56.5 克特蕭）

在古代那些舉出這個段落爲對聖子與聖靈的神性（divinity）的一種典型的冒犯的人，不只已經遺忘了經文，而且遺忘了愛任紐（Irenaeus）的先例，他是偉大的異端學家（heresiologist），在公元二世紀晚期主張，當墮落的人擁有一個魂，因而擁有神的圖像時，唯有神的選民可以藉著聖靈被重塑成與神相似（likeness）。[166] 在新柏拉圖主義者的三個「基體」（*hypostases*）中不存在類似的能力順序；然而，迪倫（John Dillon）論證，在歐利根裡三位一體是與第二基體的三重結構同源（homologous），正如普羅丁的繼承者所解釋的那樣。[167] 存有、生命與心智都是「可以理解的三格組合」（intelligible triad）的三個成分，然而所有這三個都是在心智每一個過程裡（in every mental process）合作，普羅克洛在他的《神學的要素》裡提到，生命的範圍是比存有的範圍大，因爲它延伸到那些缺乏理智的植物與動物身上，然而存有的範圍

---

[165] 我將希臘文本翻譯爲更受牽連（incriminating），且因爲我猜想，這更爲精確的。盧非努斯忽略了插入句（parenthetic clause），這個插入句肯定子神是較低於父神，至少在他的處理上。另一方面，在《評論約翰福音》1.35，頁 45.13 Preuschen 中，歐利根肯定子神，即使作爲一位創造者，是較小於父神。這也是《希伯來書》1.2 所蘊含的。在《希伯來書》1.2 裡了作爲父神的工具而創造。

[166] 參考下一章論愛任紐，《駁異端》（*Against Heresies*）5.6.1。

[167] 迪倫（1982），引述普羅克洛，《神學的要素》110。

仍然是較大的，因爲甚至缺乏生命的對象也分有它。如果普羅克洛的三格組合（triad）是與基督教的三位一體並列，聖父將對應存有、聖子將對應生命以及聖靈將對應心智——在四世紀時被新入的基督教維多里努斯（Marius Victorinus）在反對亞流教派（Arians）捍衛普遍的三位一體所採用的正是這個命名法。但是，維多里努斯能夠靠近波菲利時——後者一般被視爲可以理解的三格組合之父（the father of the intelligible triad），[168] 歐利根已經過世，而波菲利還沒開始在羅馬的普羅丁的學校裡學習。誠如我們提及的，我們的柏拉圖式的平行比較來自於普羅克洛，他是五世紀時雅典的柏拉圖主義的復興者，如果我們一定要把單一章節視爲其他的源頭的話，因此我們不得不只將總主教職（primacy）贈予給這位基督教的作者。較仔細地檢驗，顯示無論如何，比較存在著似是而非：歐利根的三位一體不包含有數，數的領域嚴格上是與生物領域有共同邊界的，他的第二原理擔任普羅克洛的第三位的工作，透過允許所有理性的存有者去分享他。歐利根的聖靈不可能在五世紀的柏拉圖主義者中遇見他的相似者，當時的柏拉圖主義仍然是沒有靈的概念（the concept of the spiritual）以與有理智的人區別開來。[169]

或許，對於先於歐利根的三位一體學說，一個柏拉圖式較強的事例，可以建立在他這樣的陳述裡：聖子不直接來自於聖父，而是來自於他的能力（*dunamis*, power）：

> 他〔基督〕是神善的圖像，而光芒（ray）不屬乎神，而屬乎是他的榮光，以及他永恆的光（eternal light），而氣息，不屬乎父神，

---

[168] 參考 Hadot（1966）論述波菲利以及三格組合（triad）；Hadot（1968）論述波菲利與維多里努斯（Victorinus）；Edwards（1990b）特別關於殿基（hypothesis）的批評，即，對波菲利而言，中詞（middle term）是「生命」，而不是「能力」。

[169] 參考《哥林多前書》2.10-16 論屬靈的人；歐利根從自然的道德到屬靈的光照（spiritual illumination）裡看到一個更有層次的進展，如 Williams（1987），9 所觀察到的那樣。

而屬乎來自他的全能的榮光不受玷汙的流射，他的實現（activity,
energeia）的不受玷汙的映照，保羅與彼得以及與他們一樣的人
透過這個映照看到神。（《評論約翰福音》13.25.153，頁249.29-
250.1 Preuschen）

聖父—能力（dunamis）—聖子的順序逐字地是與在《迦勒底亞神諭》
裡最高的三的父、能力與子的順序相稱的。在《迦勒底亞神諭》裡能力
（dunamis）在可理解的三格組合的先行者也是中詞。[170] 有人也許會爭
論，這樣的和諧是很少偶然發生的。但是，儘管《迦勒底亞神諭》早於
波菲利，[171] 我們不能確定他們有過一時的流行，此時基督教的學者已經
從他們之中挑選他自己的詞彙；我們也不能肯定他們僅有的儲藏是柏
拉圖主義的文獻，不混合有希伯來人的學說，「迦勒底亞人」（Chal-
daean）這個名字或許會使人聯想到古代的一個讀者。即使他們都是柏拉
圖式的，以及對歐利根是可行的，很清楚地，他沒有攫取經典以外的任
何東西，因爲甚至他寫作時，他就引用經文。[172]

　　沒有柏拉圖式的三格組合（Platonic triad），以及沒有「基體」
（hypostasis）這個詞預先使用這個段落，在這個段落裡，歐利根——
預示了奧古斯丁與他的中世紀的模仿者——論證藉著聖靈、聖父的祝福
成爲堅實的，亦即，現前可近的：[173]

---

[170] 參考 Edwards（1997），有關《神諭》（Oracles）與基督教的作品之並列；《神諭》3-4 Des
　　Places 被引述在第193頁。（譯註：dunamis 出現在《新約》許多地方，例如《馬太福音》6: 9-13;
　　25:14-30。）
[171] 他的《論魂的回歸》（On the Return of the Soul）（如果那是一個真正的標題的話）仍然是 Saf-
　　frey（1981），頁215，已知的第一手資料。
[172] 不只《希伯來書》1.3，而且《所羅門的智慧》7.25-6——它包括所有在歐利根的標題的名簿裡
　　的句子（clauses）。最後他想到《哥林多前書》13.12以及《哥林多後書》4.18。
[173] 緊接著以上，在頁65.23-4 Preuschen，人們認為子神（他「本性上」是如此）照料靈的基體（the
　　hypostasis of the Spirit）。參照《論第一原理》1.4.3，頁65.11克特蕭論述父神透過三位一體運
　　作慈愛的能力（the beneficent power, euergetikê dunamis）。也參照，《論禱告》27.12，頁371.8

> 如果我可以這樣說的話，我相信聖靈把神祝福的事情分給聖徒，聖靈 [174] 也使他們享有他；前面所說的祝福的事，是從神來的活化（*energoumenês*, activated），是被聖子所差遣，以及根據聖靈得以堅實（*huphestôsês*, substantial）。（《評論約翰福音》2.10.77；頁 65.27-31 Preuschen）

亞里斯多德的神，作為思想之無礙的思想，是純粹的實現（activity 或者 *energeia*）；普羅丁使用相同的名詞去指謂較晚時期被命名為自我源起（aseity），或者太一的自我源起（self-origination of the One），[175] 它在作為存有的睿智的階段裡被實現，儘管它超越所有的現實。但是，甚至當希臘哲學家們把豐饒或者第二終極（second entelechy）歸因於第一原理（First Principle），他們並沒有說，其具特色的能力（energy）是恩典的交通（communication of grace）。普羅丁的太一只產生太一，當我們聽到，理智提供一個基體給存有時，沒有人告訴我們這個存有是一個給那些在太一之下的禮物。[176] 異教徒類似於努美尼烏斯，他們把第二原理（Second Principle）詮釋為第一原理的助手，避免了「僕人」（*diakonos*, servant）這個容易令人反感的詞。這個詞在《新約》裡自由地應用到道成肉身的基督，以及那些效法他的人。這裡再次地歐

克特蕭，子神潛存在（subsists）的主張蘊含他是可以親近我們的禱告的。

[174] 或者，或許「它」（'it'）會是更符合中性名詞「氣息」（*pneuma*）以及其相符合的代名詞。

[175] 參考 Leroux（1990），39-61 論述在《九章集》6.8 裡使用正面的述詞來描述太一；如同 Beierwaltes（1999）觀察到的那樣，這部作品的教導，表面上是與《九章集》的一般教導不一致，在《九章集》裡太一似乎是作為「能力」（*dunamis*）與作為實現（*energeia*）的理智／努斯（*nous*）相區別，而且它的述詞一樣是否定的。

[176] 參考《九章集》5.1.4 論述藉由努斯（*nous*）存有的基體化（hypostatization）；《九章集》6.8.12 論述太一透過實現（*energeia*）對其自身的主權，作為與實體（*ousia*）的區分。Atkinson（1983），93 評論：普羅丁在其他地方持著與前面段落相衝突的立場；因此，這是一個隨便的猜測，不是一個信條（dogma），也就是，歐利根從年輕時的普羅丁或者從一位共同的老師裡借用過來的。

利根的三位一體的基督是福音作者的基督。在基督的肉身中，不可見的天父成爲可見的。沒有柏拉圖主義者把這樣的自負當作兒戲：聖靈帶來神的愛；這樣的一個借喻是可能的，唯有人們相信質料（matter）在大設計裡是一個既定的因素，不是一個偶然的因素，這個質料是由影響著它的那位相同的一個神所創造的，它不只作爲他滿溢良善的容器，而且也作爲他對人的特殊的愛的器皿。

　　聖靈在物質上的呈現──這是接下來兩章一個核心的主題。第三章的論證身體對歐利根而言是我們作爲人的歷史的完整性的條件，它在柏拉圖主義裡仍然頂多是旅遊中的魂的行李。在第四章裡我們看到，他透過採用身體的概念，作爲在書信的文本裡他發現靈的關鍵來提升書寫的經文的莊嚴性。

第三章
歐利根的魂的學說

　　一個人以現代英文談論魂，很少不被認爲是基督徒就是詩人。在我們指某人缺乏好奇的能力以及對美的鑑賞時，而說他「沒有魂」，顯得了無新意且言過其實。另一方面，如果我們斷定我們自己本身擁有魂，我們可能不只意指我們是成了魂的存有者，而且意指這個存有者的非肉體（incorporeal）的細微部分在身體（body）消滅之後繼續存在。在虛構小說與敵意的戲仿，這個東西經常被想像爲死亡之時身體的微弱的幻影（simulacrum）；如果我們認爲，這個東西也是在生命期間出沒交感、激活身體的實體（entity），那麼結果可以正當地被其哲學的批評者賦予「在機械裡的鬼魂」的理論特徵。[1] 被這樣的嘲諷所驚嚇——這些嘲諷經常被許多的作者意指爲對宗教的攻擊——的神學家放棄相信分離的與不朽的魂。儘管這似乎是從古至今基督教的思想與實踐不可缺少的酵母，這個信仰現在宣布是違反《聖經》的靈——意思是指，在《舊約》裡以及在《新約》的最具希伯來的且最具眞實的《聖經》的章節裡並沒有發現這種靈。[2] 關於教父的這個觀點——教父們被希臘人的知識

---

[1]　對於笛卡爾（Descartes）現代諷刺的迅速回應，見 Lewis（1969），21-36。

[2]　因此，Robinson（1968），95 將「希伯來人對人劃分成魂與肉體（flesh）」與「希臘人的三重劃分成體（body）、魂（soul）與靈（spirit）」做對比。如後來所證明的那樣，希伯來人的劃分確實不是眞正的劃分；評論《帖撒羅尼迦前書》（1 Thess 5.23）的學者們並不認同 Robinson 對許多註腳的厭惡，不過他們也未能暴露在使用該語言的作家們中「希臘文的」三分法的任何的痕跡：Milligan（1908），77-8 懷疑法利賽人（the Pharisees）。

所妨礙，這知識是我們的教育交付我們的，—— 當他們將柏拉圖的形上學強加在耶穌的比喻（parables of Jesus）時，他們幾乎不知道他們在做什麼；因此，他們可以不但被原諒也被忽略。這個主張背後的真理是：《聖經》的作者們很少思索人的本性，除了說人與神相比較，是微不足道之外；甚至這樣的嚴格的教條主義者，例如，格列高利（Gregory of Nyssa）以及特圖良（Tertullian）都被迫在他們論魂的作品裡從經文轉向到異教徒。因為他們除了從《聖經》之外，沒有著手從其他的源頭裡去探討有關神的真理，這裡我們看到在神學與哲學之間的一個初期的差異，類似於現在神學與科學之間經常被帶出的差異一樣。現在沒有人企圖從《約書亞記》去反駁哥白尼的理論（Copernican theory），同樣地，我們應該實事求是地對待教父的魂的概念，不視之為已經啟示的真理，而是視之為一種「防腐劑」（借用Newman的詞彙），教會用此作為信仰條目的傳譯嚮導。

經文為魂存在的信仰提供某些正當理由，甚至為在這種魂與體之間尖銳的二分法，或者為死後魂的獨立自存的應許提供正當理由。「人格」（person）的同義詞通常是名詞：在《利未記》的法典裡，命令是發給以「魂」之名的屬人的行為者，在《利未記》的法典裡，人被督促去拯救他的魂或者喚醒他的魂，如果以「生命」這個詞來代替使用，我們覺得這個規勸似也無所失。相同地，《約翰福音》的翻譯使得耶穌說：「我捨去我的魂，好再把它取回來」或者「我捨去我的生命，好再把它取回來」，並沒有損害兩者中的任一個意義。[3] 保羅談到裡面的人與外面的人之間、肉體（flesh）與靈（spirit）之間，以及甚至心智（mind）與肉體[4]之間的衝突，但是不曾談論魂（soul）與體（body）或靈之間的衝突，魂的兩個鄰居是在人的複合體裡。的確，

---

[3] 《約翰福音》10.17。
[4] 《哥林多後書》（2 Cor 4.16）；《加拉太書》（Gal 5.17）；《羅馬書》（Rom 7.25）。

除了這一節把這三者會合在帖撒羅尼迦人的祝福裡的經文之外（《帖前書》5.23），使徒是滿足於在魂（psychic）以及靈或者氣息（spiritual or pneumatic）之間的一個簡單的對比，把這些視爲是行爲者的兩個種類（two kinds of agent），而不是實體的兩個範疇（two categories of substance）。在《哥林多後書》5.1裡，當我們地上的帳棚拆毀時，不是我們的魂，而單單是進入到不朽的房屋的「我們」，「不是人手所造的房屋」。這是亞當在他的完全性裡（entirety）── 作爲「活的魂」（as living soul）── 與在《哥林多前書》15.45裡基督在他的完整性裡──作爲叫人活的靈（as lifegiving spirit）── 並列。唯有在基督本人的嘴裡我們聽到魂作爲人性的一個成分從體裡區別開來：他喊著說，他的魂被干擾，在某個比喻（parable）裡把死亡的談論當作是魂向神的呼求，吩咐我們不要害怕那些會毀壞身體的人，而是要害怕那位有能力把魂與身體都拋入到地獄裡的人。因爲這是在《馬太福音》與《路加福音》，而不是在《馬可福音》裡被證實，這種說法被分配到Q-傳統（Q-tradition）上。Q-傳統經常被稱讚爲對耶穌的事工最早的與最眞實的見證之資料來源。倘若如此，我們不能希望藉著把《新約》裡的希伯來文中的希臘文篩去，來證立在「聖經的」人學與早期教會的「希臘化的」或者「柏拉圖式的」增長之間存在一種對反（antithesis）。[5]

如果魂可以陪伴身體到地獄去的話，沒有身體它也可以進入到天堂嗎？所羅門（Somolon）暗示有部分的我們比有朽壞的組合物活得更久，當他寫道在我們死亡時「靈乃歸於賜靈的神」（《傳道書》12.7）。《新約》── 宣稱身體與魂的復活，或者至少有魂的身體的復活── 沒有多說魂在此期間享有它自身的生命。有人或許會論辯道，如

---

[5] 有關在「希臘人」對魂不朽的信念（belief）與「聖經的」復活的信仰（faith）之間的二分法的批評，請參閱巴爾（Barr, 1922），29-45。如巴爾所指出的那樣，希伯來人的思想既是多樣的，又是前進的；因此，在希臘化的猶太人的思想裡的新的元素不只是累贅的東西，而且從新發現和需求的觀點看，對原先的累積必要的增補。

果他沒有這個主張的話，保羅如何可以想像——正如它所顯示的那樣，主再來臨之前的許多年——突然死亡將使他能夠「離世與基督同在一起」（Philippians 1.23）？那位悔過的強盜如何能肯定他死在十字架上的幾個小時內會在天堂與基督同在？「你必不將我的魂撇在陰間裡」，《詩篇》的作者祈求說，「你也不叫你的聖者看見朽壞」（《詩篇》16.8）；如果不是基督的魂下到陰間，而他的身體無瑕疵躺在墳墓裡，他能意指什麼呢？死後的生命的形態是由路加的乞丐與富人的比喻來暗示，這個比喻把死後的住所分配給他們中的每一位，而後者的親屬仍然在地上。或許富人的魂以及像他那樣的人都被送到一個暫時的懲罰的地方陰間（Hades），以等待最後的審判；或許亞伯拉罕的內心，那是拉撒路（Lazarus）居住之處，是某種中庭，在這地方選民的魂被聚集在一起準備進入天國。[6] 這樣的推論蘊含了魂的可分離性，而不是魂的無形體性：特圖良引述他的同宗派者（fellow-sectarians）的夢來證明斯多葛的學說，即魂是單一的身體，然而，甚至愛任紐（Irenaeus）似乎主張身體把它用作爲一個模型（mould）。[7] 歐利根這兩個偉大的先驅主張救贖將在魂學（psychics）與靈學（pneumatics）間做出區別，儘管只有在異端學裡永恆地存在不同的目的地分配到靈與魂裡。

因此，就歐利根的時代而言——根據大家已經知道的釋經的規則，經文的常見之處——體（body）、魂（soul）與靈（spirit）都是人的不同的成分，這是老生常談。對於歐利根他本身而言，這是一個從經文裡被證明的教義和論題旨——最重要的是，在缺乏其他的證據時，從經文中所揭露的，有關死者他們等待最後的審判的情況。從《路加福音》與《詩篇》所舉出以上的文本引述，《與赫拉克雷德斯的對話》乾淨俐落把釘十字架的基督的靈遷徙到神，他的魂遷徙到陰間（Hades），他的

---

[6] 愛任紐，《駁異端》（*Against Heresies*）2.34.1；特圖良，《論魂》（*On the Soul*）55，《駁馬西安》（*Against Marcion*）4.34.11 等。關於特圖良的猶豫，參考 Hill（1992），24-8。

[7] 特圖良，《論魂》9.4；愛任紐，《駁異端》2.33.4。

體遷徙到墳穴。[8]在陰間裡他的魂的工作是去拯救那些先祖的魂，他們情願忍受這種長時期的監禁，不是作為一種懲罰，而是為永生做預備。在歐利根的論恩多的女巫（witch of Endor）這篇惡名昭彰的論文裡，巫婆正是從這個前廳裡召喚撒母耳的鬼魂。這個猜測冒犯了許多人，以及安提阿的埃屋斯大提屋（Eustathius of Antioch），把這個場景解釋為惡魔的錯覺，表現這樣的一種驚訝：歐利根在別處如此沉迷於寓意（allegory），在這個情況他已經無法成功隱藏表面的敘述。[9]在下一章裡這會變得清晰，這不是如此深奧的謎語：歐利根不曾寓意化（allegorized）經上明顯談論到關於魂的事，因為將人的位格（person）字面上做體、魂與靈的區分，是作為他自己將此三重意義歸給文本的許可狀。

　　在克魯熱爾（Henri Crouzel）歐利根「過度咬文嚼字」（excessive literalism）一事，就不是不通情理的；[10]勾爾（Gore）主教在他寫道歐利根的非正統（heterodoxies）「在《聖經》的詮釋上，大部分由於過於小心翼翼的咬文嚼字（literalism）」時，[11]他並沒有落入悖論。沒有比歐利根認為人必須被創造兩次的推理對這個評論有更好的圖解，因為在《創世紀》的前面兩章裡，存在有人的創造的兩個說明。因為第二章記錄著外面的人以及他的配偶的塑造，較早的創造的主題必須是裡面的人，他是與整個的種（species）共同的。因為我們沒有理由去設定多於一個身體，結果當然是裡面的人嚴格上將不會是物質的，因此魂不是如斯多葛主義所認為的那樣的一個身體。[12]因此，歐利根用證據證實他在《論第一原理》（On First Principles）裡具惡名的斷言：理性的存有者本性上是非物體的。正如已陳述的那樣，結論表面上是哲學的；在

8　《與赫拉克雷德斯的對話》7.1-8.17，頁 70-73 Scherer。
9　參考埃屋斯大提屋（Eustathius），《論女巫》（On the Sorceress）12 與 21 對寓意的方法（allegorical method）的批評。
10　克魯熱爾（1988），258-9。
11　勾爾（Gore, 1907），114。
12　《創世紀的講道》1.13，頁 15.8-12 巴倫斯（Baehrens）。

《創世紀的講道》（*Homilies on Genesis*）裡，這是闡釋的產品，一個現代的批判的學者會宣稱這僅僅是表面上忠於文本。不論健全與否，他的註釋把他引領到魂的概念，也就是過去經常被認爲，而現在亦視爲柏拉圖主義者的告白。有關歐利根的著述，從古代到現在，一直以來都以把先存的墮落（pre-existent fall）的概念——這個概念他並不從經文或者教會的普遍傳統取得——歸因於他，來強化對他的非難。

▌歐利根相信魂的先存嗎？[13]

即使克魯熱爾，在其他情況下是一位歐利根的正統論的堅定捍衛者，他承認他服膺柏拉圖關於魂的先存的教導。[14]拉伯特（Jean Laporte）使我們確信他導入魂的先存只是作爲探討的主題，[15]但是說它經常被錯誤解釋，他並沒有否認它的存在。當哈爾（Marguerite Harl）把所接受於歐利根教導要點中的一些錯誤攤在陽光下時，他仍然說，先存的魂的概念是他的神學的「整個核心」（*tout a fait central*）。[16]然而，這裡我希望提出一個較無關緊要的立場：就我的觀點，證據顯示，除了以不是異端的陳跡的形式之外，歐利根從未抱持這個學說，不論是作爲一個假說，或者作爲一個啓迪的神話。

儘管歐利根被控告各式各樣的罪名——，誠如他的支持者所指出的那樣，不是所有的罪名都是彼此一致——他從未因單純主張魂的先存而被譴責。這類的一個指控得到龐飛陸（Pamphilus）的留意，在他的

---

[13] 就先存而言，我的意思是指先於胚胎的受孕的存在。所有第二世紀的基督徒——藉由他們對異教徒對墮胎的容忍的攻擊做審判——相信人類的胎兒在受孕與分娩之間被賦予魂；當歐利根在《路加福音》1.44 裡（《論第一原理》1.7.4）從施洗者約翰在他的母親的子宮裡跳動引出對這點的一個證明時，他可能正是迴避他自己的影子；與 Chadwick（1966），115 所做的那樣，——作爲歐利根極想要從經文去證明非正統立場的樣本，引述這段經文這肯定是帶有目的的。

[14] 克魯熱爾（Crouzel, 1988），160。

[15] 拉伯特（Laporte, 1995），159-61。

[16] 哈爾（Harl, 1993），374。

《爲歐利根辯護》（*Apology for Origen*）裡是，他教導魂從一個容器到另一個接受器的輪迴。誠如我們以下將看到的那樣，這種柏拉圖式的主張，對基督教的論辯者而言，是一個正規的標誌，而且在二世紀時經常被引證作爲異端學說的罪證。在四世紀時，歐利根不是以這個錯誤被指責，而是以一種對身體的諾斯替化的誣蔑被譴責，據說他把身體描述爲因在較高領域犯罪的監獄。這個控訴被證明是更爲牢固，且在六世紀時混合有指涉恢復論（*apokatastasis*）的理論，根據這種理論，我們存在的開始與終了是同一的。學者有時感到訝異，爲何這個指控可以被定義得如此有彈性。

　　一個理由或許是，魂的先存的單純的假說 —— 沒有輪迴的必然結果或者從天上墮落 —— 不是一個異端。大多數擁有任何論魂起源觀點的基督徒相信它直接來自於神的手，甚至在歐利根之後，對一位普世性的基督徒而言這是安全的：推論它享有在其與身體連結之前的某種瞬間的存在，在世代之輪裡這身體已被投向魂。現代學者一般都知道青年奧古斯丁是不觸及柏拉圖主義的，歐空內爾（Robert O'Connell）宣稱在他的魂理論中作了檢視；[17]儘管如此，在一部早期的作品裡，他談論到魂的回歸到其在天上的誕生地。當他在他的《修訂》（*Retractations*）裡反對「回歸」（return）這個詞時，他使讀者確信甚至在他是一位基督徒的幼年時期，他並無意去擁抱柏拉圖的學說，而在他之前，具權威的基督徒都認定魂從天而來。[18]如果這樣的思想連在四世紀時也是可接受的話，我們無法設想第三世紀時會有任何說法反對歐利根在《以弗所書》1.4（Ephesians 1.4）裡對*katabolê*這個詞的雙重的詮釋，儘管一般而言並且合適地把它翻譯爲「創建」（'foundation'），這個名詞由意指「拋」（casting）的字根以及意指「下」（down）的前綴詞所組成。

---

[17] 參考 O'Daly（1983）。

[18] 《駁學者》（*Against the Academics*）2.9.22；《修訂》1.1.3，引述 Cyprian，《論天主的禱告》（*On the Lord's Prayer*）16。

歐利根似乎已推測因而產生的合成物也許意味著不只是宇宙的創造，而且意味著人的魂從天上到地上的降落。希臘文沒有殘存下來，但是這個猜測為耶柔米（Jerome）對《以弗所書》的評論找到它的方式，這個評論他自認更多歸功於歐利根的評論。[19] 如果耶柔米在他的隨後的評述裡無法繼續第二個選擇的話，這是無可懷疑的，因為他感覺到教會的心智剛硬對抗他的導師的大膽的思辨，但是一種意見不能成為異端，僅僅因為一些讀者謹慎小心地對待它。這一點對耶柔米而言不是這樣的一個大張旗鼓的異端，以至於讓他感覺到有必要全部去除它，而我們沒有理由去思考在歐利根的評論裡發現到有關由於魂在它進入身體之前犯罪的事情，或者它從一個身體到另一個身體的轉移的歷史。耶柔米他自己無意於去思考魂的起源，而當奧古斯丁問他有關他對物質的意見時，他在回應中說得一點也不切題。[20]

因為論證總是從無爭議的前提開始，似乎從這些原始資料去引述《以弗所書》的評論比從盧非努斯（Rufinus）的《論第一原理》的拉丁文翻譯去引證同樣的段落更好。[21] 盧非努斯招致現代讀者的合理懷疑，儘管這一章的一個目的是去顯示：比起依賴遍布在《論第一原理》的現代版本的那些從其他出處而來的丟臉證明，我們依賴他的作品是較沒有疑慮的。因為它們是從許多較晚的原始資料裡挑選出來的，這些插入的字句不總是與盧非努斯的拉丁文完全相符。盧非努斯的拉丁文是這部偉大作品我們僅有的現存版本。然而，這些插入的字句一般被認為是希臘文段落的抄本或翻譯，也就是說，盧非努斯，根據他自己的原則，太小心謹慎以致不能精準地翻譯。因此，在現在的研究裡它們經常作為

---

[19] 耶柔米，《論以弗所書》，頁 555-6 Migne。有關出自於耶柔米對歐利根的評論的再解釋，參考 Heine（2000）。

[20] 我們肯定聽說過沒有這樣的一回事情：在《論第一原理》3.5.4，頁 275.15 克特蕭裡 *katabolê* 這個詞被注解為「從較高到較低的下降」，被應用到太陽不情願地在可見的穹蒼中逗留。奧古斯丁在耶柔米，書信（Letter）131.7 裡記載了他的困惑。

[21] 《論第一原理》3.5.4，頁 273-5 克特蕭。

對翻譯者的可靠性的測試 ── 彷彿當偷渡者已經被允許在甲板上自由行動時，他會開始在合法乘客的客艙中尋找陌生人那樣。

最惡名昭彰之一，克特蕭（Koetschau）的斷簡15 ── 他所彙編以及從許多較晚的原始資料裡所證實的 ── ，是對這樣的主張的一個證據測試，即，歐利根追溯魂與身體的聯合直至原罪：

> 很久之前，所有事物都是純淨的心智（*noes katharoi*），精靈、魂與天使，服事神以及執行他的意志。但是它們當中有一個是魔鬼，他藉由抵擋神來操作他的自由意志，神把他逐出。然而，所有其他的能力跟隨著他脫離，那些犯最多罪的變成為精靈，那些犯較少罪的變成為天使，那些更加不犯罪的成為天使長……而沒有犯罪的魂就落在後頭，它們與其說犯了罪，勿寧說變成精靈，或者是輕微犯罪變成天使。因此，神創作了現在這個世界，並把魂綁在身體上作為懲罰。（《論第一原理》，頁 96 克特蕭）

克特蕭在他把這段斷簡放在文本裡（1.8.1）的這點上，沒有從盧非努斯的拉丁文裡提供任何等值的東西。盧非努斯是一位謹慎的翻譯者，而不是一位不誠實的翻譯者，一般而言，他的譯文顯示許多錯誤的痕跡，這些錯誤被他的詆毀者歸咎於歐利根的說明。在前一章裡，他的確讓歐利根這樣說：天使按照距離 ── 他們有意地把這個距離放在自己與神之間 ── 接受不同的命運；查士丁尼（Justinian）認為這個意見是非正統的，在希臘文的版本裡它大大值得保留，因此，這個意見確認拉丁文版本的精確性，在拉丁文版本裡沒有提到人的魂。[22] 如果我們把魂當為人類的魂的話，那麼與其餘的歐利根的教導，有一個明顯的不一致性。如果我們的魂自然地都是屬於中間的級別的話，我們的身體將是比那些精

---

[22] 《論第一原理》1.6.2，頁 81 克特蕭。

靈的身體更輕薄,正如它們是比天使的身體更厚實;事實上,使徒透露
而歐利根確定,這些空氣般行走在不可見的惡魔擁有比我們的身體更細
薄的身體。[23] 無論如何,我們不需要這些反常事物去告訴我們,伊皮凡
尼武斯(Epiphanius)是易於犯錯的,而且,因爲他是相當有能力把另
一個完全與他生疏的人的意見歸諸於某位作者,我們可以完全拒絕對他
的相信。然而,瀏覽一下希臘哲學當代的一些趨勢,顯示我們不需要走
得太遠。

我們在上一章已留意到有關歐利根的出生的時間,一連串晦澀的
詩節被用作是一位產婆以便一個理智的傳統的誕生。這個傳統之父——
現在被稱爲新柏拉圖主義——是普羅丁,他的學生波菲利由於個人的遭
遇以及透過他的作品認識了歐利根。對它們的讀者而言,這些詩節本
身被看作是《迦勒底亞神諭》(*Chaldaean Oracles*),或者單純地被
看作「神諭」(oracles),而且這些詩節包含有向神祇(這些神祇居住
在俗世的世界與其難以形容的第一因之間的空間裡)呼求、請願與強求
所精心設計的許多規則。[24] 這些都是諸神、天使長、天使、精靈、執政
官、英雄與魂,誠如楊布里庫斯(Iamblichus)之後的晚期新柏拉圖主
義者所列舉的。[25] 就一般的說明而言,一位英雄是一個人,他的行爲使
他享有死後受到崇敬的權利,而一個半神是一個神從一個凡人女子所生
的後裔。普羅克洛(Proclus)堅持他的這部分:像赫拉克勒斯(Hera-

---

[23] 《以弗所書》6.12;《論第一原理》1,序言 9,頁 15.17 克特蕭。波菲利,《論禁慾》(*On Absti-nence*)2.39-41 把一個相似的稀薄化的靈(spirit, *pneuma*)歸因於精靈(daemons),如果只是因為他容許有某些的精靈是邪惡的話,這位作者的精靈學(daemonology)不是典型的柏拉圖主義式的。古代英雄的魂在「披戴著的薄霧」中行走大地的觀念可以追溯回到古老的詩人赫西奧德(Hesiod),而這些已逝的魂已經為折衷的普魯塔克(Plutarch)組成一類的邪靈:參考 Brenk(1977)。

[24] 參考前面那章論述《迦勒底亞神諭》的神學;有關它們對新柏拉圖主義者,請參考迪倫(Dillon, 1992)。

[25] 參考楊布里庫斯,《論奧祕》(*On the Mysteries*)2.3-5(頁 70-79 Parthey),附有 Cremer(1969),38 的註解。

cles）那樣著名的人都是與超人的存有者（他們借用這個名稱）同名異義的（homonymous），而不是同一的；[26] 如果半神與《神諭》裡的英雄不曾與他們的同名搞混，他會感覺到沒有需要這樣的一個警告。

伊皮凡尼武斯所發現到的東西，不論他在哪裡發現到它，是指涉到這個中間類存有者，他用他僅有的基督教的與通俗的教育太輕易把它們誤認爲人的魂，這是可能的。是否他意譯歐利根或者不同的原始資料，我們不能確定這點，但是歐利根肯定熟悉巫術的某些操作而沒有否認它們可以是靈驗的。[27] 我們不需要假定他已經讀過《迦勒底亞神諭》，因爲相似的儀式與規定在他的亞歷山大的前輩華倫提努斯（Valentinus）的學派中，已經習慣在神學與魔法之間來達成聯婚。像這樣的一個異端，它把自己的那一份奉獻給「埃及人的寶藏」，歐利根認爲這是詮釋者去搜查的義務。[28]

我們後來得知太陽、月亮及所有的天體因具體化而自負，至此它們都僅僅是魂，後來它們在神的眼中不再純淨。[29] 然而，十分清晰的是，它們沒有由於先前的罪的緣故而被迫行苦差事，但是爲它們的受造物同夥的好，儘管它們懷憂而爲，卻是甘心樂意如此做的，正如保羅不選擇離世與基督同在，而是留在監獄裡服事他的羊群。[30] 至少對這些精美的存有者而言，不潔淨在身體裡是來自生命的伴隨物，而不是生命的原

---

[26] 普羅克洛，《論克拉提路斯》（*On the Cratylus*）81，頁 38.15-21 Romano。

[27] 例如參考《駁瑟蘇斯》（*Against Celsus*）6.39，頁 107.30-109.5，克特蕭。

[28] 參考在《愛美集》（*Philokalia*）13 裡致 Gregory Thaumaturgus 的書信。

[29] 《論第一原理》1.7.2，頁 87.14-15，克特蕭（Koetschau）；比較 1.7.5，頁 91.13 以及 2.9.7，頁 171.15-20。我沒有看到 Scott（1991），147 證明歐利根曾經心存這個觀點：天體是「爲先前存在的惡習做懺悔的罪人」。在頁 139 裡他舉出的這些段落──即使它們兩者都出自於歐利根──對我而言似乎是在《聖經》中關聯到特定星體的詮釋，宛如迂迴地指向墮落的天使，所以與真實的星體的情況無關。

[30] 《論第一原理》1.7.5，頁 93，克特蕭，引述《腓力比書》（Phil.）1.23-4。

因：[31] 神把美德置於這種阻礙之下的目的，在屬人的受造物裡關係到神的圖像或者相似性方面，在本章會加以思慮。我們下一個工作是去考慮，是否選擇進入到某個總是自由的身體裡的是一個有罪的身體，它在存有者中比起天體，是較不高升的。[32] 以下的段落，沒有被保留在希臘文裡或者被壓制在拉丁文裡，經常說成是描繪從非物體墜落到身體的情況：

> 所以，一旦父、子與聖靈的永不懈息的工作開始透過一個接著一個的每個的熟練的程級引導我們，我們可以在任何時刻，艱苦地把我們的雙眼定睛在聖潔的與有福的生命上。在此之中，經過無數的考驗之後，在可能達成它時，我們應當仍然是如此堅定不移的，以致以這種善的不飽足感臨到我們……然而，如果在某時刻，飽足感臨到那些已到達最高的與完滿的程級的某人的話，我不相信他遭受某種突然的空虛與墜落，而是他將必然分階段逐漸地墜落。（《論第一原理》1.3.8；頁 82-3 克特蕭）

無疑地，這裡魂的叛逆的原因是厭倦感或者飽足感，而這在希臘文極可能是 *koros* 一詞。但是，是否有任何證據顯示，這種反常現象出現在一個較高的領域裡呢？[33] 據說在首次判決裡的一切似乎涉及到在地上魂的

---

[31] 尤其參考《利未記講道》（*HomLev*）8.3；頁 396。巴倫斯論述汙穢（*sordes*）在出生時被沾染，透過嬰兒洗被潔淨。關於身體化的良性的目的參考以下。

[32] 只有這些體（bodies）歐利根說它們是球形的：《論禱告》31.3，頁 397.5-6，克特蕭。他把這點視為是它們的完滿的記號，或許這個導致 553 年的大公會議的指控——他把某個球形體分配給所有的聖人——的共同的（以及精確的）信念是一個誤解。在古代的世界裡，太陽與月亮擁有魂是一個共同的觀點，而這是由歐利根以獨特的文風（characteristic literalism）從經文中講給他們的勸誡推斷出來的：《論禱告》7.1，頁 315.27-316.3，克特蕭。

[33] Gasparri（1987），67 指出只有伊皮凡尼武斯（《駁異端》〔*Panarion*〕64.4）以及亞歷山大城的提阿非羅（Theophilus of Alexandria）（耶柔米，書信 96.17）證實了這個學說：魂它在它的離體狀態下感覺到對神的愛的冷淡之後，是下降的心智或者睿智（*nous*）。這個學說在 553 年的君士坦丁堡公會議（Council of Constantinople）裡被譴責，但不是以歐利根的名義。

審判，而此時魂試著堅持信仰的生活。歐利根繼續說：

> 但是我們可以闡明那些在行為上較疏忽的人的墮落或過失，使用某個例子作為明喻（simile），這似乎並不荒謬。因此，假設有人逐漸地充滿，（例如）幾何學或醫學的技能或技藝，並按部就班往完美前進，然而，如果他的運作失去了他們的誠信，以及努力被忽略，那麼事物由於忽略的緣故就會逐漸從他那裡溜走——開始時會有一些事物消失，接著會有更多。（《論第一原理》1.4.1：頁63克特蕭）

最後的判決指出，魂透過現在生活中的悔改可以恢復其真實狀況，如果它的祝福對脫離形體的情況是獨特的，這簡直不是可設想的。[34]點頭的技藝家的比喻（parable）似乎已在亞里斯多德的《尼可馬克倫理學》（*Nicomachean Ethics*）的某個段落裡發現到，希望如我已在其他地方裡所呈現的那樣，[35]在年輕的歐利根的學習的課程裡，亞里斯多德至少很可能像柏拉圖那樣明顯。亞里斯多德的明喻與魂先存的愚蠢想法沒有關聯，反而說明目前理性行為者使用道德準則的失敗。自然與教育是充滿了這些道德準則。這位斯達吉拉人（the Stagirite，譯註：即亞里斯多德）沒有在任何地方談論心智與身體結合之前的心智之存在，儘管他與許多基督徒有著共同的懷疑，即，我們應把它出現在我們裡面較多歸

---

[34] 這可能是值得注意的，在《論第一原理》3.4.3，頁268.4-5，克特蕭（只在拉丁文裡）裡，*koros*或者「物質的玷汙」的飽足感似乎是魂轉變到對屬天的欲求與對屬靈的事物的欲求的原因。同樣地，在《論禱告》29.13，頁388.9，克特蕭裡，*koros* 是悔改與重生的機緣，不是罪的機緣。

[35] 參考亞里斯多德，《倫理學》（*Ethics*）1147a10-1147b18 論述一個知道對錯而卻故意為惡的人的酒醉狀態或者遺忘狀態；1150b29 論述悔改的可能性。反之，亞里斯多德認為：我們成為有德性的人是藉由做出有德性的行為，而不是藉由理性推理（ratiocination）。同樣，歐利根也在《論第一原理》3.1 這麼做，參考上一章以及 Edwards（1993）談論這個可能性：在波菲利的《普羅丁的生平》20-21 裡朗吉努斯（Longinus）稱讚歐利根是漫步學派阿摩尼烏斯（Ammonius）的學生。

之於神的某種特別作爲，而非再生的輪迴（cycle of reproduction）。[36]

　　或許歐利根僅僅暗指有肉身的生命中美德的敗壞；同時，把柏拉圖的異端歸因於他的那些對手，可以被宣告沒有任何欺騙的意圖。在他們的時代，沒有傀儡，而是有一個強有力的哲學，將飽足（koros）或飽滿（repletion）假定爲存有者較低層面的心智變異的原因。回應柏拉圖的Kronos的聖名是源自於koros此名，[37]普羅丁認爲最高的原理可以屈從於這個世界的次序而仍保持完美無瑕：

> 在這個原理上，我們這裡有魂（Soul）（連續地）居住在它裡面，並且再次充滿理性—原理（reason-principles）以至飽足……包含在魂裡的輝煌被認為一如宙斯的花園（在《饗宴》203b5-6）；而 Poros 睡臥在這花園裡就等於是滿足於以及快樂於它的產物。（《九章集》〔Enneads〕3.5.9. Mackenna 英譯）

普羅丁在描述來自於睿智（Nous，譯註：即心智）的超驗的魂（Soul）的行進，而 koros 這個字意指合意事物的一種超越限制的富足。另一方面，在斐羅（Philo）裡，降落的魂是個別的魂，此時魂已經在身體裡；它經驗到飽足（koros），因爲它不是被理智（intellectual），而是被感官嗜好所充滿；而其結果是較高的要素被較低的要素所敗壞，不是（正如在普羅丁裡那樣）較低者接受較高者的美德。[38]在一個仔細的檢視裡，哈爾（Harl）發現到歐利根在他整個的作品裡保留斐羅的飽足（koros）的意義，在他的作品裡它總是意味著或者對惡的疏忽，或者

---

[36] 有關神性與睿智的外來的起源，參考《論魂》408b28-29，Kahn（1992），尤其 362-7。

[37] 《克拉提路斯》（Cratylus）296b；比較《政治家》（Politicus）271-2。

[38] 哈爾（Harl, 1963），387-93。Chadwick（1966），84 認為：歐利根從斐羅那裡吸收了他對魂的墮落的信念；為了說明在斐羅裡這個題旨的一再出現，他引述《誰是神聖事物的繼承者》（Who is the Heir of Divine Things?）240 以及六個其他的段落，頁 151 註腳 34。

對惡的飽足；[39]因此，這似乎──不只是在這個場合而已，正如我們將在下面所看到的那樣──在公元 553 年的大公會議譴責他，不是因為異端，而是因為一個字詞。

▌插曲：基督的魂的先存

　　不管哪一個魂觀點為歐利根之後的正統基督徒所接納，權威人士一致取消任何這樣的觀點：在他從馬利亞裡出生之前，道（Logos）自身已經把與人性結合，禮拜儀式、教條與佈道現在同意稱呼馬利亞命名為「神的母親」。阿坦納西屋斯（Athanasius）在他的《致艾皮德特斯的書信》（*Letter to Epictetus*）裡感覺有義務去反駁道在天上取得肉體這種異端，而一個相似的見解被他的憤慨的批評者歸於阿波里納里烏斯（Apollinarius）。似乎在古代沒有一位歐利根的惡意批評者質疑他繼續阿波里納里烏斯的錯誤，[40]但是現代的翻譯者至少使得他去肯定有裡面的人的先存，當他們把以下的話用來指基督的魂從世界的創造就醉心於道：

> 由於自由意志的能力，考慮到每個魂都隨著多樣性與差異性，以致有人為火烈的愛所焚燒，另一個人則以較微弱以及較不穩定的愛朝向創造者，基督論及魂說「沒有人從我這把我的魂取走」（《約翰福音》10.18），那個魂從創造之初（*ab initio creaturae*）就不離不棄地牢牢聯繫於他，此後……最初就與他聯合成為「一靈」。

---

[39]　哈爾（1963），393-4，引述《論禱告》（*On Prayer*）29.13（在這裡，很清楚地，歐利根指的是屬地的犯行），《愛美集》27.4（論《出埃及記》）以及《駁瑟蘇斯》5.29 與 5.32。

[40]　耶柔米，書信 124.6，給 Avitus 寫道，「沒有其他下降到人的身體裡的魂展現出一個純粹的與血緣相似的印象，這印象除了救主所談到的之外，起先就已經在它之中存在，等等」。甚至，這沒有蘊含著：魂之間的差異在它們降臨之前是很明顯的；當有人在盧非努斯裡把這個句子的長度與其對應部分做比較時，藉著他的這個評論：「盧非努斯縮短了」（*Rufin hat gekürzt*）（頁 142，註），這也不容易看到克特蕭意謂的是什麼。

（《論第一原理》2.6.4；頁 142 克特蕭，引述《哥林多前書》6.17）

巴特沃斯（Butterworth）使用 *ab initio creaturae* 意指「從創造之初」。如此解釋，這個段落賦予魂幾個世紀的生命，在它初次取得身體之前，且暗示著這是一個審判的時期。應該注意的是，這些學說沒有一個是柏拉圖的學說，因為，《美諾》（*Meno*）裡說，魂在目前這個生命之前，已經經歷過無數次的生命，而《費德羅斯》（*Phaedrus*）對於最初的墮落提供神話學的原因，而不是一個道德的原因。[41] 這些問題無足輕重，除非我們可以證明歐利根自己支持其中之一的學說；那些人是沒有論證就認為他無法注意到拉丁文 *ab initio creaturae* 的歧異 —— 它可以指「從創造之初」或者「從他的創造之初」。希臘文，如果它是 *ap' arkhês tês katabolês*，一樣是語意含糊的，翻譯為「從他的創造之初」是明顯與有關魂的起源之正統的信仰相符合的。

▍先存的魂：是否《論第一原理》與其自身相矛盾呢？

　　至目前為止，檢視過的證據強化在我們的《論第一原理》的文本裡某個段落，正如盧非努斯所翻譯的那樣，歐利根懷疑魂或其他的受造物沒有物質（matter）的圍繞的外殼而能夠維持他們自己：

> 如果任何人認為在這個質料的「終結」裡，也就是物體的終結裡，自然絕對會毀滅，照我的想法，完全不可能去想像如此規模的諸多的實體如何可以作用，以及可以沒有身體而潛存（subsist）。當只有神 —— 即，父、子與聖靈 —— 是屬於這樣特殊的本性，它的存在

---

[41] 《美諾》81b-d 引述品達（Pindar）；《費德羅斯》248c 暗指恩培都克勒（Empedocles），斷簡 115 DK。比較普羅丁，《九章集》4.8.1 以及阿爾基努斯（Alcinous），《教導》（*Didascalicus*）28 論述柏拉圖與他的追隨者把多種原因歸諸人的出身。

可以在沒有任何質料的實體（material substance）與在完全缺乏任何物體性的附屬品裡被設想。（《論第一原理》1.6.4：頁85克特蕭）

歐利根的推理不被他勉強接受亞里斯多德的物質的觀念所削弱。根據這點，原初物質是眾特性的基底（substrate of the properties），這些特性把原初物質結合起來構成感性的個別物：另一方面，歐利根準備思考（或許是第一次去捍衛）「相論者」的理論（'idealist' theory），即，物質僅由特性本身（properties themselves）所構成，除此之外就沒有其他的了（《論第一原理》4.4.7：頁357-8，克特蕭）。作爲一位基督徒，他有責任否認物質的永恆性，甚至物質（matter）先於質料（material）的優先性，《蒂邁歐》（Timaeus）的詮釋者把這兩者歸於柏拉圖。但是是否他把物質視爲特性的基底或者視爲特性的合成體（as a substrate or as a congeries of properties），很清楚地，歐利根在神的三層統一性裡的諸多屬性（the attributes of God in his threefold unity），與個別化他的意志的產品的諸多屬性之間劃上了一道尖銳區分。

對歐利根而言，精靈與天使的壽命在他的《論第一原理》的序言裡是沒有困難，他主張，對這些非肉身的存有者的描述，是有關形容詞的流行濫用（頁15，克特蕭）。天使擁有飄逸的身體，精靈擁有空氣的身體，比起我們自己的身體，這兩者都是較輕盈的且較不可見的，但它們仍然都還是身體。這似乎較難以去否定這種不一致性，當他開始對墜落的天使做說明時，他說，他們有過一時在他們的創作者不斷的沉思裡，曾經都是作爲純粹的理智（noes katharoi, pure intellects，譯註：即純粹心智）生活著。我們或可嘗試以否定這個報導的眞實性以挽救許多表象（appearances），但在類似的段落裡，我們所能做的——剛引過的出現在那一章的段落內——，是否歐利根在此以一個短語刻畫人性，這短語似乎不僅排除擁有一個身體，也排除擁有所有現象的性質（all phenomenal qualities）？他說，不論我們變成什麼樣的東西，我

們實質上是非身體的存有者（incorporeal beings），而且，我們可以推論出，當我們來自於神的手時，那就是我們的本質：「所有的魂，以及所有有理性的被造物都是被製造或者被創造的，不論它們是神聖的，還是一無是處，就他們的本性，他們都是非身體的，甚至在這一方面，他們是非身體的，他們仍然是被創造的」（《論第一原理》1.7.1；頁86克特蕭）。

在提出非身體物（incorporeal）與非質料物（immaterial）之間的區別時，我們無法逃避這樣的一個矛盾。然而，某些物體——例如，幾何學形狀——可以缺乏物質，存在的物質沒有被形塑成物體，這在歐利根的世界裡以及在亞里斯多德的世界裡一樣是不可能的。[42] 因此，如果我們曾經是非身體的，我們也是非質料的；這個推論強化來自於其他原始資料的證據，就是，歐利根所贊成的我們都是純粹的理智（*noes katharoi*, pure intellects）原初狀況。然而，這是這樣的情況：對希臘哲學的訴求，可能是在正統教會的法庭上解除而非控訴被告。如果允許我們以當代柏拉圖主義者的前提提供歐利根的話，他的陳述不僅可以與彼此相和諧，而且與教會的教導和諧。

在歐利根的時代，主張裡面的人、心智（mind）或者魂（soul）是真正的自己（the proper self），它沒有把脫離身體的存在能力歸因於它。例如，亞里斯多德鞭策我們追求沉思，因為心智才是我們真實的本質，[43] 然而，每個的本性是由形式與物質組成的這個前提，不許他去贊成柏拉圖的可分離魂的觀念。歐利根是生活在甚至柏拉圖主義者也開始

---

[42] 參考《論第一原理》4.4.7-8（頁 357-9，克特蕭），歐利根竭力主張物質（matter）沒有性質（qualities）不能存在，在這裡他繼續主張除了性質之外，是一無所有，他宣稱，不論它是什麼，它是來自神的創造，他並且以這樣的思辨結論：在《以諾書》裡，缺乏性質的物質是被稱為「不完滿的」（'imperfect'）這一類。

[43] 亞里斯多德，《尼可馬克倫理學》（*Nicomachean Ethics*）1178a；參照，奧古斯丁，《論摩尼教的支持者的方式》（*On the Ways of the Manichees*）2.52；尼撒的格列高利（Gregory of Nyssa），《造人》（*Making of Man*）16 論述普遍的人性（即，理智）作為神的真實的圖像。

懷疑長久分離的可能性的時代。普羅丁、波菲利與楊布里庫斯是生在與歐利根同一個時期最傑出的柏拉圖主義者，他們都宣稱，嚴格上來說，人類談論的不是複合體（*sunamphoteron*, composite），而是魂，普羅丁清楚地主張，魂與身體斷絕關係之後，它獨自潛存（subsists）一段時間；然而他也主張，在自然的過程中，每個魂都必然會返回並占有另一個身體。[44]波菲利甚至否定魂這種簡短與間隙性的自由。他主張魂攜帶著由其感官經驗所產生的殘餘身體。[45]這也許是他為較低的魂保留這個器具（apparatus），但是他的學生以及偶爾評論者楊布里庫斯卻假定較高的魂與較低的魂有不同的基底（substrates），並論證後者至少是永不分離的。[46]普羅克洛，較晚在150年的作品裡，精緻化楊布里庫斯的教導，仍然主張較低的魂不可以拋棄它薄弱的身體，總是力辯複合體（*sunamphoteron*）不等於人。

在這段時期之間，理性的存有者與神同在，作為一個純粹的理智（*nous katharos*, pure intellect），因此，這段時期不是一個它完全沒有身體的時期，因為沒有人（根據歐利根）可以維持這種狀態，除了神聖的三位一體的位格之外。然而，這是一個非身體的本性沒有因夥伴出現而受到玷汙的時期，以及在這個時期，使用「心智」（mind）這個詞彙作為整個行為者的指稱並沒有誤導。如果完全的非身體性是如此的與時脫離，那麼就得出，可以存在有純粹理智性的非永恆性的領域——至少不是滿堂賓客的領域——一般據稱是為了接受永恆的道由歐利根所設定出來的。許多書籍告訴我們，這個睿智的宇宙（*kosmos noêtos*）——我們自己世界的非質料的初型（immaterial archetype）——為沒有身體

---

[44] 參考 Alt（1993），222-34。

[45] 參考波菲利，《論冥河》（*On the Styx*）以及《致高盧思》（*To Gaurus*）；Deuse（1983），213-30。比較阿爾基努斯，《教導》16，頁 172.11-19 Hermann，呼應柏拉圖在《蒂邁歐》（*Timaeus*）42c 裡論述魂的增添。

[46] Finamore (1985), 17-27.

的心智即理體（logikoi）所棲居，理體與創造了它們的道同始終，道與其友朋相伴同在，除了當罪使它們轉而陷入到目前的世界，或者，陷入到之前無數世界中的一個裡。然而，這樣的說明為明顯的錯誤，以及為作者已知信念的矛盾所嚴重毀壞。有一件事情，歐利根沒有在任何地方談到在現今這世界之前的無限系列世界，儘管他推斷出有世界必須已經存在，因為這個世界在我們的世界還不足為我們所知，以便去證實所羅門的這個格言：「太陽底下沒有新的事情」。[47]其次，他的詞彙，對於直接出自於神的手的理性的實體而言，是複數中性的理體（logika），不是複數陽性詞的理體（logikoi）；後者出現最頻繁，在他的《評論約翰福音》（Commentary on John）裡，正如地上聖徒的稱謂那樣，他們已經生活在與道親密的團契之中。[48]第三，在他的《論第一原理》裡，歐利根形式上否定不同於我們的世界的存在，以及由希臘哲學的眾相或者理智的相所構成的世界的存在。[49]最後，歐利根有時模仿使徒對「宇宙」（kosmos）的使用，去意指人類，而不是整個的自然、秩序：他謹慎地採用慣用語「睿智的宇宙」（kosmos noêtos），而只在一個實例裡，它清楚指謂一個優越於人的理智的非身體的世界。在其他的段落裡，則充塞著由瑟蘇斯所引述柏拉圖的文本的回響，「睿智的宇宙」似乎是重生的心智，是被「那照亮每個人的那道光」所點亮（以約翰的詞彙，不是以柏拉圖的詞彙）。[50]

---

[47] 《論第一原理》3.5.3；頁 273，克特蕭。但在 1.3.5（頁 68）這點被注釋為在神的心智裡（in the mind of God）關聯到現今世界的預表與預成（prefiguration and preformation）——很清楚地，這是一個斐羅的道（Philonic logos），不是一個柏拉圖的相的領域。父神總是必須已擁有一個祂操作祂的善意的對象的這個論證，在 1.4.3 裡暫時被抬高，而且馬上藉著反思祂永恆地是子神的父而被拆除。

[48] 因此，在《評論約翰福音》（CommJoh）2.16.114，頁 73.13-14 Preuschen，分有道的聖徒被稱為是一位真正擁有理體（logikos）的人。在 2.10.76，頁 65.25 據說聖靈是藉著分有道的基體（hypostasis）的理體（logikos）。

[49] 《論第一原理》（Princ.）2.3.6，頁 122，克特蕭。

[50] 《評論約翰福音》19.146，頁 323.34 Preuschen，在《以弗所書》4.10 把基督的上升到諸天之上解

　　有可能他先行考慮到他的亞歷山大城的夥伴普羅丁的這個觀點：「睿智的宇宙」是不受束縛的心智（untrammelled mind），不再被迫去沉思一個外在的世界，而是在其自身完善的有限性裡欣然接受感覺到的每個對象，除了那位超越一切（all-transcendent Father）的父之外。他暗示這樣的一個理論，他論證到，透過所有過去經驗的魂所做的同時性更新，標誌救贖的終點的「刹那」改變會發生，使魂能夠在一覽無遺的回憶中蒐集過去生命的整體。[51]歐利根明顯不同於普羅丁的有兩方面：第一，因爲他把自我批判視爲往天堂之門，他假定記憶的複現，而哲學家主張它會消亡，成爲無時間性的意識。[52]其次，他論證唯有單一的生命可以被回憶，然而普羅丁假定一系列的體現，把持續性以及或許形式的同一性，而不是把我們所謂的人格性（personality）歸之於魂。

魂的朝聖

　　在所有針對歐利根所做的彼此互異的指控裡，就目前爲止，最頑強的控告（以及在他的逼迫者的眼裡是最兇惡的）是他教導魂的轉生。這個理論──魂透過從一個身體到另一個身體使用它無止盡的生命──對基督教的論戰者（polemicists）而言是一個容易的起點，然而在晚期的羅馬世界裡，它仍然是柏拉圖主義的一個共同的與獨特的信條。如果我們希望去質疑其他基督徒的正統性（orthodoxy）的話，以這個學說烙印在他們身上總是充分的，對於這個學說，沒有任何論證可以從經文中被提出來。許多的異端學說者（heresiologists）頻繁地訴諸這個主張，

釋為一種「奧祕的」，而不是一種「時下的」（'topical'）的翻譯；《駁瑟蘇斯》（Cels.）6.5，頁 74.27-75.1，克特蕭，把《約翰福音》1.9 蓋在柏拉圖的《第七封書信》341c-d 上面。進一步參考 Runia（1999）。

51　參考努美尼烏斯（Numenius）斷簡 42；歐利根，《論路加福音的斷簡》228 包爾（Bauer），引述《哥林多前書》4.14。

52　參考《九章集》4.4.1 論述地上的記憶的消散；5.8.11-13 論述自我知識（self-knowledge）作為魂與永恆的美的融合，因而與神的融合。

在被指控者的作品裡，這種發生率只是少數可以證實的證據與之符合。

　　古代世界知道有三種差異的轉生，論戰者並沒有仔細地把這種差異區別開來。就我們的部分而言，我們必須加以區別它們，因為當歐利根合理懷疑某種轉生主張時，他肯定是不主張它們全部。

（一）從人到動物的身體，以及相反方向

　　描述　這個觀念把一個畢達哥拉斯的色彩提供給柏拉圖在《理想國》（620a）與《蒂邁歐》（91d-92b）的神話。很少學者是如此大膽，以至於去否定普羅丁是在字面上理解它，[53] 但是在他的追隨者之中的這個趨勢，或者從波菲利開始，[54] 是把它視為一個寓意（allegory），在這寓意裡，人的形式的失喪是在魂裡的一個衰敗的象徵。

　　是否這可以歸之於歐利根　歐利根的敵人熱切地要去定罪他主張人的魂進入到動物的身體裡，因為沒有其他的教理是如此貶抑神的圖像，是如此明顯衝擊到基督教的邏輯。如果神決定了到動物的遷移，那麼祂就已判決魂受到懲罰，而沒有留給他們理智（intelligence）去理解它的原因；在未來的生命裡也沒有任何釋放的機會，除非我們給畜生能力去做應受懲罰或獎賞的行為。歐利根本人是最先施展這些論證中的一個，如果我們可以信任盧非努斯《評論羅馬書》（Commentary on Romans）的版本的話。保羅宣稱當他還是幼兒時有人教他律法，罪在他裡面「又活了」（revived），如此，律法蘊含他已經犯了罪。歐利根的神學沒有贊同罪疚是從我們的祖先裡繼承來的，他是預備好去接受巴西里德斯（Basilides）的這個觀點，就是，較早的罪是在先前的身體裡犯下的。[55] 他反對他的異端前輩，竭力主張相同的推理將不允許使徒

---

[53] Rich（1957）一般上被視為是最完整可靠的。

[54] 如果我們可以信任奧古斯丁的《上帝之城》12.27.9-10（斷簡 300a Smith）。斷簡 268 是有歧異的，但是我把 49-63 的段落意指為魂永續，不是獸的生命，而是在一個人類的住所裡的一個野蠻生命。

[55] Bianchi（1987）捍衛這個把題旨歸因於巴西里德斯，在《評論羅馬書》裡，巴西里德斯沒有被

住在野獸的身體上：

> 如果說罪在魂裡又活了的話，這些人如何把轉生（*metensomatosis*）的學說應用到使徒的談話裡，他在這談話裡說：「我以前沒有律法是活著的」〔《羅馬書》7.9〕，把人的魂曾有過畜生、鳥或者魚裡的這種教導歸之於使徒，使得使徒說，我以前沒有律法是活著的，彷彿在進入到這個人的身體之前，他已經活在（例如）鳥或者動物的範疇裡，在這些動物之中是沒有律法的嗎？一個又活了的人已經活過了，這是肯定的；因此，似乎魂永遠不能存在或者活在那個範疇裡，在這範疇裡，因為沒有律法，可以是沒有罪的。（《評論羅馬書》7.8，第二冊，頁 502-3 Bammel）

當然，人們也許會猜想，盧非努斯的介入把最危險的陳述從這個段落裡移走。[56] 我們也不可以排除他篡改在《論第一原理》裡出色的討論的可能性，在《論第一原理》的討論裡，歐利根以《聖經》來支持野獸擁有人的魂這個假設。因為，他極力主張，唯有理性的行為可以受到獎懲，將犯有淫合的獸處死怎麼會是公正的？正如在《利未記》20.16 裡的誡命那樣，除非牠的魂是與我們同類的。儘管如此，沒有回覆他的論證，他做出結論（在拉丁文本裡）：我們不應該主張某種在教會裡得到很少贊同的學說：

> 然而，對我們而言，不要讓這些陳述成為學說，而是讓它們為討論而陳說，接著就丟棄掉。陳說它們的唯一的理由是，它可能不像某個問題沒有討論就已被提出作為議案了。然而，當這乖張的學說在

列在這裡。

[56] 至少這是清楚的，歐利根在《駁瑟蘇斯》7.32 裡責備轉生的學說，在這裡他否定基督教的重生的希望奠基在它之上。

其適當地點與時間上被反駁以及被禁止時，我們將以什麼樣的方式
說明這些文本，也就是從可以加以詮釋的聖經裡所產生的文本。
（《論第一原理》1.8.4；頁 105.11-16 克特蕭）

這種退卻不是非典型的歐利根，但是兩者之中沒有一個是先於它的推
論，我們可以輕易意識到哪一個是更可能是盧非努斯的捏造。龐飛陸
與優色比烏斯（Eusebius）會是獨立的見證者，如果他們對歐利根的共
同捍衛殘留在原件的話；事實上，對於龐飛陸回應那些指控歐利根教導
魂從人轉生到動物的人，我們再次依賴盧非努斯的拉丁文。這開始於從
《評論馬太福音》（Commentary on Matthew）十一卷書的一個引述，
這個引述沒有保存希臘原文：

> 的確有一些人強烈表達這樣的意見說，這是應當來的以利亞〔《馬
> 太福音》：11.14〕，以利亞的魂是與約翰的魂相同。因為他們認
> 為，「這是以利亞」這個子句除了魂外沒有其他的可能的指謂項，
> 而從這個談話裡他們引進了轉生（metensomatosis）的學說，那是
> 魂的譯詞，彷彿耶穌自己已經教導這點。因為他們應該已經考慮到
> 那點，如果是這種情況的話，某些這類的東西可以在先知書以及福
> 音書的許多章節中發現到。（龐飛陸，《為歐利根辯護》10.1，頁
> 405-6 Lommatzsch）

大多數的學者已經決定相信盧非努斯，他們似乎有可能站在他們那邊。
首先，許多歸之於歐利根的觀點在這些摘錄裡都是一致的，而沒有可以
抵銷的證據在他已知的任何作品裡。其次，不論龐飛陸寫什麼，他必須
思考到他手上有希臘文的文本，這個文本足以反駁這個主張。最後，在
龐飛陸之後，我們沒有發現到相同的控訴由他的批評者用來反對歐利
根：他們堅稱他主張魂的先存以及轉生，但是沒有堅稱他把人的魂轉到
動物身上。

這個結論沒有被《論第一原理》裡的某個章節所危害到。在《論第一原理》裡，歐利根承認，一位沉淪在道德的遲鈍（moral hebetude）的深淵中習以爲常的罪人，也許失去把他從他的天生的劣質區別開來的一切，而在隱喻的意義（metaphorical sense）上變成爲一隻動物。在這個寓意（allegory）裡，不存在時代錯亂，以及幾乎不具獨創性。畢達哥拉斯主義者和伊畢鳩魯主義者表示，對來世的恐懼是折磨的象徵，也就是，我們受苦，當我們任由激情放縱不拘時我們就受苦；而在第二世紀中期的畢達哥拉斯的柏拉圖主義者努美尼烏斯（Numenius）已經感到有義務去維護轉生的學說（doctrine of transmigration）。在轉生的學說上狼與驢子就只是狼與驢子。歐利根（誠如波菲利告訴我們的那樣）已經通曉柏拉圖的作品，以及根據他自己的說明，他已具備思索他認爲與基督教眞理相容的事物。

（二）從一個人的身體到另一個身體

描述　這是在柏拉圖的《費德羅斯》（248d-e）裡被大家肯定的，以及在他的《美諾》（82b-d）和《費多》（72e-73b）裡所預設的。就我們所知，所有的柏拉圖主義者在沒有隱喻（metaphor）或保留都相信它。普羅丁不費什麼力氣把它與他的研究題旨 —— 每個人在眾相本身的宇宙裡（in the universe of Forms）都有他自己不變化的初型（archetype）—— 調和在一起，因此每個人都擁有一個固定的身分如同蘇格拉底或者畢達哥拉斯那樣；他的學生波菲利竭力主張，當魂透過時間的朝聖之旅，察覺到居處於不變的典範（paradigm）中的理智之時，它獲得自我知識。[57] 他又說，在脫離身體的狀態中，魂是自由去選擇它下一個生命的典範，但是在它下降到身體之後，它就桎梏於此生的試煉與偶

---

57 參考普羅丁，《九章集》4.7，包括 Blumenthal（1966）與 O'Meara（1999）；波菲利的主張 —— 就是，「被確立（'established'）爲一個存有者」，斷簡 275.20 Smith，這是藉由心智（mind）—— 使人想起他所持的立場與 O'Meara 的立場相似。

遇，悲慘相隨。[58]

　　可以把這個歸諸歐利根嗎？　關於第二個異端，它包含魂攫取不同的位格擁有各自身體，歐利根的立場，正如它殘留在希臘文裡的，是被公認為確定的。對有關「你是以利亞嗎？」這個問題的評論，這是猶太人在《約翰福音》1.21裡向施洗約翰所提的問題，他問的是，透過轉生（*metensomatosis*），就是魂再取得肉身，這樣的一個回歸的生命是否可能。他強力主張，在《路加福音》裡約翰出生的描述僅僅預言約翰將「在以利亞的能力與靈裡」傳道，不是靈（spirit）或魂（soul）在離體的形式（discarnate form）裡將從一個人被轉遞到另一個人上。[59] 他聽說過，某些猶太人把以利亞本人視為是斐尼哈（Phineas），即以利亞撒（Eleazar）的兒子的第二個化身，[60] 但是他已經警告讀者，這些樣的主張對基督徒而言是被禁止的：

> 教會的人 —— 就他而言，把重新取得身體的觀念駁斥為錯誤的，而不接受約翰的魂曾經是以利亞 —— 將訴諸上述天使的陳述，他沒有提到以利亞的魂是與約翰的出生連結在一起，而是提到靈與能力，天使說，他必有以利亞的心志能力，行在主的面前。（《評論約翰福音》1.11，引述《路加福音》1.16）

---

[58] 斷簡 271.33 與 64-5 Smith。楊布里庫斯，《奧祕》（*Mysteries*）9.6 說，我們個人的精靈（daemon）當作一個典範（paradigm）；他似乎把它與統治的星體（*oikodespotes*）形成對比，正如在《致馬克拉的書信》（*Letter to Marcella*）裡，波菲利必定會把典範與那位迫使他滿足他的性慾的出生時的精靈（natal daemon）形成對比，頁 274.6 Nauck。

[59] 《評論約翰福音》6.11，把「能力與靈」（power and spirit）註釋為「靈的能力」。對於這個段落的敏銳的討論，以及其在基督教思想史的重要性，參考 Kruger（1996），117-26。

[60] 《評論約翰福音》6.14，有關於《約翰福音》1.21，《士師記》20.28，《民數記》25.11。只藉由轉生（transmigration）認為約翰是以利亞（Elijah）的這種觀點的倡議者似乎論述過：他的出生為人禁止我們去相信他單單就是那位身體被帶上進入諸天的同一個以利亞：參考《評論約翰福音》6.11-12。

希律王害怕耶穌是再次復活的施洗約翰，這被《評論馬太福音》裡的相似的論證所平息。我們可以把這點視為常規，就是，單一的魂只能經驗單一的人的生命。就這樣的觀點而言，遷移到動物裡或許永遠不可以是補救，因為魂一旦墜落將不能夠透過恢復它的人性贖回自身。因為歐利根認為，不只是報應，改造是所有懲罰的對象，我們現在有另外的理由去否定他接受柏拉圖對話錄裡的教導。也許是，普羅丁發現了一種方式去將轉生字面上的信念與他的位格的不變的同一性的題旨結合起來；但是我們沒有理由認為，這個異樣的主張已經為歐利根和他的老一輩同代人所知；我們也沒有理由去相信歐利根比普羅丁的許多追隨者更樂意於把它當成他自己哲學的一部分。

（三）從神明、精靈或天使到人，以及相反方向

描述　古代的詩人恩培都克勒（Empedocles）哀嘆他的罪已經把他從「長壽精靈」一夥逐出。[61] 儘管如此，在連續取得身體（incarnation）之後，這個身體已把他從一個元素帶入到另一個元素裡，他能夠宣稱現在他已重新獲得他的原始狀態，「不是凡人，而是一位神」。這首詩的許多的暗示充滿了新柏拉圖主義的文學，[62] 而聖徒逐步從人到精靈的進程，接著到神以及眾神之父的進程，構思在波菲利的《判決》（Sententiae）一書中，作為給晚期道德家的學派裡的教科書。[63]

這個可以被歸諸歐利根嗎？　當然，每個精靈是墜落的天使的這個前提是傳統的，而且沒有進一步的要求仔細研究。歐利根也被指控他教導精靈可以返回到它的起初狀態，而對他的普遍主義的詆毀被他所宣稱

61　參考斷簡 115DK 論述必然性的條例（ordinance of Necessity，譯註：其希臘文是 Ananke，在古代希臘人的信仰裡，她是一位擬人化的命運女神，象徵著一種強迫性與無可避免的必然性），由波菲利引述在斷簡 271.23-4 Smith。

62　恩培都克勒，斷簡 112.3 DK；《畢達哥拉斯的黃金詩歌》（Golden Verses of Pythagoras）71；普羅丁，《九章集》4.7.10；波菲利，《普羅丁的生平》22 包括 Edwards（2000b），41 註 233。

63　波菲利，《判決》32；比較 Marinus, Proclus 3。

撒但可以被贖救的信念所惡化。[64]事實上，這個指控的最早的謠言是證明是對他的無辜的證明，正如出現在歐利根所寫的一封信裡，在信裡他否認那是他的意見。[65]就算那樣，變革是懲罰的真正目的，以及公正將總是預設行為者的自由，這是他的一個準則；因此，他必須已經做出結論，不論神預先知道什麼有關精靈的選擇，他至少任由他們有轉變的自然的可能性。在這種不加區別的恩惠裡，這個看法可能是怪異的而且甚至是異端的，這在歐利根的作品裡沒有明快地帶出來，因為基督徒與猶太人是羅馬帝國唯一相信撒但的國民，在他的救贖的信念裡不可以加上柏拉圖化的錯誤的印記。[66]

另一方面，人轉換成為天使，似乎被《聖經》的文本所排除，這些文本有談論到我們天使的審判以及區別使者的中介者與人性的基督。[67]路加的確使得基督說，被贖回的人將是等同天使（*isaggelloi*），但是歐利根時代的主要異端論者（arch-heresiologist）西坡力圖斯（Hip-

---

[64] De Faye（1925），121 支持這個指控，Farrar（1892），291-2 與 338-9 相信這個指控是古代共相論的譴責（condemnation of universalism）的主要的原因。在頁 257 裡，他也理解尼撒的格列高利（Gregory of Nyssa），《教理演講》（*Catechetical Oration*）26 正在預言魔鬼的救贖。歐利根有準備去主張：甚至最壞的罪人也能被救贖，我們卻不知道他們如何被救贖；但是，正如我在這裡所論述的那樣，如果他不相信人與精靈之間都是單一個種的話，我們不必把這個承諾擴大到魔鬼（devil）。

[65] 出自於盧非努斯的《論歐利根的作品的摻雜》（*On the Adulteration of Origen's Works*）以及耶柔米的《駁盧非努斯的辯護》（*Apology against Rufinus*）卷 2 的相關的材料由克魯熱爾（Crouzel, 1973）所校勘。事實上，古代的見證者清楚這點：當拒絕咒詛魔鬼時，歐利根沒有明確地預言他的救贖。然而，他堅持反對華倫提努主義者肯提督斯（Valentinian Candidus）這個主張：沒有受造物天生是不能救贖的，以及，魔鬼是出於他自己選擇的犧牲。

[66] 一般人們把柏拉圖《普羅達哥拉斯》324a-c 視為是闡明所有的懲罰都有一種矯正的目的的觀點的第一位歐洲作家，但是對歐利根而言，他沒有必要向柏拉圖學習，他已可以從《約伯記》5.17、《希伯來書》12.5-6 等等吸取知識。儘管把共相論（universalism）歸於歐利根根據強有力的理由——在許多其他之中，參考 Edwards（1995b）其中許多其他地方——有一些抵銷的證據，例如在《利未記講道》（*HomLev*）9.5，頁 427.23-428.2 巴倫斯，在這裡據說基督沒有為所有人禱告。

[67] 《哥林多前書》6.3，《希伯來書》1.5-6。

polytus）分析這點只是意味著，他們的肉體將看不到傷害或者腐敗。[68]
歐利根在耶柔米翻譯第一次《雅歌》講道裡，他似乎走得更遠：

> 由於信實，那些人不像先前所描述的話，而是不知怎麼樣似乎就獲
> 得贖救，你必定理解成為信實的魂，以及理解成為與新娘一起的年
> 輕女孩們。那些與新郎在一起的人，你必定理解成為天使，以及理
> 解成為那些已經是成為完美的人。（《講道》〔Homily〕20.8 巴倫
> 斯〔Baehrens〕，引述《以弗所書》2.15）

作為歐利根的翻譯者，耶柔米習慣性地比盧非努斯更忠實於那封信，因
為他持續對講道做翻譯，他不可以由於忽略了那個脈絡而歪曲目前這個
段落的要旨（像他在其他地方可能已做的那樣）。耶柔米自己指控歐利
根說在末日人將成為天使，因此在歐利根的希臘文裡，他必須以一個連
接詞「和」（kai）做附加的說明 —— 意思是說，它在詞彙中的一個較
清晰的形式裡引進了不是一個不同的主詞，而是相同的主詞。他的閱讀
由歐利根在《論第一原理》裡的陳述所證實，就是，人是存有者的第三
類，不同於天使，正如不同於精靈一樣，但是能夠在今生裡藉由實踐正
直行為提升到前者狀態：

> 現在理性的受造物的第三階層，是那些被認為適合人種（就是人的
> 魂）再充滿的屬靈（spirits）的階層，我們看到某些人的魂前行開
> 始進入到天使的階層裡 —— 亦即，這些天使被製作成「神的兒子」
> 或者「復活的兒子」，[69] 或者這些天使離開陰影愛上了光而被製作

---

[68] 《路加福音》20.36。西坡力圖斯（Hippolytus）（Vol. 1，頁 254 Bonwetsch 與 Achelis）把這點
詮釋為「不可朽壞的、不朽的與恆久的」。

[69] 對於這兩個《聖經》的慣用詞，參考《路加福音》20.36，儘管前者的同源詞有出現在《約翰福
音》1.13 與《羅馬書》8.21 裡。

成「光的兒子」。[70]（《論第一原理》1.8.4，拉丁文文本，頁 101-2 克特蕭）

因爲這個段落只有殘存在拉丁文，我們把它歸功於盧非努斯的坦白，因此我們應該慢點去指控他壓制了一些歐利根想像從天使到人的下降的章節。相信人可以從他所不曾墜落的狀態提升，這是可能的，說我們將是在天上天使階層的成員，並不是說我們在過去已經是天使了。[71] 這個觀念——所有的凡人都是來自天上放逐者的這個觀念——在《評論約翰福音》裡並沒有被確認，而是被一個嘗試性的建議所反駁，即，族長雅各與施洗約翰都是天使的存有者，它們在神的命令下暫時披戴人的外形。[72] 這個段落的一個典型的與思辨的特質被它不確定的基調，以及它訴諸於某種「希伯來人的僞經」揭露出來，這些僞經被歐利根反對，並在其他的作品裡警告讀者。無論如何，很明顯地，這類的寄居是例外，在行爲者中之下降是不需要改變的，這些服事者被交託一個較低層級的神的工作，因爲相信他們是不犯罪的。雅各與約翰都是特別溝通的承擔者，一個預告以色列的命運，另一個宣告耶穌是彌賽亞；如果他們的聽衆自己被降格成那個族類的成員，他們的天使地位又能對這個消息的莊嚴性增加什麼呢？

出自於歐利根的一個引述——爲查士丁尼所能忍受的憤慨，而且包括與在克特蕭所編的《論第一原理》裡的拉丁文相似——況且隱含著：人種的較大的部分不是由有位的、主治的與執政的組成的，而是由臣服於他們的掌權的受造物所組成，雖然天使偶爾會裝扮成人的外貌。[73]

---

[70] 比較《以弗所書》5.8，《帖撒羅尼迦前書》5.5。

[71] 無論如何這是可能的：成爲天使的階層不是在嚴格的意義上成爲天使，而且歐利根在這裡只是意譯《路加福音》20.36。

[72] 《評論約翰福音》2.31（25），引述約瑟的禱告，同在《評論約翰福音》1.31（34）處。

[73] 查士丁尼，在《論第一原理》裡的《致曼尼斯的信》（Letter to Mennas），頁 81.6-10，克特蕭。請留意：由於在《論第一原理》1.6.2，頁 82.3-5 裡意含所有人類起源於天使，這裡盧非努斯背

歐利根現在的立場仍然是非正統的（heterodox），當他過去主張那些
被道所造訪的人已經變成爲「神」時，這卻是基督的立場了。[74] 在他的
《評論約翰福音》裡他可以以某種與父的獨特性或者崇高性沒有妥協的
方式解釋人的神化（divinization），[75] 或許他已發現到某種方法把天使
的魂與來自神之手作爲天使的靈區別出來。從這個討論裡所得出了結
論是：歐利根的非正統信仰（heterodoxy）還不是全然發展的異端，以
及，在這裡至少他迴避這個經常對他的指控，也就是對人最後狀態的創
造只是對最先狀態的重複。

▍聖徒的圖像、相像與塑造

　　東方教會的神學家習慣於在人裡面神的圖像（image，譯註：《聖
經》把它翻譯為形象）與神的相像（likeness，譯註：《聖經》把它翻
譯為樣式）之間做區別。[76] 前者被認爲是不可或缺的，它是理性的選擇
的能力，這種理性的選擇使得我們成爲人，而且能夠使得心剛硬的罪人
在他們的救贖中與神合作。另一方面，相像起初儘管已應許，在創造之
始時並沒有賜予亞當，或者至少沒有在這樣的限度去阻擋他的魂抗拒誘
惑，一旦罪已經進入到理性的城堡，人藉著美德與神的同化，這沒有憑
藉著基督的絕對可靠的人性相像的彰顯是不可能的。這個論證幾乎總是
被追溯到尼安斯的愛任紐（Irenaeus of Lyons）（興盛於180年），這不
是毫無理由的。儘管這兩個詞「圖像」與「相像」經常牢不可破地在他

離了他的作者。

[74] 《約翰福音》10.35，詮釋《詩篇》82.6。

[75] 《評論約翰福音》2.2，談論「所有」（包括基督，即道）「藉由分享根本的神格（essential God-head, *autotheos*）的都是 *theopoioumenon*（由神所造）。

[76] 例如參考 Lossky（1957），114-27，對傳統的複雜性幾乎無所認知，以及對奧古斯丁的教導的
習慣上的歪曲。沒有把任何的功勞歸給歐利根，對 Lossky 而言，歐利根純粹是「非正統的」
（heterodox）（頁32），而且是一種「宗教哲學」喬裝為神學的作家（頁42）。

的論人種的起源與命運的陳述裡，通常不可分解地被結合起來，他充分地認識到這點說，這是相像，而不是爲亞當所失喪的圖像，每一個帶有魂的人都保有那個圖像，而且在後來的日子是聖靈恢復給神的選民的圖像。[77] 相像至少是身體與魂的一個特性（property）；圖像與相像藉著道的肉身顯現（the corporeal epiphany of the Word）一起在完滿性中展現出來。對於這些題旨的權威性可以在保羅裡發現到，保羅宣稱人與基督兩者是父的圖像，但呈現肉身的基督──我們罪身的相像（likeness, homoioma）──作爲促成世界轉離神之虛假的與褻瀆的相像的解毒劑。[78]

儘管如此，這仍然是眞的：使徒從不正式將圖像從相像裡區別開來，以及愛任紐的思想，如果不是更具說服力的話，在他的詮釋者的手上總是較單純的。歐利根[79] 是這些詮釋者中的第一位，除非（正如他自己所相信的那樣）他僅僅引述經文以支持某種基督教會的老生常談：

整個理性的本性努力追求最高的善，它也被稱為所有事物的目的，

---

[77] 愛任紐，《駁異端》（*Against Heresies*）5.6.1；這章的一開始，隱含著〔與神〕相像與〔神的〕圖像都顯現在亞當的身體上。然而，在 4.38.4 圖像與相像似乎在於未來，然而 5.16.2 與 4.38.1 這兩者可以被用來意謂這點：相像甚至並沒有賦予亞當。也參考 3.18.1 包含有 Lawson（1948）的評論，200-202。Lawson 指出，愛任紐（1.5.5）證實華倫提努斯在身體的圖像與魂的相像之間的區別，而且那些詞彙在羅馬的克雷蒙（Clement of Rome）那裡也加以對照，《克雷蒙的第一封書信》（1 Clem）33.4。

[78] 參考《羅馬書》1.23，5.14，6.5，8.3 論述真的與假的相像（樣式）；《腓力比書》2.6-8 有關形象（form）與樣式／相像（likeness）；《歌羅西書》1.15，《哥林多前書》11.7 有關神的形象／圖像（image of God）。論述猶太人的先輩，參考波克摩爾（Bockmuehl, 1997）。然而圖像與相像之間的尖銳的區分，在拉比的傳統裡卻少有證據，一個不確定的日期的神祕論的傳統（Cabbalistic tradition）主張圖像是在受孕時魂進入到胚胎裡被賦予之後，當作用者（agent）從一個胎兒長大成為成年人時，第二個圖像就發生並帶來重大影響。由於魂與身體的官能的結合在一起，這第二的圖像以他的創造主令人驚嘆的相像（likeness）贈予受造物。參考 Tishby（1989），770-72；在 753-4 裡 Tishby 注意到：在《光輝書》（*Zohar*）魂為了實現在身體上的美德而降臨。

[79] 相關的段落由阿維亞（Alviar, 1993）所收集，17-39。

被許多的哲學家以如下的方式定義：最高善變成為神〔參考柏拉圖的《泰阿泰德》（*Theaetetus*）176b〕。然而我認為這點與其說是他們的發現，不如說是從聖典裡所借用的。因為這正是摩西——在所有其他之前——所暗示的東西，當他在他的描述裡說：「神說，讓我們按照我們的圖像與相像造人（譯註：和合本譯為：我們要照著我們的形象、按著我們的樣式造人）。」然後，之後他的確又說，「神（God）造人，以祂造他的小神（god）的圖像〔造他〕。」……因此，就他所說的，「祂以小神的圖像造他」，而未談及相像，他的意思是說，除了神的圖像之外，就一無所說，然而，在我們的第一個情況的尊嚴裡，人已獲得圖像，相像的完滿唯有在完成時為他做儲備。（《論第一原理》3.6.1：頁280克特蕭）

一位柏拉圖主義者會這麼說嗎？在《費德羅斯》裡，每個魂在身體化之前很清楚看到它自身的小神與相關聯的德性，此時它在天體上的賽馬競技場（supercelestial hippodrome）裡追求它們：善的相本身（Form of the Good）是一個更難以捉摸的獵物，而且對它的慾望在眾駕馭者中引起魯莽的爭鬥，除了擁有對超凡的美的回憶之外，在沒有它們的翅膀或任何修復的希望之下，導致它們的四輪馬車滑入到世界裡。從無知到有知的朝聖之旅透過哲學在《理想國》裡完成，是一門只能在身體裡培育的學科；善，儘管現在作為理智的對象是可獲得的，它對魂仍然是如此不熟悉，以致對善的發現被比喻為耀眼的太陽對眼睛產生的衝擊，使得雙眼不習慣於任何事物，除了陰影之外。數學在這篇對話錄裡被讚揚為辯證法的序曲，哲學的最嚴格的部門；《美諾》蘊含著：這不是魂與生俱來的權利，而是必須是從先前生命的經驗裡，透過現在的生命的記憶來恢復。因此，目的是比起源較高的，儘管在柏拉圖的作品裡只有暫時的或嘗試性的談到相本身，來自相本身的魂也許是一個圖像，《泰阿泰德》告訴我們，哲學家的目標在現在的世界裡是「與神明相像」（*ho-*

moiôsis theô, likeness to deity），即使不是神（God）的相像的話。[80]

　　然而，古代的世界沒有哲學的史詩吟誦者從柏拉圖的對話錄裡完成過像這樣的故事，在這個故事裡，聖徒更多憑藉著他的塵世身體化完成了比他在天上的魂所達成的更多。當阿爾基努斯（Alcinous）與撒盧斯地烏斯（Sallustius）把魂歸於對身體的自然的喜愛時，他們也許正想起在《費德羅斯》裡的四輪馬車；普羅丁認為，甚至墜落的魂賦予相與美給它的物質的住所實現了一個目的。[81] 儘管如此，一般同意：如果我們只考慮什麼東西是對魂自身是最好的話，那麼降世是一種災難，在最好的情況是，這事件以一個被玷汙的器官阻礙魂，而在最糟糕的情況是，把魂禁閉在墳墓裡。在歐利根的時代，大多數的柏拉圖主義者相信魂與世界兩者是永恆的，因此，很難想像轉生的輪迴裡的一個起始點或者一個終點。甚至是努美尼烏斯與普羅丁，我們也不能肯定地說，當他們離開身體而「與孤獨同行」（alone with the alone）時，他們期待一個永恆的祝福。波菲利（Porphyry）以及那些跟隨他的人把《費德羅斯》的四輪馬車沒有解釋為，在創造的某個虛構時刻被分配到魂裡的一個工具，而是解釋為，由許多錯誤、過犯及不法，這些在塵世生活過程中積累到魂裡所構成的一個囊腫。[82] 有些人主張，在柏拉圖的《高爾吉亞》（*Gorgias*）裡，就是這個屬靈氣或屬星辰的身體攜帶著其先前的罪的傷疤；除非它攜帶著這樣的一個載物，魂又如何能夠如同《費多》所述那樣，被認為是易於轉移到那上層的邊緣，並從在那裡再轉移到大地的神奇的峽谷呢？除非他也把某種工具歸諸於它，努美尼烏斯又如

---

[80] 《費德羅斯》（*Phaedrus*）248a，《理想國》508c-e；《美諾》81c；《泰阿泰德》（*Theaetetus*）176c。

[81] 撒盧斯地烏斯（Sallustius），《論眾神與世界》（*On the Gods and the World*）20；阿爾基努斯，《教導》26，頁178.38 Hermann，對《教導》26的論述，參考 Alt（1993），151-3。普羅丁中論述魂的墮落作為對身體化的重要的影響，參考《九章集》4.8 與 Rist（1967），112-29。

[82] 參考《論冥河》（*On the Styx*），《判決》（*Sententiae*）29（頁18 Lamberz），斷簡185 Smith 與其他的材料由 Pépin（1999）斟酌。

何能認爲：魂藉由巨蟹座（Cancer）下降到大地，並再次地藉由摩羯座（Capricorn）離開呢？[83]一個在《赫耳墨斯文集》（*Hermetica*）裡的相同觀念更爲普及的解釋又如何能斷言：在上升的過程中，它在七個星體的每個上脫落掉一種惡呢？[84]在所有這些寓言（parables）中，使惡行易於發現和贖罪，身體是必要的，但是沒有任何一個寓言蘊含：物質的世界在其自身是一個良善的東西，更不用說它是德性的苗圃，除了當德性能成爲懊悔的幼苗之外。

　　新柏拉圖主義者喜歡從先於柏拉圖大約一個世紀的前輩恩培都克勒裡引述這個引句：「我是神，不再是有朽壞的人」，[85]但是他們沒有留意到他聲稱的不是以一位小神，而是以一位精靈，開始了他的旅程，而唯有當他透過四種要素依次旋轉，以及透過存在的每個種，不論是有生命的或者無生命的，邁步前進，他是能夠以此自誇的。在歐利根的時代，這類的理論是由他的家鄉埃及的卡波克拉提主義者（Carpocrati-ans）所提倡的，卡波克拉提主義者主張：他們的救贖要求他們要經歷一系列的生命，直到他們品嚐過每一種罪爲止。（那些把這件事嘲笑爲對正統的毀謗的人，應該爲十七世紀時猶太教的假彌賽亞沙巴台勒維〔Sabbatai Z'vi〕的歷史警告，沙巴台勒維宣稱違反律法是一種敬虔的義務。如果反對他可以被基督靈氣內住的話，卡波克拉提主義者也是

---

[83] 柏拉圖，《高爾吉亞》524c-d；《費多》（*Phaedo*）110b-114c。柏拉圖在 114c 裡說哲學家的魂「以沒有身體的方式」（*aneu somatôn*）通往到許多更愉悅的地方。Burnet（1911），142 提到優色比烏斯抄錄「沒有辛勞」（without toils, *aneu kamatôn*）這個詞彙，並指出是一種「有意的歪曲」（deliberate falsification）；也許是這樣，但是這可能是異教徒的編輯的歪曲，努力去使得哲學家與他自己以及較晚的學說一致。基督徒都習慣於認爲柏拉圖以及他的跟隨者否定任何的復活（resurrection）或者身體的存活。

[84] 努美尼烏斯，斷簡 31 Des Places（波菲利，《寧芙的洞穴》〔*Cave of Nymphs*〕，頁 70 Nauck）；《赫耳墨斯文集》（*Hermetica*）1.25。有關與後者類似的東西，參考 Copenhaver（1992），114-6。

[85] 恩培都克勒，斷簡 112.3DK；普羅丁，《九章集》4.7.10；《畢達哥拉斯的黃金詩歌》（*Golden Verses of Pythagoras*）71。

基督教的異端。[86]）有些猶太人認為：儘管地上不接納神，祂可以透過
祂的可見的形式的搖動（nutation）—— 希臘文把可見的形式稱為他的
外型（morphê）—— 呈現給感官；如果斐羅（Philo）提到這個信念，
正如波克摩爾（Bockmuehl）推測的那樣，斐羅確認他自己是一位猶太
人更甚於是一位柏拉圖主義者。波克摩爾也提及：這個題旨提供保羅作
為給腓力比教會的讚美詩（Philippian hymn）的型態，在其中耶穌基督
「有神的形象」，反倒虛己，取了奴僕的形象，成為人的相像／樣式
（the servile likeness [homoioma] of humanity），順從十字架上的痛苦
與恥辱，因他的順服，敬虔的人以敬拜獎賞他和以保留上帝之名來酬謝
他。[87]當保羅在《歌羅西書》裡說，「神本性的一切豐盛都居住在基督
裡面」，他的意思也許不是指神透過道成肉身來實踐他的本性；但是華
倫提諾的神話（Valentinian myth）談論到一位父，他藉由生命的、光
的、智慧的與人的計畫，簡言之，藉由基督的名號的增加[88]，滲透出他
的豐盛（fulness, pleroma）。特圖良斷言，甚至在道成肉身之前，神藉
著與希伯來人的族長（Hebrew patriarchs）的交談，神聖的道（divine
Word）曉知了有朽壞的人的習性和思想。在較晚的猶太人的冥想裡，
神的榮光（the Shekinah）的驅逐、人的墮落，以及以色列人的苦難都
是不可分離的；在古代，就我們所知，像歐利根與愛任紐這些基督徒首
先把這個題旨從神轉移到他的受造物，並接受作為自然的結果，就是因
墮落而升起的原則。

　　我們已經看到，歐利根假設兩種受造物，一種是裡面的人，以及另
一種是外面的人。如果他是一位柏拉圖主義者的話，後者無可疑是一個
後知後覺、過去的罪的淵藪，或者充其量是魂的一個可搬動的診療所，

---

[86] 參考 Scholem（1954），287-324 論述沙巴台勒維（Sabbatai Z'vi）；愛任紐，《駁異端》1.25 論
述卡柏格底（Carpocrates）。

[87] 參考波克摩爾（Bockmuehl, 1997）論述《腓力比書》2.6-10。

[88] 《歌羅西書》（Col）2.9；愛任紐，《駁異端》1.1.1-2。

魂因理智界見識的過失或失誤而被驅逐。然而，三個事實顯示，外面的人對歐利根而言這兩者都不是：首先，他拒絕柏拉圖的眾相本身的世界（Platonic world of Forms）作爲他對它的設想；[89] 其次，他沒有留下歷史，因此在魂取得身體之前，它沒機會犯罪；最後，當他在他的《創世紀講道集》的一開始裡說，裡面的人的創造先於外面的人的創造，這個題旨被促成爲在《創世紀》的兩個段落之間的衝突的一個解決，其中一個段落，蘊含著：照著在神的圖像男與女的同時「創造」（'creation'），另一個段落蘊含著：男人從土裡連續「塑造」（'fashioning'）出來，就是亞當，然後從他的肋骨裡連續塑造出女人。[90] 儘管第二種創造蘊含魂的身體取得（embodiment），因此（我們可以推測）從天降落到地，這不是說它是有罪的，也不是說它是罪的結果或者是罪的伴隨物：[91]

> 這個人的確如他所説是照著神的圖像（the image of God）被造了（《創世紀》1.26-8），我們不理解存在著身體（corporeal）。因為有形有體的模型（the bodily mould）不包含神的圖像，具有身體的人也不是説是被造的（made），而是被塑造的（fashioned），正如以下所寫的那樣：因為它説：神塑造人（《創世紀》2.7），意思是説他從土裡的泥巴形塑（moulded）他。至於那位照著神的圖像與相像被造的人，他是我們裡面的人，也就是不可見的和非身體的、不敗壞的與不朽壞的。

---

[89] 《論第一原理》2.3.6（頁 122.1-2，克特蕭）。參考以上第二章的討論。

[90] 論述有關在創造與塑造之間的差異，參考《創世紀的講道》（HomGen）1.13，頁 15.8-13 巴倫斯；論述在裡面的人裡男人與女人的連結，參考《創世紀的講道》1.15，頁 19.8-22。

[91] Simonetti（1962）提到歐利根沒有這個意思：這兩個受造物字面上是連續的，並且歐利根的確主張（《創世紀的講道》1.1）時間與物質的創造一起誕生。然而，似乎對我而言，如果歐利根沒有把這個描述理解為一個按順序的歷史，他會以他習慣的清晰方式如此説。

不論愛任紐主張什麼，歐利根清楚地教導：在人之中神的圖像因墮落而被降格。他堅持，我們自己不是那個圖像，因爲我們只是根據那個是基督的圖像被造。[92] 因爲這是神的一個圖像，它居住在我們與基督共有的非身體的成分裡，那就是魂（soul）。然而，這是神的意志，即，魂應當取得身體，正如歐利根在《論第一原理》（2.11.6）裡所揭露的那樣，而在樂園裡就是在地上的一個明確的地方。[93] 如果我們同柏拉圖主義者一起問到，爲何神應當創造了一個非身體的存有者，只是爲了把它推入到誕生與死亡的循環（the mêlée of generation and corruption）裡，以身體作爲其變動的面具或者暫時的盟友，歐利根連同柏拉圖主義者，不回答我們在較低的世界裡受苦是因爲我們在一個較高的世界裡失敗的結果。相反地，我們現在生活裡的凶險、痛苦與艱困，連同其改變和災難，其錯誤與幻覺，都是我們自己創造的，恰巧它們是神所設計的部分：

> 在理性的受造物之中的多樣性的原因，不是從造物主的意志或判斷產生的，而是從他們自己的意志的選擇產生的……從這些原因，世界從其多樣性取得諸多的原因，因為根據他們的運動的多樣性，或者根據他們的心智與目的的多樣性，神的眷顧（divine providence）各安其位。（《論第一原理》2.9.6，頁 170.3-5 以及

---

[92] 參考連續的引文的段落；帖歐都雷特（Theodoret），《論創世紀的問題》（*Questions on Genesis*）20，引述歐利根已遺失的《評論》；《評論約翰福音》6.49（3）等等。論述基督作為神的圖像，參考《論第一原理》1.2.6（頁 35 克特蕭）。

[93] 《論第一原理》2.11.6，圖示聖徒的段落。歐利根寓意式地（allegorically）詮釋，但是他自己並沒有寫寓意文字（allegories），因此似乎對我而言，這個清晰的段落反駁了 Burke（1950）的結論，27：歐利根象徵性地理解天堂（Paradise symbolically）。如果他在《駁瑟蘇斯》4.40 吹噓，那個故事優於柏拉圖的魂從「超天體的地方」（'supercelestial place'）墮落的觀念，這推論不出（當然，除非我們都是柏拉圖主義者）聖經的天堂必須是非身體的。如果他否定（帖歐都雷特〔Theodoret〕，《論創世的問題》39）天堂（Paradise）必須是一個神聖的地方，我們是自由的——以 Rauer（1961）的觀點——把它視為一種地上的天堂。事實上，這可能是歐利根的意圖：區分出這個天堂與魔鬼（devil）所從之墮落的神的天堂（《論第一原理》1.5.4，頁 75.3-4，克特蕭，引述《以西結書》28.12-13）。

10-12 克特蕭）

世界的多樣性在這裡是從所預見的各式各樣人的選擇（the foreseen variety of human choices）產生的，而不是從任何先行的墮落（antecedent fall）。這是真的，在相同的地方的其他陳述裡，歐利根肯定這種世俗的多樣性的受益者起初是在一個完美的狀態裡被造的。神意（providence）最終會把他們恢復到這種完美的狀態中。[94]我們在第四世紀的正統的希臘作家裡所遇見的這些宣告都合理被集體理解爲人類，正如在亞當與夏娃裡被形塑那樣，而且不導致他們任何一個後裔出生在他們過去所失落掉的幸福裡。[95]爲了使歐利根與他自己一致，我們必須相信他也主張沒有個別的人是完美的，因爲原始形塑者（protoplasts）被逐出伊甸園，如此，我們的每一位憑藉著神恩准我們的自由被帶入到世界裡，並帶著能力去獲得我們不曾享受過的至福（beatitude）。

　　我們不可誤解歐利根，當他再接再厲，臆測神愛雅各與恨以掃，是由於他們每一位在前生（the foregoing life, *praecedentis vitae*）獲得的好處。[96]這個說法在較晚些被解成暗指身體出生前的存在，[97]但是這樣的生命不能是脫身的魂（disembodied soul）的生命，因爲這第二卷頭幾章已詳細證明：就任何受造物而言，沒有一個身體，生命就不能維持下去。[98]歐利根在第一卷裡已經舉出以掃與雅各在母腹裡的爭執作爲證

---

[94] 例如參考《論第一原理》1.6.2，頁 79.22-80.1，克特蕭；2.1.1，頁 107.10-18。

[95] 阿坦納西屋斯（Athanasius），《論道成肉身》（*On the Incarnation*）以及格列高利（Gregory of Nyssa），《論造人》（*On the Making of Man*）堅決認爲我們都是起初的人犯錯中的共犯。

[96] 參考《論第一原理》2.9.7，頁 171.7-8，克特蕭；引述《羅馬書》9.13，它接著引述《馬拉基書》（Malachi）1.6。如果只是這個段落的話，我們或許能理解「前面的生命」是指「神回報他們應得的賞罰之前所正在進行的生命」；這個「亞米念的」（'Arminian'）的觀點——神預定了關於被預見的事實——在《評論羅馬書》裡得到支持（希臘文的摘錄，《愛美集》25）。

[97] 《論第一原理》2.9.7，頁 171.27-8，克特蕭；但是在翻譯上似乎有些不適切，因爲拉丁文蘊含著：屬天的與陰間的實存物也都經歷身體的出生（corporeal birth）。

[98] 《論第一原理》2.2.2（頁 112，克特蕭）以及 2.3.3（頁 117）。

明：魂先於身體存在，[99] 因此很清楚的，他意指只有藉著身體，嬰兒的身軀在分娩時才會出現。作為這個論證的確認，他又說，耶利米（Jeremiah）在他受孕前就已經被神所認識，而在他從母胎裡出生前就已被聖靈分別為聖，[100] 顯示魂優於身體，與其說是受孕前的「知道」，不如說是在母親的子宮內的分別為聖：他論證，魂必須博取功勞以便被分別為聖，我們可能會猜測，如果它是在無罪的狀態之中誕生的話，那只是由於缺乏犯罪。如果它可以被分別為聖的話，那麼（就歐利根的自由的觀點而言）它也必須能虧損功勞，甚至能犯罪。[101]

因此，世界是一個有如在愛任紐裡的運動場（gymnasium），而不是一個像在柏拉圖裡那樣的一座監獄。[102] 這兩位基督徒的作者創造了一個人類的自由的一個準則（axiom），他們不是沒有理由相信這人類的自由是與任何的轉生的學說不相容的。柏拉圖經常被視為人類的自由的倡導者，但是他發現這是難以說明對它的濫用，對於世界裡完美的衰退，他有時無法提供比這更好的理由，就是，對於魂的墮落或者城市的推翻，眾神自己已有定期。[103] 當我們讀到《理想國》的最後一卷裡時，我們在地上的生活明顯的不公正，可以追溯到魂取得身體之間在天上的瞬間所做出的選擇，這樣的斷言對柏拉圖也許似乎是公平的：「譴

---

[99] 《論第一原理》1.7.4（頁 90.7-9，克特蕭）。

[100] 《論第一原理》1.7.4（頁 90.14-20，克特蕭）。

[101] Pace（1993），165-9 與 Rist（1975），110 都認為：耶柔米在《論第一原理》2.9 的書信 124.8 裡的段落的翻譯更多是字面上的。就我所能判斷的，這個文本考慮、但不支持這個理論：他們用現在的生活來補償我們前世的過犯；肯定地，這並不蘊含著取得身體本身就是罪的代價。

[102] 對於魂的下降，阿爾基努斯，《教導》25 提出四種不同的理由，這四個理由的第二個在頁 178.38 Hermann 是「諸神的決定」。迪倫（Dillon, 1993），157 覺知到這裡有提到某種由眾神傳遞給在《費德羅斯》（Phaedrus）113a 裡已取得身體的魂的審判；因為對於魂出現在地上的一個一般的說明，迪倫認為：眾神想要把這個判決當作為對他們的「尊榮與讚美」（《教導》16，頁 172.3 蘊含著：工匠神頒令人的身體應被類似於眾神的魂所居住，這是理所當然的）。相對照之下，歐利根主張：這是神對祂的創造物——他們使祂將太陽與月亮違反它們的意志囚禁在穹蒼中——仁慈的牽掛。

[103] 《費德羅斯》247d；《理想國》546a-547a；《政治家》269c-270e。

責在於那位選擇的人：神自己本身是無可責備的」；[104] 但是遺忘的法令——它伴隨著魂進入到身體裡——意思是指，在我們現在的身體裡，我們沒有警覺到已經做了這樣的選擇，而且我們感覺到我們自己轉嫁到我們的命運身上。[105]

在歐利根的體系裡出生與命運的不平等是損傷的結果，魂在其取得身體（embodiment）——一件總是導致神性與智慧喪失的事件，但是在不同的程度上——的過程中，遭受到這些損傷。與其將魂的這個矇蔽追蹤作者一無所說的前生裡，我們應該反思古代老生常談的所謂痛苦與缺乏即是對活動的刺激物，以及如果我們對罪無能為力，我們應該是對德性無知。愛任紐已經做出論證，即，直到知識之樹把其相反面告訴我們，我們才可能知道善；普羅丁發現柏拉圖的陳述難以去調和，他提出自己的這點意見，就是，魂的墮落出現在它們無法主宰它們為了一個善的目的而已下降其中的身體。[106] 與普羅丁相對照，歐利根僅僅假設一種從非身體的狀態到魂取得身體的狀態（embodied state）的過渡，不過我們已經看到，他似乎相信天使因為應得的報酬而可能獲得一個較輕微或者較龐重的身體是可能的。卑鄙與美德都是自由的兩個必然的結果：就是藉著與身體連結被撞擊到魂的這種自由，由於更進一步的抉擇，那個自由就被削弱或被增強。當它做了一個邪惡的選擇——因為除了基督的魂之外，每個魂是必定這樣做的——，罪行就從那裡面、從某種歐利根認為是太熟悉以致不需要更多說明的習性產生。正如一種得來

---

104 《理想國》617e，把必然性的訓令（ordinance of Necessity）重新解釋為蘊含有這樣的意思：我們之中的每一個人，在他所選擇的精靈的教導之下，將擁有他的下一段生命。普羅丁在《九章集》3.4 裡把這個文本與《蒂邁歐》90a 並置。

105 參考愛任紐，《駁異端》（*Against Heresies*）2.25 等等。波菲利（Porphyry），《論什麼東西是在我們的能力裡》（斷簡 271.15-20 Smith），當他把在什麼東西是在我們的能力裡（其前世的果子）與人類在某個生命分配給他之後，有什麼東西是在他的能力裡之間區別開來時，可能在心裡有這樣的抱怨。

106 愛任紐，《駁異端》4.39.1；普羅丁，《九章集》4.8。

不易的技術肯定會消失一樣，如果這位技術家無法以當初所獲得這個技術的相同熱情去珍愛它的話，那麼當魂沒有維持住理智 —— 這理智就是神所吩咐它去沉思它創造的工作 —— 那種熱情的、堅苦卓絕的與不間斷的提升時，它將十分容易單單由於不作為而失去它的天真。[107] 這個課題 —— 如果值得獲得一個哲學的名稱的話 —— 是亞里斯多德式[108]的，不像過去有意去駁斥的華倫提努斯的立場，它很少留意到歸諸《創世紀》裡亞當與夏娃的動機。對歐利根而言，他們沒有犯罪，因為「女人看到食物是好吃的」，或者甚至因為，在蛇的驅使之下，他們渴望「像諸小神那樣」；墮落單純的是一種從屬靈模式的視域到屬肉體模式的視域的墮落 —— 或者，當歐利根在與某一位柏拉圖主義者爭論時他較喜歡這樣寫，它閉起理智的雙眼，以便打開感官的雙眼：「他們吃了，他們二人的眼睛就明亮了〔《創世紀》3.7〕。這是感官知覺的雙眼被打開，他們有好的理由把眼睛閉起來，為了他們不被分心，以及防止用屬魂的眼睛看」（《駁瑟蘇斯》7.39）。

這是真實的墮落 —— 不是如一些人所論證的第二次的墮落，[109]因為魂第一次從上帝的手上下降到屬地的身體是神明的計畫（divine economy，譯註：希臘文是oikonomia，意思可指「計畫」〔plan〕，如《以弗所書》1:10；3:2；3:9）的一部分。在歐利根的觀點上，墮落本身是一種真實的大災難，而不只是對愛任紐而言似乎是發生過的異常而已。結果是，亞當不只是失去相像的應許，也失去在圖像裡的特性

---

[107]《論第一原理》1.4.1，頁 63.12-29，克特蕭。在這段落的末尾，清楚地，他正談論在今生中魂的過失與恢復，以及出自耶柔米，由克特蕭在頁 64.9-16 所插入的拉丁文的補編不屬於這個系列的推論。

[108] 參考以上，儘管一般而言，學者在歐利根中發現到亞里斯多德的影響的些微證據：克魯熱爾（Crouzel, 1962），29-34 以及 Koch（1932），205。儘管如此，如 Chadwick（1966），162 註 50 的考察（引述西塞羅，《學者》〔Academics〕1.4.17），他們普遍地認為柏拉圖與亞里斯多德共享相同的哲學。

[109] 例如 Burke（1950）；相似的解釋始於第六世紀時的 Procopius，參考 Bammel（1989），66-8。

（property）：的確，這個圖像被魔鬼（devil）的圖像所取代。這位魔鬼——正如歐利根向他的那個時代的控告者所抗議的那樣——在贖救的計畫上（economy of salvation）沒有位置。儘管如此，他擁有權力，以及擁有那些被他所掌握的魂，這些魂僅僅可以被道成肉身的基督的寶血贖回。那是道執取身體（the Word's assumption of a body）的一個理由：另一個理由是，神透過適合於感官的一個媒介揭露祂的方式與目的。更高的真理——耶穌的身體只是一個墊腳石——將不透過那些未受過福音教導的讀者來獲得，這些人把他們的信仰固定在排除神格（Godhead）的人性（manhood）之上。然而，甚至在這個例子上，肉身較不能夠把神包含在內，勿寧說更能夠限制一般人的魂，人的骨架殘存在墳墓裡，分享復活，儘管它的新的特性（novel properties），它仍然被信仰所教育的眼睛看到：

> 因此，正如我所理解的那樣，關於所談論的那個位置是偉大的與奇妙的東西，不只超出許多信實的人的曠野，甚至也超出那些遠遠走在前面的人的曠野……〔總結在《馬太福音》17.1 以下，以及《馬可福音》9.1 以下，耶穌變容的場景〕……因為人們無法合理地責備耶穌沒有把所有的門徒都帶上山，除了前面所說的那三位之外……所以人們不能合理地責備福音書的說明，告訴我們復活後的耶穌沒有被所有人看見，而是給那些他知道已經擁有能夠忍受他的復活的景象的雙眼的人看到。（《駁瑟蘇斯》2.63，頁 185.18-20 克特蕭；2.65，頁 187.11-14 與 16-19）

當然，這不是我們屬肉體的感官所習慣身體性質（corporeality）。對於耶柔米與伊皮凡尼武斯的氣憤，歐利根主張：死後的身體不論在其實體上或者在其功能上，不能與把我們現在的悲痛鎖在一起的身體相

似。[110]我們擁有它是基於主的權柄，即，被贖回者在婚姻上將不娶也將不嫁：因此，似乎他們不需要有任何性器官。正如我們所讀到的那樣，把排泄的功能歸給那些將已經成爲「與天使一樣的人」，這會是一種冒犯；因此我們可以設想他們是不吃的。人們相信在經文裡其他的經節定義新的創造的文字：屬靈的身體因此是一個由靈所構成的身體，不只是對身體的命令做出完善反應的那個身體，應也要相信保羅的警言「血肉之體，不能承受神的國」裡的文字[111]。但是身體就是：正如耶柔米帶著惡意寫下那樣，當歐利根與那些否定任何類型的復活的異端者有爭議時，他毫不懷疑他自己的信念。他問道，魂在其地上的工作的夥伴，在逆境中其同患難者（fellow-sufferer）以及在逼迫中其絕望的幫手不應該分享永恆生命的祝福，這怎麼會是公正的呢？[112]

節制在第四世紀的神學的論戰之中不是美德。如果兩個人在任何事物上是不同的，每一位都把證明另一方在所有事物上不只是錯誤的，而且是虛假的當作自己的任務：所有的非正統（heterodoxy）都是異端，以及每一個過失都是屬於人的。在這一時期那些稱爲歐利根主義者（Origenists）被那些他們標榜爲「擬人論者」（'Anthropomorphites'）所反對：[113]後者與愛任紐可能主張過：人的身體分有其創造者的相像，但是由於他們的神自己是一個身體這個荒謬的信念，使得這個爭議把他們玷汙。[114]在以牙還牙之中，埃及的擬人論的鬥士提阿非羅（Theophilus）主教，指控歐利根否定身體是真實人性的恆常部分。這是一個這樣的年代，也就是伊皮凡尼武斯對華倫提努主義者（Valentinians）主張我們是在靈的身體，而不是在肉體的身體，我們從死裡復

---

[110] 耶柔米，書信 38 致 Pammachius；伊皮凡尼武斯，《駁異端》（Panarion）64。

[111]《哥林多前書》15.50。

[112] 耶柔米，書信 38。

[113] 參考 Clark（1992）論述這個團體的實際公認的教導，與論因其門徒 Evagrius 的危險的思辨而而加諸歐利根的惡名。

[114] 愛任紐，《駁異端》（Against Heresies）5.6.1。

活嗤之以鼻的年代：作為一位神職人員，他從阿坦納西屋斯學習到魔鬼可以引用《聖經》以達成它的目的，他推論，當異教徒盜用保羅的話時，他們因自己的口而被定罪。[115]歐利根對經文的依賴此時似乎顯示出對教會學說的低估，他因太靠近阿里烏斯（Arius）而被牽連。阿里烏斯在四世紀初期已經提出三位一體的第二個位格是比父的後裔更適當作為受造物（creature）。歐利根也依據在《箴言》裡依然困惑著正統宗教者的某個文本，稱呼子為受造物（creation）。[116]他的亞流教派（Arianism）的確鑿證據是不難發現到的，[117]但是那些引證下面的話語作為子惡意地從屬於父的證據的人是值得我們感激的，因為相同的段落——結合他的其他教導來閱讀時——是作為在身體復活裡他的信仰的宣誓書（affidavit）：

> 掌握萬有全體直到存在的各個事物的父，從他自己的能力中，分配給每一個事物它當有的恩賜；子相較是少於父的，只延伸到理性的本性（因為他是次於父[118]）；聖靈更少，只達到聖徒。（《論第一原理》，頁 55-6 克特蕭，引述查士丁尼）

在三位一體的概念與由普羅克洛在《神學的要素》（*Elements of Theology*）裡三個理智的原則的階級的次序之間，可以引出的一種比較，但這種比較只是一種欠缺任何可證明的或者甚至可能的借用。柏拉圖主義者寫道，存有是更高於生命，然而其能力延伸到比有生命更低階的事物。

---

[115] 伊皮凡尼武斯，《駁異端》（*Panarion*）31.7；阿坦納西屋斯，*Orations against the Arians* 1.8。
[116] 參考前章論述名詞 *ktisma*。
[117] 參考 Clark（1992），95，112，115 等等，引述伊皮凡尼武斯，《駁異端》64；耶柔米，書信51；出自於提阿非羅的 Richard 的斷簡，等等。
[118] 這裡我引述希臘文本，因為拉丁文文本似乎有錯誤。然而，對我而言，這似乎是可能的：即括號中的字詞都是出自於查士丁尼的評註，而不是歐利根的「原來的話」（*ipsissima verba*）。歐利根使用這些類的字詞比他的指控者的少得多。

同樣地，生命是比理智更高的原理，但是有理智的事物只是那些被賦於生命的事物的最高的一層。然而，在基督教的三位一體與哲學的三格組合（triad）之間沒有嚴格的對應，因為歐利根沒有著手去勾畫任何類型的柏拉圖主義，而是去理解在《聖經》裡的證據，以及把它應用到救贖上。聖靈是上帝的選民（elect）的獎賞，這是《新約聖經》的統一的教導，雖然據說萬物是藉著祂造的，基督在《聖經》裡主要被表徵為人類的救主（Saviour）。忽略這種關係的三位一體的學說將會是對於「話語中心」（Logocentric）的偏見的罪咎。這個偏見相較於他的福音書和信經的「基督中心」（'Christocentric'）的教導，經常被歸咎於歐利根。

歐利根的革新是把三位一體的位格與在自然中身體的、理性的及靈性的要素關聯起來。唯有詞彙才使人回想起柏拉圖，因為這個三格組合（triad）是保羅人學的菁華。在保羅的人學裡人是由體、魂與靈組成的。如果在神性裡有優先次序的話，它在人的構成上顛倒了尊嚴的次序（order of dignity）：

> 所以，因為他們從父神那裡接受存在的純事實，接下來，他們從神的道接受理性，最後，從聖靈接受他們的聖潔；相反地，那些已經因著聖靈成為聖潔的人是能夠接受基督的，由於他是「神的公義」（the righteousness of God）〔《哥林多前書》1.30〕；而那些透過聖靈的潔淨已經成為配得到達這個階段的人，儘管憑藉著被神的靈所操練的能力追求智慧的恩賜⋯⋯人們發現，把存在提供給萬物的父的靈是更為輝煌的與威嚴的，當每個人⋯⋯抵達到更高的熟練程度時。（《論第一原理》1.3.8；頁 61 克特蕭）

如此，聖靈賦予道德的純粹性，使魂預備智慧；而這種性質因為被智慧本身的道（Logos）所給予，它不只蘊含知識的獲得，而且也蘊含被根植在魂之中的美德的萌芽。這些是內在的良善，而他們的同工在今生可能或多或少是完善的；另一方面，父的恩賜只可能在死後藉著我們能

保有它的那部分經驗到。這包括身體，這點可以從《論第一原理》1.6.4
推導出，在這裡，那些主張完全（consummation）將終結身體的存在
的人被挑戰說「實體在數目及質性上是如此的重大，可以維持他們的生
命，而且無需身體就可以潛存（subsist），在它單單是適合於神的本性
時——亦即，適合於父、子與聖靈——，即，它的存在可以被理解，
無需質料的實體，以及無需與任何物體混合物相結合」。[119] 而物體特質
（corporeality）可能不是純粹存在的一個條件，一旦三位一體洗淨了
魂的弱智與惡習，它將是更必要作爲個別性的原理。

　　歐利根提供樣式（skhêma）這個名稱給那使得先知撒母耳（Sam-
uel）與乞丐拉撒路（Lazarus）的魂在陰間（Hades）裡是可見的外形
（shape）。[120] 當他在《論復活》（On the Resurrection）這篇對話錄裡
寫道，死亡之後，身體的相（eidos, form）被轉變爲魂時，他大概提到
這個脆弱的幻影（tenuous simulacrum）。當梅都地伍斯（Methodius）
與伊皮凡尼武斯把它視爲與「外在的形體」（morphê, outward figure）
這個詞相等時，他們被指控錯誤分析這個詞。[121] 然而，亞里斯多德

---

[119]《論第一原理》，頁 85.16-20，克特蕭。這是可能的：盧非努斯把三個位格（three Persons）的
　　稱號借用在這個文本裡——以攔阻歐利根爲父神保留非物質性（incorporeality）的推論；但是
　　「實體」的含糊的使用——首先指謂一個具體的實體，然後指謂實體的本性——顯示對他的原
　　著的希臘文某種幾乎不合情理的忠誠，在這希臘原文裡，ousia 這個詞將保持其永遠歧異。

[120] 福提屋斯（Photius），《群書摘要》（Bibliotheca）224，引述梅都地伍斯，《論復活》（On
　　the Resurrection）。比較，伊皮凡尼武斯，《駁異端》64.17，頁 428.1 Holl/Dummer；64.27.3，
　　頁 443.19 Holl/Dummer；64.40.3，頁 462.20 與 463.1-2；也比較《論第一原理》2.10.2，頁
　　174.12，克特蕭。人們可能認爲歐利根在《駁瑟蘇斯》2.43 裡藉由已離逝的魂（departed soul）
　　否定對身體的保有。在《駁瑟蘇斯》2.43 裡，他談論到基督作爲沒有身體覆蓋的魂（soul），
　　與其他「赤裸身體的」魂居住在陰間（Hades）裡；在 2.62 裡，他區別已復活的救主（resurrected
　　Saviour）的「中間的身體」（'intermediate body'）與他的成了肉身（incarnation）的較厚實的
　　覆蓋物，而且兩者都根據「沒有這樣的一個身體」的魂的條件。然而，這些最後所說的話不需
　　要意含完全沒有身體，而且根據歐利根在《論第一原理》裡的學說的觀點，我們可以推測，在
　　他對哲學家的「大衆式的」回覆之中，他把他的語言配合成柏拉圖的語言《費多》114c 等等。

[121] 克魯熱爾（Crouzel, 1972），693-7，還有 Clark（1992），92 的認可；比較，亞里斯多德，《形
　　上學》1043a29-32。事實上，「外形」（morphê）這個詞經常在梅都地伍斯的論文裡：參考伊

已經當作相等，他經常被認爲對相（eidos）這個名詞在哲學的使用上擁有特殊的權利，以及被歐利根認爲是撒母耳與拉撒路的樣式（skhê-mata）的這些特性（properties）帶有：他的貶抑者的錯誤不是把相（eidos）或者外形（morphê）詮釋爲某個表象（appearance），而是認爲這個表象在欠缺物質的基底（material substrate）之中可以被表述（predicated）。「外形」至少具有作爲《聖經》的詞彙的長處，[122] 如果歐利根使用它，無疑地類似在《腓力比書》2.7（Philippians 2.7）其先輩那樣，它意含著與那位有血肉的人的相似性（resemblance），以及眞實的相似性。在最近幾十年來，與在柏拉圖主義中魂的工具所做的比較，經常並非沒有啓發性的，[123] 但是對歐利根，正如對柏拉圖主義者那樣，身體不是承載暴風雨中飄搖著的魂從一個錯覺的暗礁到另一個錯覺的暗礁的一葉扁舟。對他而言，一如對任何的基督徒，這是人格同一性的保證，也就是在神賜予我們的唯一的生命中，不朽性的前提。就他肯定魂是眞實的而且依然是完全非身體的而言，歐利根可能配得被稱爲一位二元論者；天主教學（Catholics）以這個提議保留了他的正統觀念（orthodoxy）：魂比身體活得更久，直到最後的審判爲止，當在普遍的復活裡，與魂同負一軛〔的身體〕將被恢復。然而，對我而言似乎證據指出一個仍然較不分歧的理論，在這個理論裡，魂與其身體合併在一個聯合的上升裡，直到每一個魂體將其罪汙屈服於火的刑罰。新教徒也許仍把這點打上二元論的類型的標籤，天生就屬於苦行的精神，這種

皮凡尼武斯，《駁異端》64.41，頁 464.16 Holl/Dummer。比較 463.1 論樣式（skhêma）的轉變成一個更秀麗的「外形」（morphê）（eumorphôteron tropê）。《腓力比書》2.6 與 3.21 這兩者將是在歐利根的心裡，當他使用這個詞時；在頁 462.11 與 17 名詞「相」（idea）——正如所有希臘人都知道那樣，在辭源學上，這個詞與視覺的意涵相關——似乎被視爲一個等值詞。

[122] 參考波克摩爾（Bockmuehl, 1997），8-19。

[123] 尤其還有亞歷山大城的希羅克斯（Hierocles of Alexandria），他不僅把一個發光的身體分配到來世的魂裡，而且在《論黃金的經文》110-111 裡，稱它是一個相（eidos）以及與自然同在的身體（sumphues soma, connatural body）；參考 Schibli（1993），111-113。參考 Schibli（1992），論歐利根的門徒中魂之車。

精神人們一般認為是藉著與物質創造的相敵對所產生的。然而，真正的苦行者愛他的身體，渴望身體的榮耀性；他的堅定的信念在人的身軀的正直中，禁止他去想像：魂的淨化無需外面的人有相應的變化即可以發揮作用。

優色比烏斯陳述說，歐利根在他的有生之年實踐了苦行的生活。[124] 在他的作品裡歐利根很少提及到他自己的實踐，但是他在他的短文《論禱告》裡規定獨特的禁戒，當他主張經文對味覺與觸覺的禁令最好被詮釋為是屬靈的感官，不是肉體的感官時，他就默默禁止更為一般的實踐。身體的死亡，也就是魂從它的粗鄙的外體離開，既在自然中也在經驗中把它與一個具更細緻的質地的身體結合在一起。甚至從《論第一原理》2.11.6（頁190.3克特蕭）裡是如此的明顯寫著，死亡之後，上帝的選民的魂（elect soul）被護送到屬地的天堂：這明顯地是在地上的一個地方，如果沒有形體的魂是居住在它裡面的話，它必須是能占有空間的某個實體的部分。一旦它在這所學校裡的教育已經完成，魂是自由的提升，經過天體各層，直到它抵達能提供一個展望神的完整的手藝的高處：

> 當我們是在地上時，我們已經看過動物與樹木，而且知覺到在它們之中的差異，特別是在人之中的多樣性；但是當我們看到這點時，我們不理解在它們背後的原理，但是透過我們知覺到他們的多樣性所提示出的一切，是我們應當去檢驗和探討，為何所有這些事物被創造得如此不同，而且分布得多樣的理由。當認識這一點的熱切或熱情在地上已經被理解，我們在死後也將接受關於它的知識和理解，如果事情是如它所欲的那樣進行的話。（《論第一原理》

---

124 《教會史》6.3.11。參考 Cox（1983）有關懷疑的評價，因為禁慾主義（asceticism）當時還未是一種普遍的實踐。

2.11.6；頁 189 克特蕭）

以及在相同章節的較後面：

> 如果任何人「心裡是乾淨的」，而且在心智上是純淨的，以及在
> 感性上是更敏銳的話，他將以較大的速度前進，因此也能快速地
> 到達天國，如果我能如此說，經由〔包含有〕特定場所的「豪宅」
> （mansions），就他們的部分的希臘人稱為「範圍」（sphere），
> 儘管經文裡稱它們為「諸天」（heavens）（頁 190 克特蕭）

恆星的航行在古代文獻上經常被敘述得夠多了，但是，不是作為死亡之
後的探險。當那些宣稱已經經驗過它們的人並非像路西安（Lucian）那
樣的諷刺作家，他們都是像盧克來修（Lucretius）那樣的詩人，或者像
具「薩滿教」（'shamanic'）的品格的人那樣，他們的魂滑行穿越身體
的窗戶，同時也把身體當作旅舍來使用。赫莫迪姆（Hermotimus）與
阿里斯迪亞斯（Aristeas）把自己投入到麻痺的催眠狀態，就在他們的
魂探索諸天與下界之時；畢達哥拉斯——從他的貶抑者做判斷——必定
嘗試過一個相似模式的旅遊；這是活生生的蘇格拉底，現在喜劇性地被
描述為畢達哥拉斯的學生，在亞里斯多分尼（Aristophanes）的《雲》
裡他緩慢莊重地說，「我踩踏著空氣並注視著太陽。」[125] 對於取得身體
的理智而言，這就是對塵世的現象的著迷，但是一位柏拉圖主義者卻這
樣評論，真正的飛行是保留給那些逃避宇宙的人，以及給渴望不受感
官左右對一個境界的沉思（contemplation of a sphere）的人。[126] 歐利根

---

[125] 參考路西安，《天上人》（Icaromennipus）；盧克來修，《事物的本性》（The Nature of
Things）1.62-79；亞里斯多分尼，《雲》（Clouds）225；泰爾的瑪西穆斯（Maximus of
Tyre），《對談》（Discourses）10.2 論述阿里斯迪亞斯（Aristeas）。在大部分的這些段落裡
談論俯視意含著對地上的事物的鄙視。

[126] 波菲利，斷簡 271.69-70 Smith 談論透過回憶起《牧羊人》（Poimandres）（《赫耳墨斯文集》

否定這樣的一種境界的存在，在這裡，如同在別處更多使用畢達哥拉斯的遺產甚於柏拉圖的遺產；把握住機會去頌揚神意的作品（works of providence），他顯示出（正如可能期待的那樣）他從《聖經》裡學習到的比從他們中的任何一個更多。

▍末世論與神祕主義

當每個玷汙都被洗淨之時，被贖者的狀態將會是如何呢？上面我們已經看到理由去懷疑，是否歐利根主張屬人的聖徒注定要擺出天使的樣式；無論如何，這樣的一種轉換，並不蘊含著身體的毀滅；因為，正如我們已經注意到的那樣，歐利根主張受造的靈（created spirit）擁有一個具薄弱的實體的身體，唯有神聖的三位一體是完全非形體的。似乎也可能不是這樣的：歐利根曾被那些指控他說天使下降到屬人的魂的境地的人準確地告發過；即使這件事確實曾經發生過，很明顯地，認為這是天使的第一次與身體的接觸，這將會是錯誤的想法。這同樣地是謬誤去假定，認為形體的任何喪失（any loss of corporeality）牽涉到魂完全轉向靈，這同樣是謬誤的，這點對歐利根而言標記了神聖性的最高點。正如他恰當地論述，「魂」在《舊約》裡是一個被使用來刻畫人性（humanity）的語詞，特別是人性在其軟弱和疏離上；相反地，在《新約》裡，大部分時候「靈」被應用到那些與神相交的操練美德的人。因此，不只是博學的人，而且是真正的專家，不只是那些知道的人，而且是那些行動的人，人們才可以說他們已獲致崇高的境地，在這境地裡，聖徒

〔Hermetica〕1.25）在語言階層裡的一種上升；但是真正的上升在於魂發現其自身是心智（mind）（斷簡 275.24），雖然當我們在斷簡 274 裡沉思「整體」（'the whole'）時，他預見某個階段，對於超過一個涉及的句子，他不允許它去保留他的想像力（imagination）。對歐利根而言，過往的罪惡的坦白和全面回憶對魂在圓滿中（consummation）與上帝的相遇是不重要的；在波菲利裡，自我知識（self-knowledge）是目標，而且一個自然的結果是：對於在記憶、所有動物的性質（property）與人類的回憶（anamnêsis）的特權之間的對比，它讓我們擺脫偶然的記憶（比較斷簡 255.21-3）。

看到他的創造者的面容：

> 如此，理性的本性它藉著幾個增殖成長而被引導，這種成長不像它
> 在今生中的肉體或身體或魂般的成長那樣，而是透過才智與敏銳的
> 增長，已經是一個完滿的心智，達成完滿的知識；現在它絕不被那
> 些肉體的感官所阻礙，反而在理智的感官中增長，總是趨向於純
> 淨，如果我能這樣說的話，面對面地看事物的因果。現在它抓住完
> 滿性（perfection），首先，藉著完滿性它升上到這個高處，然後，
> 藉著其完滿性停留在那裡，擁有理智的觀念、對事物的理解以及
> 因果的原則，當作它的維生的食物。（《論第一原理》2.11.7；頁
> 191-2 克特蕭）

在這點上，神學必須滿意於引述那個無法解釋的東西。但是即使我們承
認，我們對這個榮耀知道的不多，正如幼蟲不知道它會成為蝴蝶那樣，
我們至少可以說，因為它標記著在受造者與創造者之間的團契的圓滿
（consummation of fellowship），這理所當然是在創造的通常的條件之
下。正如我們已經看過的那樣，這些包括身體的堅忍不拔；正如保羅已
經暗示的那樣，甚至血肉之體都不是阻礙一個人「被帶入第三層天裡，
並聽到人所說的不合律法的事情」。歐利根可能再說，這與其說是不合
律法的，不如說是不可能的，因為甚至當我們仍然還在地上時，基督徒
的生命被奠基在對經文的一種忠實的與勤奮的細讀裡，除非我們使用靈
性的與肉體的感官，否則經文的深度不能被挖掘出來。儘管由這些所給
與的光經常採取某種自然的洞見（insight）的形式，在專注的理智裡喚
醒睡眠中的真理，也存在有不同階層的閃光，當奧祕突然地，斷續則清
晰地，撞擊評論者，就是奧祕使得感官和言語變得貧乏：[127]

---

[127] 有關這討論參考第四章。儘管如此，斐羅的追憶，《亞伯拉罕的遷移》34-5，在這裡猶太註釋
家似乎是只談論到由光照的理智（illuminated intellect）所感受到的快活，那個描述向我們提

那時她看到新郎（Bridegroom），在眼前消失。他在整部《雅歌》裡經常這麼做，但是除非有人對它有過經驗，否則他不能理解它。經常，正如神是我的見證者，我已經看到新郎接近我，並與我極親密地同在；然後，突然間他隱退了，我尋找他不著。（《雅歌書講道集》1.7，頁 39 巴倫斯）

同樣地，在新柏拉圖主義者普羅丁與普羅洛克的作品裡，少量傳聞的回憶錄突然湧現[128]，像飛箭般地（currente calamo），像歐利根一樣，他們把攸關時間和情況的朗誦交給他們的傳記作家處理，而奧古斯丁是（保羅之後的）第一位神祕主義者，他把日期訂定在他的記憶上。然而，歐利根與奧古斯丁在呈現經驗上是一致與哲學家相對抗的，不是如同魂的自我意志的與值得稱讚的上升到理解的一個較高的層面上，而是如同一位——預料之外且無關緊要的——聽眾與那位說出於他的愛的自由的神同在。一位主要是註釋家，另一位是哲學家，每一位都在他自己的世俗的傳統的方式裡離開：道（Word）首先是作為文本、然後是作為新郎趨近歐利根，然而，奧古斯丁——部分回應普羅丁，部分期待普羅洛克——敘述他的文章，從與他母親的對話裡，經過寂靜之煉獄到天堂，在天堂裡，是保羅的聆聽，而不是柏拉圖的凝視，作為啟示的媒介。[129]這兩人都主張恩典神學（theology of grace），這在新柏拉圖主義者裡是缺乏的。每位都把一個言談與某種內在的預備結合在一起，儘管在歐利根裡話語已經被寫成了——永恆的序曲到短暫的狂喜——以及，這話語本身包含著把其作者與詮釋者等同於耶穌的形象（imagery）。

　　我們不知道魂在它與身體結合之前是否享受新郎的這種知識。歐利根在圖像與相像之間的挑剔的區別，以及他對保有身體的堅持，不表示

及——如同向兌魯熱爾（Crouzel）那樣——某種超感官的經驗。對照 Louth（1981），71。
[128] 普羅丁，《九章集》4.8.1；普羅克洛（Proclus），《柏拉圖的神學》（Platonic Theology）2.11。
[129]《懺悔錄》（Confessions）9.10。

他把起初設想爲在所有方面都與終了是等同的。儘管如此，自從君士坦丁堡的第二次大公會議（Second Council of Constantinople）是有了恢復（apokatastasis）的學說以來，他的名聲在諸多異端中受到拖累，這個學說蘊含著，我們得救時我們沒有從神那裡接受任何新的東西，以及蘊含著，最後的狀態單單只是魂返回到離散掉的無罪裡。查士丁尼提供歐利根對大公會議的教導的下面的說明：[130]「因爲身體被懲罰，魂一點一點地被淨化，因此被恢復（apokathistatai）到它原初的位階……對所有人類的懲罰，甚至是對精靈（daemons）的懲罰，都是有限制的，不敬虔的人與精靈將被恢復到他們的往昔的位階上。」

恢復（apokatastasis）這個詞最常被使用在古代上，用來刻畫衆宇宙無數次連續的斯多葛理論，各個宇宙從開端到其命運的循環的終點，細微地再生其他的宇宙的歷史。[131]根據這個學說，每個世界都包含它的蘇格拉底，它的基督以及它的敵基督；各個宇宙都在一場大火裡被吞沒；沒有人將永遠失去，而且沒有人將被拯救。除了詩人之外，是否有人主張這種意見，我們不需要探討；足以肯定是，歐利根在他反對異教徒評論家瑟蘇斯（Celsus）的論文中否定這種意見，這是他留傳給我們的極少數作品之一，是具有完整的而不曲解的希臘文的版本。[132]如果

---

[130] 《致曼尼斯的信》（Letter to Mennas），引自克特蕭《論第一原理》182.15-183.7。

[131] 耶柔米，書信 124.5（致 Avitus）斷定：歐利根設定在現世之後一個無限系列的世界，每個世界都蘊含著物質的新創造，而且每個世界對於過去再犯罪的魂，強迫其出生，並因此喪失了無身體的幸福（the bliss of incorporeality），以作爲懲罰。在書信 96 裡，翻譯亞歷山大城主教提阿非羅（Bishop Theophilus of Alexandria）的復活節的書信（Paschal Letter），他說，歐利根跟隨斯多葛主義在教導一個人「死了又死」（'dies again and again'）。雖然，克特蕭，頁 113-15 發表的這些指控與盧非斯的《論第一原理》2.3 的文本相似，有關質料的永恆的再創造（perpetual recreation of matter）的論證，在盧非努斯的拉丁文裡被視爲這樣學說的一個歸謬證法（reductio ad absurdum）：聖徒可以沒有身體而存活在天堂裡。盧非努斯的文本是與歐利根的其他的作品一致；而耶柔米的作品卻沒有，而且他的指控沒有出現在君士但丁堡的十五項起訴書中，或者確實出現在他們的證詞存留在原文裡的希臘證人中。討論這個問題不需要攪拌我們，因爲，即使歐利根所持的這個主張歸咎於耶柔米，他卻沒有從柏拉圖主義者裡借用它。

[132] 參考 Ludlow（2000），38-44，有關異教徒與基督徒的慣用法的一般評論。有關歐利根對永恆

這是君士坦丁堡的教父們想要排除的立場，不論他們知道與否，他們的目標是歐利根之外的某個人。更為可能地，他們的意圖是去譴責這個主張：魂可以希望最好的情況是一種返回到先前存在的幸福狀態。正如我們已經看到的那樣，甚至柏拉圖已經教導今生是能夠增加東西到魂的幸福上，然而歐利根不只主張這個意見，而且否認魂享有沒有身體的各類的延長存在。不論大公會議心有何繫，再一次，真實的歐利根的信條似乎是在其譴責範圍之外。

　　這並非去否認他使用過「恢復」（*apokatastasis*）這個詞，而是為何他應該避免任何聖靈已找到的便利有用的字詞？[133] 在經文裡（《使徒行傳》3.21）它意味著是恢復（restoration）神對於他的受造物追求幸福的計畫——這長久以來被人類的罪與愚蠢所覆蓋，而不是恢復任何先前實際上就已經存在的東西。在《評論約翰福音》（*Commentary on John*）裡，這個名詞曾經被使用來暗指這個段落，曾經指稱猶太人在末日時從流亡歸來。[134] 當歐利根在《論第一原理》裡使用它時，在難辭其咎之意下，應該有理由提出來建構這個詞。我們有兩次希臘文的文字脈絡：一次是，這個名詞只是指稱絕處逢生（頁233.1），因此再次蘊含著目的的實現，不是返回到原始。另一次是，我們讀到耶穌使得瞎子恢復視力（*apokatastasis* of sight）（頁233.6）：福音書沒有說這些奇蹟的受益人之前就能夠看到的，如此，似乎是這樣的，健康被恢復到類

的重現的否定，參考《駁瑟蘇斯》4.14 與 6.71，頁 141.25-28，克特蕭。克魯熱爾（Crouzel, 1985），288 指出：在後者之中，歐利根將斯多葛主義的週期性的與燒毀的火焰與在基督教的末世論裡懲罰的不熄滅的火進行了對比，儘管這些是否是恆久的，或者只是不可計數的持續，從「永恆」（*aioniôs*）這個詞看是不曾明顯的。

[133] 有關這個問題的參考書目收錄在阿維亞（Alviar, 1993），31 註 74。這會是很清楚的，我支持 Rius-Camps（1956）反對 Méhat（1964）。

[134]《評論約翰福音》1.10.91，頁 20.12 Preuschen；10.42.291，頁 219.29。在公開的《駁瑟蘇斯》7.3，頁 155.11-12，克特蕭裡，這似乎是指謂魂上升到真理裡無視精靈（demons）企圖把它拖下來；儘管如此，《費德羅斯》247c-248d 的回響，據說並沒有蘊含魂在先前從現在渴慕的極樂世界裡墮落下來這一回事。

上（species），而不是個體上。盧非努斯在翻譯這個句子時，使用具有歧異的詞*redditur*；在其他的地方，與*apokatastasis*意義相同的拉丁詞彙是*restitutio*（恢復）。在120.19與290.14，除了回憶《使徒行傳》3.21之外，就沒有其他的東西了。在278.22裡「整個創造」的恢復是後於被贖者包含在基督裡的歸屬，接著在288.5裡個體的恢復預設了屬靈的身體的獲得，如此，它不能如大眾所設想的那樣返回到柏拉圖的天堂裡。當拉丁文文本暗指在魂之內溫暖的恢復時，這的確意味著某種已經遺失的狀況的復原；但是，這是個先於所有取得魂的身體的恢復呢？還是在身體之中一種無罪的原始狀態呢？

> 因此，人們必須考慮是否──正如我們所説的，藉這個真正的名稱所揭示出來──如此稱呼魂（*psukhe*, soul），因為它從公義的熱力與分有神聖的火逐漸變冷，儘管它依然沒有喪失恢復自己那個它在一開始時就存在的那個熱力的能力。（《論第一原理》2.83；頁158 克特蕭）

歐利根從動詞 *psukhein*「冷卻」這個詞衍生出希臘文名詞 *psukhe*（魂）來解釋當心智遭受到某種的熱情的喪失時，它降到魂的層面。[135] 這個詞源學是爲柏拉圖主義者所熟悉的，在柏拉圖主義者裡，它是與這個信念並列的：魂從自由下降到物質的綑綁裡。但是，在歐利根的這些詞彙裡，並沒有表達先存的暗示（allusion to pre-existence），[136] 正如從他

---

[135] 《論第一原理》2.8.3，頁 157.12-15，克特蕭，以及頁 158.17-20（引述耶柔米，書信 124.6）。對於辭源學，克特蕭引述亞里斯多德，《論魂》405b26。

[136] 雖然克魯熱爾在其他地方如此慎重，他採取一個看法：克魯熱爾（1988），引述 2.8.3。我希望我的解釋在《論第一原理》3.6.3（頁 284.5，克特蕭）裡也是充分的，在這裡，理性返回到它墮落之前知道的這種狀態裡。甚至這指稱在伊甸園裡亞當與夏娃的本性，在我的觀點裡，這是繼魂與身體結合之後的，而且心智純淨的回歸本身不等同於最後的狀態，而是與神有屬靈的結合的一個必要條件。

的《論第一原理》的第一卷裡的類比同樣沒有這樣的暗示，這點我們在上面已經討論過了。對於歐利根一致性地使用「氣息」（*pneuma*）去定義終究人的行動者的性質，也沒有一位柏拉圖的前輩這樣使用這個語詞。因此，評論救主的古怪的說法「凡要保全他的魂的人將失去魂」[137]，他解釋：「如果他與主連結的話，當他是一個有魂的人時，藉此他轉變成一個有靈的人，成為一靈〔《哥林多前書》6.17〕，讓我們也失喪我們的魂，向著主前進，我們就能轉變成為一靈。」（《路加福音講道集》36，頁 207.15-18 包爾〔Bauer〕）

只有很少——或許，只有在盧非努斯的拉丁文裡——把「靈」使用為所有自由的存有者在墮落之前所擁有的心智或者理性的本性的同義詞（《論第一原理》2.9.7；頁 171.13 克特蕭）。這種心智的恢復是已應許的高舉（ennoblement）一個必要的前奏，但尚未授予，在《創世紀》一開始的章節裡，神計畫按照他的圖像和相像造人。這個應許由魂轉變到靈得到實現，這清楚地說，魂的較高的部分就在「神的圖像與相像」裡被塑造完成（《論第一原理》2.10.7；頁181.13-19克特蕭）。對我們而言，靈的得勝使得我們可能與主成為「一個靈」，透過他與父神面對面（頁181.13, 191.24 等等）。身體的本性一點也沒有被解消，它現在將進入自身裡，從一個僅僅是伴隨魂向上旅程的屬魂的或有魂的衣服，演變成為一個「屬靈的身體」；肉與血的確將會毀滅，但是殘留下來的東西將證實使徒的應許，並且揭露天上的榮耀遠遠超過地上的榮耀。[138]

到現在，這應該是很明顯了，《聖經》而不是柏拉圖，是歐利根的手冊，以及，《聖經》而不是柏拉圖，必須是我們詮釋他的詞彙的嚮

---

[137] 《路加福音》17.33；避免帶有魂可能會被失喪，而人被救贖的這個含意，英文的版本同意在這裡把 *psukhe* 翻譯為「生命」（'life'）。
[138] 《論第一原理》2.10.2，引述《哥林多前書》15.39-42 在 174.21，克特蕭。

導。關於飽足、冷卻與恢復的概念都在歐利根裡找到的，但是，即使所有這些概念都是從不同的學派裡借用過來的，應該是明顯的，它們本身並沒有帶著柏拉圖主義者或斯多葛主義者的哲學。一位哲學作家他自己除了利用較早的哲學家所創造的語言外別無選擇；然而，他不必要──如果他力求獨創性的話，他將會拒絕──去買回那個在古代市場上所交換通貨得來的商品。近年來古代的異端學（heresiology）與教父學的研究，都是在這種謬誤之下吃力地進行，謬誤一詞永遠只能意味著它是被設計出來意味的東西──趨勢上（in tendency），它永遠都是斯多葛主義的、柏拉圖主義的或者亞里斯多德主義的，因為它在起源上（in origin）是斯多葛主義的、柏拉圖主義的或者亞里斯多德主義的。在做出這個設想時，這位歷史學家辜負了他自己的志業與作家們的志業，他聲稱去詮釋的他們：一位學者必須學習去思考其他人的思想，正如一位哲學家必須學習去思考他自己的思想那樣。

第四章
聖經的解釋

　　在二十世紀對歐利根最強烈的責難是因他所處理的經文而引起的。神學家們可能稱讚他的普遍主義（universalism），而對於他在魂的起源所做的無害的思辨覺得好笑；但是許多人是不能忍受他的評論與講道（homilies），（他們聲稱）在這些評論與講道裡，這些話語的直白的意義被寓意的牛虻（gadfly of allegory）四處驅趕，以及教會剩下一個可悲的不相稱的名字，一種「靈意的」理解（'spiritual' reading），其死板僵硬掩蓋了原初的靈活靈現的多才多藝與新穎。結果，當這種經文的理解應該是面見基督時，它會成爲某種隱語（cryptology）的隨筆。因爲，不可思議的是，對於這樣不利的操作，《聖經》（Holy Writ）應該提供任何的理由或根據；他們追蹤到歐利根的柏拉圖主義，因此，他成爲受到世人瞬間即逝的智慧所引誘的一個敬虔心靈的警示例子。然而，這裡，正如在其他地方一樣，在他使用與展示他所採取與他們共同的原則上，他鄭重說出他關於哲學家的獨立性。現代許多不承認這些原則的學者，與歐利根分享使文本自己說話的課題；如果他們沒有偏見的話，他們幾乎無法不去讚美勤奮與老練，他勤奮老練地安排較清晰的段落，作爲從更晦澀難懂的章節裡產生某種意義的助產士。

▌對寓意定義的註釋

　　「寓意」（'allegory'）這個詞意指寫作的形式以及學科的詮釋

（discipline of reading）。在後者的意義裡，它是許多世紀以來釋經的幫手，而在某種斷突的分離之後，它仍享有在講台上偶發的調情，以及文學理論家的謹慎的關注。然而，學者、牧師及評論家都是一樣沒有能力給那個詞一個定義，這個詞的廣度足以涵蓋所有相關的東西，而且排除那個更傳統的——或者如一些人所說的那樣，更自然的——理解方式。拉丁演說家說（rhetoricians）[1]，寓意學家（allegorist）的前提是「所說是一回事，所意圖又是另一回事」；儘管這個闡述是大到足以容納反諷、謊言、行為規範以及各式的幽默，相較於在安哥斯・菲查（Angus Fletcher）有關這個著名的主題的論文中所賦予的寓意之範圍，它是狹隘的。[2] 一個受歡迎的定義——把寓意視為是文學種類的一個名稱——主張：它是一個含有隱藏意義的故事，但是這是太過於泛泛之談了（catholic），直到我們解釋了什麼樣的意義可能被隱藏在裡面，以及為了什麼目的。當思瓦（Shaw）提出《哈姆雷特》（*Hamlet*）是一部關於宗教衝突的戲劇時，他說，在文本裡某些沒有說出來的東西，對大多數讀者而言，仍然不是一目了然的；羅馬或希臘的經濟史的作者被迫去檢視殘留在書面紀錄的每個敘事的底蘊；然而，史學家與思瓦都不被認為對寓意的詮釋犯有過失。一般而言，寓意被用來與文本「文字上的意義」做對照而不是與文本的表面做對照；因為這個理由，它經常在古代與現代的處理上被視為是隱喻（metaphor）的分支。[3]

然而，在每種情況裡，這個定義是不完整的，而且在許多的情況裡是不精確的。它是不完整的，因為它沒有觀察到隱喻易於被嵌入到

---

[1] 堃提利安（Quintilian），《制度》（*Institution*）8.6.44；馬力安・維多里努斯（Marius Victorinus），《論加拉太書》2.1185c，頁 54 Locher。

[2] 菲查（Fletcher, 1964），260-8 做出這樣的結論：無論哪有「圖像的詞彙」的使用，那裡就有寓意（allegory）。

[3] 因此 Frye（1957），91 裡寫道：「詩的基本的表達是隱喻（metaphor），以及單純的寓意（naive allegory）的基礎是那種混合的隱喻」。

一個句子裡，這個句子在其他方面是沒有轉義詞語（tropes）的，在這句子裡因而不存在主詞實際上的掩飾（occultation）。符合羅曼‧雅各布森（Roman Jakobson）的看法很流行，就是說：隱喻透過替代（sub-stitution）產生作用，與另一種稱為「轉喻」（metonym）的修辭格相對照。「轉喻」透過鄰接起作用。[4] 然而，如果我們檢查一個句子，例如，「埃及是一個敗壞的蘆葦」，透過隱喻我們看不到主詞的替換，而只看到在文法的補充的形式裡的一個擴增（augmentation）；例如像，「以利亞的外衣傳承給以利沙」一句，似乎可以作為替代的例子，然而我們也許硬是被迫說，「字面上的」主詞被「外衣」這個詞剝奪了。另一方面，寓意純然是一個替代格（figure of substitution），在這種替代之中，[5] 新的語言學新創的詞語取代了一般的流行（common cur-rency）。例如，如果以河流的橫斷表徵死亡（正如在班揚〔Bunyan〕的《天路歷程》（The Pilgrim's Progress）），我們不期待在敘事中遇見對瀕死更易懂的參照物；如果我們確實（如同在班揚裡那樣）做，我們把這個做法算作是一個缺失。如果寓意（allegory）被保持得很好，它就擁有某種不為隱喻所接受的一種自律（autonomy），甚至當它沒有被意識到是寓意時，而透露出一些意義；哈斯勒特（Hazlitt）建議我們單單只為閱讀《仙后》（Faerie Queene）這個故事，[6] 但是沒有人會提示我們可以僅僅藉著它外在的意義從隱喻裡獲得更多的快樂。

　　人們可能會說，即使隱喻透過並置產生作用，而寓意透過替代產生作用，這兩者擁有這個共同：它們透過比較來闡明主詞，以及是否關係

4　參考雅各布森（Jakobson, 1956），儘管經常這位偉大的語言學家的名字被引用，而且沒有提及他的作品。在寓意——對可能不如此述說的故事，它創造了一種人為的分身（artificial dop-pelgänger）——與符號（symbol）——「它帶有它所指稱的實在」，並且甚至在它作為一個記號（sign）之前就具有內在價值——之間經常做相似的區別。例如 Todorov（1977），235-53 證明，這不是（因為它經常聲稱是如此）一個古代的陳腔濫調，而是浪漫主義的一個新創。

5　也參考 Todorov（1979），11。

6　參照 Frye（1957），90。

可以被蘊含或被陳述，因此，這兩者必須設定所比較的事物之間的屬性
（attributes）有某種相似性、關聯性及共通性。再次提到班揚的經典之
作——他自己把它描述為一種寓意，他對這個看法產生懷疑。在《天路
歷程》裡的演員——基督徒、柔順者、信徒——並不與它們所命名的
性質相似，而是「展現」（exhibit）這些性質；這些性質沒有「模仿」
（imitate）基督徒、柔順的世俗人、信實的殉教者，而是「例釋化」
（exemplify）那個型（type，譯註：這個詞源自希臘文的 "tupos" 表示
一個印記〔impression〕或型〔kind, sort〕）。旅程的地標——絕望之
泥沼、死蔭之幽谷——是更經常純正的隱喻（metaphor），但是甚至在
這裡是有差異的。如此，儘管世界不是一個買賣在其中進行的市集，在
班揚的觀點裡，一切都是虛空：虛空市集因此可以被歸類為提喻的例
子（instance of synecdoche），[7]在這裡，部分代表整體。他所定目標
的朝聖之路與窄門，嚴格上來說是隱喻式的（metaphorical），但是，
甚至這點不可以自信地說是但丁在《神曲》（Divine Comedy）裡所描
述的途徑：儘管我們知道，他真的相信地獄是一個陰間的鬥獸場，煉獄
在相對極上是一座高山，而聖人住在群星的軌道上。他的取自歷史的角
色不再「相似於」（resemble），而是更如實「精粹切要出」（epito-
mize），在生命中區別他們的美德與缺點。對於這個設計，一位著名的
評論家所發明的一個詞彙是「形象比喻」（figuration）。[8]一般同意，
但丁的詩是寓意的傳統之圓滿的作品，正因為如此，他的詩可以算作是
例外的；或許，一個更典型的樣本是《農夫彼得》（Piers Plowman）
的第一部分，這裡那位處女密德（Meed）代表由於美德所得的酬勞，
她是明顯地是一個隱喻式的（metaphorical）。然而，即使這裡七個死
罪（Seven Deadly Sins）是透過不與罪相似，而且是與活躍的罪人相似

7　Todorov（1979），15 評述，這個詞在某些的民間故事以及《李爾王》（King Lear）裡遭遇到
　　第三類型的降級（degradation of the third sister）。

8　Auerbach (1968), 195-202.

來描繪，如果他們不受法律的與身體的節制，他們將僅僅是人類的道德敗壞者。

　　相似的條件應用到《玫瑰的傳奇》（*Romance of the Rose*）（在這本書裡甚至花園可能是眞實的，而那位儘管按照一朵花稱呼其名的女士並不被描繪成一朵花），或者應用到普盧登休斯（Prudentius）的《魂之爭戰》（*Psychomachia*），這是基督教的寓意之泉源。在這部著作裡，戰士穿戴隱喻的軍裝，[9]但是，只是使得字面上操練他們的名稱所指謂的性質變得容易。把這些加到但丁、郎蘭（Langland）、史賓塞（Spenser）與班揚上，[10]我們已經約略地看到六個見證者：什麼是他們所共同擁有的呢？不，這似乎是偏好任何一種的修辭格，然而他們都是利用人的刻板印象，不論從想像力得出，還是從歷史得出，作爲統治自然的一般法則的完全而具體的實例，也就是神的經營與政體。符合以上所制訂的原則，另一個顯著的特徵是，普遍者不僅被表達，而且被加密在個別者上——意思是說，詮釋需要有某些的努力或者某些的敏銳。最後我們必須再說——或者，突然想到在末世應用經文的每位道德家，也許會把這個當作是一個寓意（allegory）——，這較深層的意義被認爲是詮釋家的發現，而不是創見；即這似乎是這部作品的結構的一部分，因此——正如斯泰納（Steiner）在他的神學的語言裡所說的那樣——一個「眞正的臨在」正等待著被破譯，而不是讀者發現到它是有用，而強加上去的任意作用。

　　藉由這些準則判斷，我們可以看到，不像許多最近的藝評家，早期

---

[9]　它們甚至不是真正的擬人化的東西（personifications），因為正如 Lewis（1936），69 所考察的那樣，就大多數的德行而言，「戰鬥是一種不合適的活動」。公平的對待普盧登休斯，人們應該再說：他們偶爾會讓它們表現出忍耐、節制與謙卑而沒有戰鬥，但是人們可以耐心地、節制地，有時甚至謙卑地戰鬥。

[10]　在這個討論裡我引述的許多例子顯示擬人化的東西經常是寓意的工具（tool of allegory），即使像 Steadman（1974），xxv-xxvi 所觀察到的那樣，它們是不同的轉義詞語（tropes），且每個能彼此獨立而發揮作用。

那些對寓意動怒的基督徒知道他們正在反對的東西是什麼。他們沒有
否認──的確伊皮凡尼武斯（Epiphanius）強烈地肯定──寓意（alle-
gory）甚至是出現在《新約》裡；但是諸如「我是葡萄樹」（《約翰福
音》15.1）沒有把其主詞隱藏起來，這句話不是以我們帶給一個寓意的
相同鑰匙來解鎖。然而古代人在類型學（typology，譯註：這個詞可翻
譯為「預定」；在《舊約》裡約拿和魚的故事，根據寓意的解釋，認為
這預表了耶穌的埋葬）與寓意（allegory）之間缺乏一個清晰的區別，
他們顯然沒有把這兩者當作同義詞，而《舊約》的一些段落預示基督的
工作的學說沒有必然導致：每一個插入事件與預言可以被應用到人種的
整體上（in toto），一如寓意學家所設想的那樣。一旦我們把單純的隱
喻排除，也就是那些似乎不需要闡明的類型學的章節與許多章節，困難
的膽餘篇章包括歸之於所羅門（Solomon）的作品與《啓示錄》（Book
of Revelation）；[11] 而不是把它們轉交給寓意學家，可是常識的詭辯卻
宣稱它們是「神祕難解的」（enigmatic）。[12] 在作者中，像馬塞盧思
（Marcellus）[13] 與伊皮凡尼武斯，這個詞蘊含著，在他們的詮釋中，
是不可能獲得某種虔敬的一致，部分經文最好是保留不做解釋，以免它
們模糊了其他文本的透明性。

在歐利根死後，這些責難轉移到他本人，但是，我希望證明以下的
探究，它們不只可以被期待，而且在他自己的研究原則中被接受。作為
類型學的十足的代表性人物，他沒有把類型學與寓意相混淆，而他準
備好去分辨《舊約》裡每個章節的基督面容，這對他的古代的批評家是

---

[11] 比較伊皮凡尼武斯，《駁異端》（Panarion）51.32 論述這本書裡的屬靈的品格。
[12] 比較堃提利安，《制度》8.6.52。
[13] 作為阿里烏斯（Arius）的反對者，安卡拉的馬塞盧思（Marcellus of Ancyra）強烈反對《箴
言》（Proverbs）8.22 的引述作為基督是一位受造的存有者的證據（優色比烏斯〔Eusebius〕，
《駁馬塞盧思》〔Against Marcellus〕1.2.13-14），並進行譴責歐利根對這節經文的詮釋（同上，
1.14.19.3）。在前面的段落裡優色比烏斯反駁：《箴言》不能被當作一個謎而忽視，因為它僅僅
是為了我們的啓迪而按順序排列的三本所羅門書中的第一本。

感到欣慰，如同這對現代的擁護者是感到痛苦一樣。雖然他不能相信存在有任何它的意義是完全的無法修復（recovery）的神聖文本，他坦承存在缺乏教導下精讀的某些危險的東西。與這些保守者相去甚遠，他做出了一個相反的推論，就是，這些是學者們有義務去解釋的文本。至於他的評論者，對他而言，寓意（allegory）與其說是在許多的文本的固有物，勿寧說是一個詮釋鏡頭，透過這個鏡頭人們在個別性裡尋找普遍性；和那些批評者不一樣，他主張，經文真正的神聖性認可並的確意味著寓意（allegory）的使用，就像人類的自我的有機統一體顯示魂的臨在一樣確定。作為行動者的意動的核心，魂是在較高的層級上的精神以及在較低的層級上的身體的夥伴；同樣地，歐利根把寓意設想為一種調和文本的具體的句子分析 —— 有人稱此為文面閱讀（literal reading）—— 與其神祕物的靈占（spiritual divination）—— 在其他方面被稱為類型學 —— 之間的工具。正如魂與身體並不居住在平行的世界裡一樣，而且其中的一個是內在於其他裡作為它的生命功能的來源與嚮導，寓意的意義（allegorical sense）也同樣不與字面爭戰，而是相反地，賦予字面以連貫性與真理的生命力。這樣的一種寓意的說明，由現代的形式主義者所掌握，或許呈現了轉喻（metonymy）對隱喻的勝利：[14] 但是形式主義的範疇是太過於稚嫩，以致無法去詮釋歐利根關於神學與生命之相互激勵的學說（doctrine of the interanimation of theology and life）。

寓意與哲學家

　　'allêgoria' 這個詞不出現在古典時期的希臘文裡，儘管西塞羅當時已經察覺到它[15]，以及副詞 'allêgorikos' 被公元前第三世紀時的斯多葛

14　參考 Frye（1982），84-5；在頁 15 裡，Frye 修正雅各布森的定義，把轉喻（metonymy）切割成三個種類，第二個種類是類比（analogy），它為隱喻提供真正的補充。

15　《演說家》（Orator）27.94 引用希臘文的這個單詞；比較朗吉努斯（Longinus），《論崇高》（On the Sublime）9.7。

主義者克里安悌斯（Cleanthes）所應用。[16]我們聽過說早期採取的措施以淡化神話的荒謬性，並且以贖回詩人令人困窘的遺產。甚至在六世紀時，有一位赫雷基烏姆的塞阿哥奈斯（Theagenes of Rhegium）據說將荷馬的《伊利亞德》（*Iliad*）裡諸神的戰爭詮釋爲自然的要素〔自然的力量〕之間的鬥爭的隱喻。歐利根所認識的作者們都展現出對塞阿哥奈斯的同時代人，即新羅斯的斐勒希德斯（Pherecydes of Syros）更濃厚的興趣，風評說他是畢達哥拉斯的老師，以及可以被了解爲藉著荷馬的神話光彩的怪異神話的作者。[17]在現代以及古代的學術裡，他的名字也與泰坦神（Titans）與眾神之間的戰鬥聯結在一起，這場戰鬥被描繪在女神雅典娜的儀式禮袍上。[18]這幅圖畫及其可怕的主題纏繞在柏拉圖的作品以及他的追隨者裡，但是柏拉圖自己主張，與其爲神話做辯解，不如把它忘掉。然而，在《理想國》（*Republic*）裡說，想像力（*hyponoia*）或者下意識的意圖也許是有益的，當甜蜜的粉飾持續荼毒青少年的魂時，它通常會被忽視。然而，對我們而言，那個魂仍是高深莫測的，蘇格拉底在《費德羅斯》（*Phaedrus*）裡，沉思著，是否當地的仙女歐麗泰雅（Orithyia）是一位人類的少女，而強暴她的波瑞阿斯（Boreas）僅僅是一陣致命的風（《費德羅斯》229d-e），他想知道其中存在有什麼重點？這裡，正如同在塞阿哥奈斯那裡一樣，寓意學家的詮釋的方法是「生理學的」方法，這種方法在自然的現象或者事件裡尋求寓言故事（fable）的意義。從古典時期起，我們擁有這樣的辯護，就是一個延伸的樣本，它主張：如果我們讓自然的世界以及人類的官能提供更多的高雅的東西代替眾神的話，神話的淫穢行爲以及奧爾菲的歌

---

[16] Von Arnim, *SVF* 1.118；參照朗吉努斯，《論崇高》32.7。

[17] 有關塞阿哥奈斯，參考 DK，1，51-2。雖然 Schibli（1990），16 同意斐勒希德斯只是勉強承認有關時間（Time）作為寓意之父（father of allegories）。出自於歐利根的《駁瑟蘇斯》的證據沒有讓人感覺到值得包含在 Schibli 的書中。

[18] 參考 Edwards（1990）論述在《駁瑟蘇斯》6.42 在斐勒希德斯的引述中可能受惠於努美尼烏斯（Numenius）；也參考努美尼烏斯，殘篇 37 Des Places。

曲才會停止干擾我們。[19]

在這些早期的時代裡似乎任何到手的工具都可能被收買達成評論者的目的：規範寓意（allegory），以及給予名稱，就留給希臘化時期的斯多葛學派了。「希臘人」（Greek）這個詞現在是定義某種傳統，而不是地域，齊諾（Zeno）、克里安悌斯與克律希波斯（Chrysippus）的目的，與其說是在於證明這些古典作品，不如說是見證他們自己的哲學。在這方面，史詩與神話學的眾神被等同於自然要素〔自然的力量〕，宙斯本身被看作是精神、火或者以太（aether），不可見地滲透世界，在人的魂之內，也是一種支配的火焰，神聖的酵母。斯多葛主義的物理學，伴隨著心理學，在公元一世紀提供了赫拉克利特（Heraclitus）解開荷馬的心靈的線索。在他的《荷馬的寓意》（*Homeric Allegories*）裡，多變的海神普羅透斯（Proteus）是物質（matter），奧德修斯（Odysseus）與赫爾莫斯（Hermes）的會見是心靈趨向智慧，雅典娜（Athena）抓住阿基里斯（Achilles）的頭髮拉回他的頭是理性壓制心的激情。第一個解釋是隱喻式的（metaphorical），第三個解釋是轉喻式的（metonymic）（因為在《伊利亞德》〔*Iliad*〕裡，理性事實上克制了阿基里斯的激情），然而第二個解釋或許是這兩者的結合。奇特的詞源是常見於早期斯多葛主義的神學，而這個實踐的最認真的範本也是在公元一世紀的寇努杜斯（Cornutus）。以整個眾神作為他的模範，他甚少滿意於音節的單一排列組合。例如，阿波羅（Apollo）是太陽，因此是摧毀者（apollus），還有，藉由詞源學與轉喻的相似聯結，他也是一位醫治者（apoluôn）與疾病的驅除者（apelaunôn）。[20]柏拉圖主義者持續提出異議，而他的同時代人普魯塔克（Plutarch）警

---

[19] 有關現代的研究請參考 Laks 與 Most（1997）。

[20] *Epidrome* 32，頁 65-6 Lang。有關於塞內卡（Seneca），如 Most（1979），2047-8 所考察的那樣，不是所有的斯多葛主義者都贊同。

告年輕人在他們粗暴處理文本裡不要去仿效斯多葛學派。[21] 然而，以及他也從埃及的神話伊西斯（Isis）與歐希莉絲（Osiris），以及從立在德爾菲的神諭的門楣上的字母E獲得生理學的與心理學的學說。在這個風格中漫無目的的嘗試裝飾著泰爾的瑪西穆斯（Maximus of Tyre）的論文，[22] 儘管他仍採取詩與哲學之間的一個反題。甚至這點在較晚的一個世代，被阿巴美阿的努美尼烏斯（Numenius of Apamea）以出於柏拉圖的非自願性的串通所克服。[23]

到了二世紀的晚期，這已經是一個陳舊的指控：柏拉圖譴責其他人的神話，卻以他自己建構的寓言的敘事（fabulous narratives）哄騙讀者。最強烈的譴責是在他的《理想國》第十卷裡，在這卷裡蘇格拉底——在他把荷馬驅逐出他的理想城邦之門不久——以懲罰、獎賞及轉生描繪死後的前景。信使者（tradent）潘菲利亞的厄（Er the Pamphylian）（614b）明顯是虛構的，這個收場白似乎撤銷了柏拉圖遍佈在他的對話錄裡對詩與神話的批評；[24] 所有對神話的辯護都會是不完整的，除非它在《饗宴》、《費多》、《高爾吉亞》與《蒂邁歐》裡說明了它對相似的奇異的想法。還有更糟糕的，在《克拉提路斯》（Cratylus）裡，蘇格拉底似乎是在斯多葛主義之前的一位斯多葛主義者，這篇對話

---

[21] 《論對詩人的傾聽》（On Listening to the Poets）31e（駁克律希波斯）；在 33c 他指出被斯多葛主義者所欽佩的一位蘇格拉底學派者安提希尼（Antisthenes），他透過無理由的修改來清除荷馬的不道德的行為。

[22] 尤其參考 Leucothea 在《演說》（Oration）11.10 中（附有 Trapp 的註釋〔1997〕，102-5）對奧德修斯的救援的處理。

[23] 參考 Lamberton（1986），54-77 有關努美尼烏斯的寓意式的斷簡的全面評述，我在這裡繼續詳細引述它。

[24] Macrobius 在《論希皮歐的夢》（On the Dream of Scipio）1.9.9 回應了伊畢鳩魯主義者克羅特斯（Colotes）的攻擊，以及普羅克洛（Proclus），《論理想國》（On the Republic）II 109-10 Kroll。論厄的起源（provenance of Er），它有時被人們認為是索羅亞斯德（Zoroaster）的面具，參考 Edwards（1988）。「潘菲利亞」（'Pamphylian'）的這個名字可能蘊含「屬於每個種族」，例如在《政治家》（Politicus）291a。

裡，在整個考慮到反諷與頑固的矛盾之後，這篇對話錄的較大部分假定
自然可以透過名字的分析被質問。認真地考慮《克拉提路斯》的詞源，
並覺察到柏拉圖的證明意味著哲學與詩的和解，努美尼烏斯把厄（Er）
的神話嫁給了在《奧德賽》（*Odyssey*）裡荷馬的陰間的代表；[25] 詩歌
裡的詭詐與風雨飄搖的英雄被詮釋為魂是在其對天堂的不安定的追求中
的象徵（斷簡33. Des Places）。

　　對大部分的轉喻（metonymic）而言，釋經的方法是：陰間（Ha-
des）代表相鄰接的區域，我們稱這個區域為我們的世界，它的居民
被稱為夢，因為我們現在的生命是眾相本身（Ideas）的一個夢（斷簡
32.6-7），而太陽的大門可能與南北回歸線（the tropics of Cancer and
Capricorn）相等，在柏拉圖的異象裡，魂來回穿梭於這些大門（斷
簡31, 34, 35）。像經由南回歸線下降到陰間（Hades）裡，經由北回
歸線上升到天堂裡，既不是隱喻（metaphor），也不是絕對的實體
（absolute reality）：這是預嚐到真實的神格化的滋味（foretaste of the
true apotheosis），在這個神格化裡，魂脫離了肉體的體貼與錯誤得到
自由。亞特蘭提斯人（Atlantis）與雅典人之間的戰爭，《蒂邁歐》有
關宇宙論神話的序曲，被分析為無盡頭的戰爭的說明，這場戰爭是眾神
既在魂裡也在自然的要素裡向精靈（daemons）宣戰。[26] 西方是亞特蘭
提斯的位置，精靈的所在處與已逝的魂住處，這是再一次轉喻式的解讀
（metonymic reading）：這些例子應該使得寓意（雖然還沒如此稱呼）
在柏拉圖主義者的手上比在斯多葛主義者的手上更是一種強有力的武器
變得清晰。因為斯多葛主義的生理學與心理學可以被考慮的小抄，當他
們被神學的符號困惑之時；因為柏拉圖主義的神學是母語，自然科學只
是由之而來的方言，這三者全體在翻譯的單一的過程中互通氣息是可能

---

25 特別參考斷簡 35-7 Des Places，附有 Edwards（1990）試圖追溯斐勒希德斯晚期對努美尼烏斯的
　詮釋。

26 斷簡 37 Des Places；參考以上論述斐勒希德斯。

的。柏拉圖的釋經涉及到各種科學的階層，藉由實體的秩序——從屬於
物質的領域到魂，以及魂到神——使得這個階層可能。對於斯多葛主義
者而言，亞特蘭提斯的傳說只是一個曾經有過的故事，但是對於一位柏
拉圖主義者而言，甚至歷史是可以贖回的，因爲魂與時間同時存在，永
恆移動的影像，產生可運動的世界，而且以眾相本身（Forms）的可感
觸的模擬物撒種在這世界上。

　　努美尼烏斯在《駁瑟蘇斯》裡被引述四次，[27] 他或許是歐利根所熟
悉的最新近的柏拉圖主義者。但是在歐利根較年輕的同時代的人普羅丁
裡，我們得到以哲學的方式去閱讀《奧德賽》的指點，尤其在他的最早
期的作品《論美》（On Beauty）裡很顯然感激努美尼烏斯。在其他的
地方，普羅丁臨時將俄耳甫斯的詩歌（Orphic poems）派上用場，他通
常以比喻（parable）補充他的邏輯的沉思（logical meditations），當
主題超出話語所能及的範圍時，從柏拉圖的神話裡逐漸發展出新的以
及更爲透澈的神話。儘管他的學生波菲利是過於年輕，以致不能留下
對歐利根的任何評論，他是一位從事努美尼烏斯的文學研究的學生，
以及他的寓意式的論文（allegorical treatise）《論荷馬裡寧芙的洞穴》
（On the Cave of the Nymphs in Homer）是歐利根已看到的花蕾所綻放
出的花朵。這篇論文的主題是關於現存暗礁（living rock）陰鬱而愉悅
的洞穴，這是寧芙常出沒的地方，以及各別爲凡人與神設有不同的大門
進出，奧德修斯就在那個地方登陸歸返伊薩卡（Ithaca）。把這個地下
的室穴與陰間等同是不需費力的，因此可以類比我們的陰間。那兩個開
口當然一個是哈德斯（Hades）之口，另一個是熱帶地區之口。從較低
層的往較高層的上升在奧德修斯的旅程上可以粗略描繪：當他逃離魔音
女妖時，冒著暴風雨，衣衫襤褸，從快感的附庸裡（satellites of plea-
sure）重新獲得他的王國，在那些從未曾聽過大海的人們中繼續尋找他

---

[27] 《駁瑟蘇斯》1.5 = 斷簡 1b Des Places；4.51 = 10a；5.38 = 53；5.57 = 29。

的死，所以我們──穿越了世界迷惑人的結構──也必須努力克服魂的痛苦以及身體的艱辛，因為家還沒出現在我們眼前，因為和平孤獨地等待心智（80.8-21 Nauck）。在這艱難中我們不是孤單的，我們也不全然對神是消極的：神與人的能量的連結在荷馬裡被象徵為橄欖樹，雅典娜的神聖的標誌，它代表洞穴門楣上的標記（skopos, mark）。[28] 波菲利在這裡預先使用了晚期的新柏拉圖主義者的作為專業術語（termus technicus）的標記（skopos），用來指謂文本的主要的對象或者文本的意圖，也就是文本中任何既有的段落的詮釋必須指涉到意圖。把橄欖樹指稱為標記（skopos）是要指出文本的目標是智慧，雅典娜的特權是：藉由這個忠告，我們免於束縛於字面上的意義，正如在敘事裡，樹本身容易使奧德修斯從暗礁裡出現。正如洞穴儘管它是模糊不清的，卻是賞心悅目那樣，所以文本提供愉悅，甚至當它只是似懂非懂時；而且，正如奧德修斯認為他自己本身孤立無援，直到雅典娜把霧氣給消散為止，所以聰明的心智將知道這是不精通荷馬的詩歌裡的潮解之美。

　　或許在他與這位偉大的哲學家與評論家朗吉努斯（Longinus）[29]的學習期間，波菲利變得把文本的語意解析，就是它的詮釋（her-mêneia），視為它的體（body）和更深刻的意圖，或者思想（dia-noia），視為它的魂。[30] 朗吉努斯的確走得更遠：建構在亞里斯多德這句格言上，就是，論文的文字作為它的質料（matter）而產生作用，[31]他發現到，在亞里斯多德的範疇與感官之間有一個對應，接著他把這

28　參考 Edwards（1996），98 論《洞穴》78.8-13 Nauck。（譯註：希臘文 skopos 的意思是指「目的」〔'purpose'〕，這裡根據上下文脈絡翻譯為「標記」。）

29　Heath（1999）使相信著名的《論崇高》的著作是這位作者的作品再一次成為可能。

30　斷簡 475 Smith。有關「詮釋」（hermêneia）作為平易的意義的分析，比照歐利根，《論禱告》（On Prayer）26.3，頁 361.5 克特蕭（Koetschau）。

31　Edwards（1996），100，引述亞里斯多德，《倫理學》1094b12 以及 1098a28 與《洞穴》81.9-10 Nauck 一起。

應用到文本的「體」的修辭分析上。[32] 在波菲利對《奧德賽》的註釋
（exegesis）裡，洞穴與現在的世界之間的關係，在從一個逃脫並前
進到另一個之間的關係，是比任何我們迄今已考慮到的其他的東西更
是隱喻式的（metaphorical），而這也許顯得他的思想可以被濃縮成
簡潔的分離：詩的體牽涉到體的冒險（the body of poem concerns the
adventures of the body），而詩的魂牽涉到魂的教育。就這點而言，反
對它質料（matter）事實上是隱喻的兩邊的一方是相當公平的，因為魂
中的完善在沒有它的包裝物，即身體的伸展與自願的消耗是無法達到
的。儘管如此，這仍然是真實的：奧德修斯在洞穴裡的英勇事蹟只是
一個象徵，不是一位哲學家必須展現其救贖的行為的手法（species of
the acts）。波菲利所解讀的史詩的寓意，其中人的角色不代表它們的
人的型（types）（正如但丁與班揚那樣），也不代表那些型的抽象特
質（正如史賓塞和郎蘭那樣），而是代表全然的不同型的角色，這些角
色把德性的不同種類個例化。上面句子所提到的五個作者並非沒有意
義，── 波菲利是其中一位非基督徒。基督徒認為，當所有的考慮都
做了，魂與身體開往相同的天堂或相同的地獄裡；對柏拉圖主義者而
言，任何把身體的善當作其最終因的敘事，只能在隱喻上（metaphori-
cally）與這個敘事相關，在敘事裡關注的核心是魂。

波菲利的思想（dianoia）與詮釋（hermêneia）之間的對比，在晚
期的柏拉圖主義中，根據詞彙（lexis）以對照目標或者標記（skopos）
與解說之間的差異被取代了。對普羅克洛（Proclus）而言，後者的表
達與其說意含著我們所稱之為字面意義的東西，勿寧說意含著對個別
事物的檢驗，也就是先前文本的一般義意被建立起來。[33] 當這個對比再

---

[32] 參考《演說術的技藝》，552-3 Walzer 論範疇；554 論感官。

[33] 參考普羅克洛，《論蒂邁歐的評論》（*Commentary on the Timaeus*）4a，頁 9.29-30 Diehl。也注
意奧古斯丁的 *De Genesi ad Litteram*，這是他最長篇的對創世紀的前面三章的評論。然而許多
他的闡明向我們展現出既是比喻的（figurative），又是想像的（fanciful），他認為他避開了寓

出現在歐利根的《論第一原理》裡時，根據詞彙（*kata lexin*）及其同源詞的公式，意指沒有價值的字面意義不能滲透經典敘事的薄膜；[34] 同時，他的註釋（exegesis）是比他的哲學的前輩與同時代的人的註釋更多，而不是更少注意到初型（archetype）的表層，他的屬靈上的詮釋經常迫使他對於異常、歧異和含糊的事物施以他的尊敬，這些事物在現代去嘗試掌握古代作者的「精神」（spirit）是受到忽略的。因為沒有讀者的身體，他的魂不能被拯救，所以沒有經文的體（body），讀者不能被靈建造。[35] 我們在以下偶爾會談到歐利根的希伯來文的老師，而這可能是，猶太的神學家保羅與斐羅（Philo）是為他所熟悉的唯二的作家，他結合了對膚淺註釋的相同鄙視與對文本的雕琢音節的相同的忠實。

▎亞歷山大城的傳統

在哲學家的作品中，理性從感官的解放習慣上被拿來與奧祕事物（mysteries）的啓迪比較。奧祕事物的儀式，儘管表面上離譜和過時，它們卻被它們所銘記過的永恆的真理尊為神聖的。古典的啓迪模式是一種三重的模式：儀式（ceremony, *dromenon*）後接著是一種說明的談話（*legomenon*），而接著後者（在時間上）的是奇觀（spectacle, *epopteia*），只惠予極少數人而不被洩露。赫拉克利特過去曾論證過：寓意的前提被建立在奧祕事物上，柏拉圖自由地採用能手的語言，儘管他嘲弄那些想像只有儀式將確保他們在死後有一個更好的福分的人（《理想國》364e-365a）。因此，波菲利在原則上沒有說出任何新的東西，當他留意到密特拉主義者（Mithraists）在洞穴裡相遇，並找著在密特拉主義者有關天堂的奇想的繪圖學中，荷馬裡寓意的呈現與要旨之線

意（allegory），凶為他把有形體的宇宙而不是魂視為本書的主要主題。
[34] 《論第一原理》，頁 333.4 克特蕭。
[35] 在這章裡，我的論證是與道森（Dawson, 1997）的論證一致，但是不是受到他的激勵。

索。然而，我們並不知道任何希臘人，他們像亞歷山大城的斐羅那樣
如此頻繁和如此熱烈地訴諸於奧祕事物：儘管他是一位猶太人，他幾乎
不可能對這些在那城市以如此的盛況與多彩繽紛慶祝的節慶一無所知，
他可能透過道聽塗說得知那些在更深奧的階段中被實踐或被經驗到的事
物。對他而言，僅僅細讀《妥拉》是一種奧祕，其高潮就是在地母神參
與者的狂喜中對神的真理的直接沉思，也就是在酒神縱慾的崇拜（or-
giastic cults of Dionysus）中抓住崇拜者的那一類。[36] 在分析這點作為
斐羅屈從於希臘的模式的記號（sign）之前，首先，我們應當記住年代
學（chronology）將不允許他在他的寓意的使用裡成為一位「中期的柏
拉圖主義者」（Middle Platonist）；其次，甚至希臘的本土的奧祕事物
經常被希臘人自己認為根源於其他。因此，奧祕事物的風尚（the idiom
of the mysteries）是一種普世性的風尚，明顯地適合於斐羅的計畫，這
個計畫—— 正如與道森（David Dawson）所指出的那樣[37] —— 不是把
《聖經》希臘化，相反地，而是證明人性的普遍的科學，在它成為希臘
人的知識之前，長期以來完全為摩西所研讀。

斐羅的宗教把他與一大堆的日常的以及年度的節慶束縛在一起，而
這些節慶並沒有明顯的傾向使他成為一位更好的人。因此，這不僅僅是
一種謝罪的手段，而是一種虔誠的責任去肯定律法的禁制及禁令，不論
它們看起來是多麼的吹毛求疵，打算藉由類比（analogy）來促成對美
德的追求與對邪惡的克制。立法者稱之不潔的動物展現出的特點，使這
些特點成為不健全的苦難（passions）的自然標誌（emblems）；潔淨
歸於那些理智的分析功能所評價的分蹄動物。獻祭中動物屍體的區分是
具體（corporeal）與非具體（incorporeal）、永恆與短暫、心智與肉體

---

36 《論世界的創造》（*On the Making of the World*）71，《誰是這位繼承者》（*Who is the Heir?*）69
等等。在《亞伯拉罕的遷移》（*Migration of Abraham*）34-5 裡他自誇當精讀聖經時，他經歷過
數千次的這類的狂喜。

37 Dawson (1992), 125-6.

之間的二分法的符號（symbol）：**38** 因此，這是另一個記號（sign），理智在內在生命裡的擢升是滋養法規（alimentary code）的真正的目的。儘管如此，律法不同於奧祕事物，因為僅僅服從律法被認為是可稱讚的，而忽略它總是該受責備的：在生命的每個階段裡，內在與外在的純潔依然保有敬虔的相連的要素。**39** 平凡的節慶被世俗的哲學所補充，但是卻永遠不被它們替代，為什麼斯多葛主義和柏拉圖主義者的智慧只是那個相同的道、神性的創造性的話語和理性的成實，神性的創造性的話語和理性影響《妥拉》與在《妥拉》教訓中的每個層次的意義呢？不僅僅在律法的文本裡，且也在歷史的段落上，字面的意義（literal sense）與寓意是同居共處（cohabit），這兩者的詮釋都是不可消除的，儘管前者在轉喻上從屬於後者。撒拉的不孕是一個謎，它的解決將解開釋經的整個奧祕（the whole mystery of exegesis）。夏甲（Hagar），亞伯拉罕暫時的妾，是希臘人通俗的或淵博的學習；撒拉在長期的不孕之後的結實累累預示著魂與智慧的交流，以撒預示著理性的虔誠，它是這樣一種聯繫的合法繼承人。**40**

斐羅經常利用 'allêgoria' 這個詞。在他的作品裡它預示著在指涉中的一種轉變，不只從外在生命到內在生命的轉變，而且也從一種受到限制與任意的美德到一種更自然的，因此是更普遍的型（type）的轉變。以這個視野（optic），他細查整部的《創世紀》，以及在《摩西五經》（Pentateuch）裡摩西的生活和許多律法，不只勝過他自己時代的柏拉圖主義者，而且也勝過任何時期的斯多葛主義。對斯多葛主義

---

38 《誰是神聖事物的繼承者？》（*Who is the Heir of Divine Things?*）130-40。

39 參考《特殊的律法》（*Special Laws*）以及《論律法的寓意》（*Allegories on the Laws*）。這些文本有助於他們自己的解讀；例如《特殊的律法》1.327-44 列舉五個種類的人，被摩西排除在這個宗教團體之外，並且論述：這五種類的人指稱五種異端，這些異端導致對受造物的崇拜，而犧牲創造主。

40 《論與初步的研究相一致》（*On Mating with Preliminary Studies*）71-80。克雷蒙在《雜集》（*Stromateis*）1.30.1 裡揭露他對斐羅的詮釋（Philonic interpretation）的認識。

而言，一些文本是困難的，但是沒有一個文本是神聖的；柏拉圖並沒有意圖留下一部《聖經》給他的追隨者，這是唯有在第四世紀時，他們已經認識到持續地去閱讀他的對話錄，並且從一個模糊不清的結構到下一個模糊不清的結構，以相同的蟲蛀型的韌性編造而成。甚至在楊布里柯斯（Iamblichus）與普羅克洛的評論裡，並沒有那種對有關於神諭的音節與字母之虔誠的關注，這種關注成為在斐羅之後《聖經》的猶太教與基督教的研究的一個標記（mark）。他的光是從外邦人裡借用過來這樣的一個主張，從拉比的文獻裡以一套可比較的實踐與方法得到回應[41] —— 如果沒有其他的東西的話，這足以證明離散的猶太人的哲學在精神上不全然與猶太會堂疏遠。如果斐羅的詞源學是不符合聖經（unbiblical）的話，那只是因為他對希伯來文的認識並不多；他大膽地詮釋他對飲食習慣的忠誠，使他在他自己的世代裡（或者至少在他自己的估計裡）是個保守主義者。我們沒有原因去懷疑這位「希伯來」的老師，歐利根從他那裡吸收他的批判的原則，當還在亞歷山大城時，他是斐羅的一個知識後裔。[42]「希伯來」（Hebrew）這個詞應該是指一種對《妥拉》的語言的認識；異教徒或者基督徒這些古代人的風俗習慣是把說希臘文的前輩視為「猶太人斐羅」（'Philo the Jew'）。

但是對亞歷山大城的克雷蒙（Clement）而言，他是「畢達哥拉斯主義者的斐羅」（'Philo the Pythagorean'）。[43]這個描述詞不需要蘊含個人遵守這個宗派，因為希臘的散記作家（Greek doxographers）已經注意到在克雷蒙時代之前長久以來，猶太教導與畢達哥拉斯主義教導

---

[41] Wolfson（1947），1，91-3 裡簡短的討論與參考書目。

[42] 參考第一章與 De Lange（1976），8-25。

[43] Runia（1995）做出這個結論：這個別名暗示了數字學（numerology）應用於《舊約》裡的比喻式的理解（figurative reading），要不然就是，這個別名與「柏拉圖主義者」（Platonist）是同義詞。在許多段落的清單之後，克雷蒙在這清單裡顯露出他對這位亞歷山大城的前輩的認識，Runia（1993），155-6 認為，斐羅教導克雷蒙「如何把他的柏拉圖主義與《聖經》的思想結合在一起」。

之間的某個習尚的社群（community of ethos），並且猜想是某個出身的社群（community of origin）。它們之中的每一個都具永久儀式的一種宗教（religion of perpetual observances），每個宗教都把它的創立者歸功於一批神祕難懂的格言。這些格言需要詮釋，因為不同於一般哲學家的說教，它們所包含的不只是智慧，而且也包含律法及生活的方式。當《聖經》與哲學取得一致時，克雷蒙認爲希臘人總是剽竊者（《雜集》〔Stromateis〕5.14），但是或許對斐羅而言，他的綽號只是意指：畢達哥拉斯主義者會把他認作爲他們自己的詮釋的方法的解釋者。新畢達哥拉斯主義者擁護「數學的」觀點，即《黃金詩》（Golden Verses）的創立者並不是清楚明白的談話（apodictic utterances），而是符號（symbola），唯有當魂的某些帶有美德的品性（virtuous disposition）被似乎可以規定的放任的行爲所取代，這些詩才可以理解。遵守字母的「聆聽」的原則（'acousmatic' principle）在亞里斯多德的時代已經是即將消亡；[44] 新畢達哥拉斯主義者仍然沒有採用詩節的隱喻式的理解（metaphorical reading of the verses），而是顛倒轉喻的次序（order of metonymy）。素食主義仍然是強制性的，評論家希羅克斯（Hierocles）唯有在其初學者期間才把身體從實際的服從裡分離出來：一旦魂是完美的，它將補償給身體的軟弱，使眞實實現最困難的命令成爲可能。[45]

　　對於他刪除在經文裡有關神的擬人化的段落，古代格言的這種象徵性的翻譯也提供克雷蒙一個先例。剝奪神的四肢、工具、人類的無知及人類的苦難，是否這是寓意，我們可以把這個問題留給《聖經》的學者們；不改變、不動心、全能與全在，在那個時期──正如在我們這個時

44　參考 Burkert（1972）論傳統的來源。在新柏拉圖主義中，例如在波菲利的《普羅丁的生平》（Life of Plotinus）3 裡，這可能是在純粹的聽衆（akroatai）與專家（zelotai）之間的一個留有痕跡的區別。

45　參考 Edwards（1993b），236，引述希羅克斯，《論黃金的經文》（On the Golden Verses），頁482 Mullach。

期那樣——是宗教哲學的公理（axioms）。爲何甚至一位神學家應因克雷蒙對「諾斯替的」基督徒（'Gnostic' Christian）的讚美而受驚，這也是不清楚的，因爲他所讚揚的知識是某一種對經文有識別力的沉思——不是某種對信仰與服事的另一種選擇，而是在那些美德裡達成專精的途徑。更清楚地讓人回想到柏拉圖的東西是他在經文裡兩種意義之間所做的區別，不是如同在保羅裡屬肉體與屬靈的區別，而是肉體與睿智的區別，[46] 彷彿屬靈的知覺（spiritual perception）是某種心智官能的操練。在他的論文《論富人的救贖》（*On the Salvation of the Rich Man*）裡，對於「販售你的物品去救濟窮人」這個命令的心智的理解（noetic understanding），是這樣一種理解：允許基督徒繼續擁有他的物品，只要他以客觀超然的方式思考它們，以及爲了神的目的而使用它們。或許這是一個詭辯，但是自克雷蒙以來，微乎其微的基督教的道德學家堅持這個文本的字面上的運用，甚至他的「睿智的」（'noetic'）意義是儉樸的建議（counsel of frugality），這個建議幾乎沒有他的現代評論家是願意支持的。

克雷蒙在這裡如同他在其他地方一樣，異端權威的意見沒有貶抑地被引用。在他的主要的作品裡，他甚少談論他自己對《聖經》某個作為寓意的段落的破解，除了在轉義語詞（trope）的地方藉著脈絡所示意與詮釋之外，這樣（如我在上面已經論證過了）不是真正的寓意（allegorical）。在他的《先知拾遺》（*Gleanings from the Prophets*）裡，在想起他的亞歷山大城的前輩時，他嘗試從醋裡搾取海索草。他更合適地為這些段落也允許一種字面意義的建構（literal construction）的段落保留*allêgorein*這個動詞。因此，當人們把《創世紀》1.2的無形的虛空據說是指謂宇宙的原始的質料（primitive matter）（第八章），這是一種

---

[46] 例如參考在《論富人的拯救》（*On the Rich Man's Salvation*）5 中有關在肉體的（*sarkikos*）的理解與《馬太福音》裡的「心智」（*nous* of Matt）19.21（譯註：在《羅馬書》7:23 裡，保羅描述肉體的律與心智〔*nous*〕的律的交戰）之間的對照。

寓意：一位斯多葛主義者也許會這樣說，但是只有神職人員（Church-man），或者某位認為自己是諸如此類的人，可能會提議一種對洗禮的詮釋作為他的第二個寓意，就像從「空氣以下的水」（《創世紀》1.7）這個段落，我們身體沉浸在水裡，到屬靈的「空氣以上的水」，這過程是實現了裡面的人的潔淨。這個聖禮預取了心智本身逃離僅僅的「質料的」（'hylic'）或物質的知覺；因此，寓意在基督教的經文的使用上不是一種異國的植物（exotic plant），而是信仰的自然結果。根據類型學的原則（typological principle），它遍佈在《新約聖經》裡，以及已經被「預像」（tupos，譯註：參考第二章的譯者註解，例如《羅馬書》5.14）這個詞的出現所指稱。摩西法典（Mosaic code）一再重複的及不完全的獻祭最終被一次完全的犧牲的獻祭所包含和超越；聖禮的原則（sacramental principle），正如這位作者對它的理解那樣，產生相反的果效，因為它設想神的第一次施恩（God's first act of grace）可以被扼要重述在教會日曆中的一定的日期裡，用作為在基督徒生命中的某種徵兆和創造的工具。

我們看到在肉體與靈之間的二律背反（antithesis），甚至在釋經學（exegesis）裡，沒有導致在諾斯替的智慧與天主教的傳統之間的分離。任何引進第三或第四的語詞的框架，以蘊含有多於一種的字面意義的選擇，更不會是分裂生殖的，或者至少漸漸地超越它是可能的。我們從克雷蒙身上學習到華倫提努主義者狄奧多圖斯（Valentinian Theodotus）把耶穌的教導區分為三大範疇：他宣稱，這位救贖者以奧祕的方式（mystically）和具典型的方式（typically）說了某些事情，有一些是拋物線方式（parabolically）與謎樣的方式（enigmatically），另一些直截而平實，卻是私下方式（in private）（《狄奧多圖斯選錄》66）。這個提示——最容易被理解的意義有目的地從大眾中收回——似乎令人感到不快，但是它也似乎是至少一個聖經章節裡的明白解釋：耶穌在《馬可福音》裡說，我向群眾說比喻（parables），「他們看了

又看，卻看不清，聽了又聽，卻不明白，免得他們回轉過來，獲得赦免。」[47] 這段經文使得古代與現代的評論家大傷腦筋，但是，正如我們將看到的那樣，歐利根的釋經學的一個核心目的是去顯示：在經文裡的所有的含糊不清是偶然的，沒有任何東西被設計成遮住了那些堅持不懈去尋找的人。因此，這是他自己對文本的三層面的理解方法（triadic reading），期待支持三位一體的普遍的學說（catholic doctrine of the Trinity）、理智學科的類似的分類學（taxonomy），以及自我的三重結構，它是藉由一位使徒的禱告所寫下的經驗學說。

▌歐利根與神的道

儘管從克雷蒙的《概述》（*Hypotyposes*）那裡保存下了斷簡殘篇，以及出自西坡力圖斯（Hippolytus）的評論與《聖經》的論文的長篇摘錄，我們沒擁有基督教的釋經（Christian exegesis）的更早範本。這些範本如同歐利根的範本那樣長與完整──我們也許會說如同斐羅的範本一樣。[48] 對歐利根而言，《舊約》與《新約》都是「經文」（'scripture'），毫無區別，不超過猶太人或者他的基督徒同胞，他追溯「被書寫的東西」的權威到其作者人的人格（the personality of its human author）。他的基督學大大地依賴所謂的所羅門的智慧（Wisdom of Solomon），如他所知，儘管那篇論文的題旨，掩飾了它的源頭；他有些尖酸刻薄地談到那些拒絕傾聽《多俾亞書》（Book of Tobit）的人，僅僅因為它不是在希伯來文正典中的一個項目。至於寫給希伯來人的書信，他認為，唯有神可以說誰來撰寫了它，但是他透過一

---

[47] 《馬可福音》4.12，忽略或者精煉《以賽亞書》（Isaiah）6.9 的反諷（irony）；也比較《以賽亞書》44.18。根據這個段落的觀點，Kermode（1979），28-34 主張：保密是敘述的一個不可轉讓的特質；《馬太福音》13.14-15──有目的的保密的觀念在這裡被排除──很清楚地是與這個題旨相矛盾的，而歐利根的實踐蘊含著文本是多義的，而不是歧異的或者永遠含混的。

[48] 有關歐利根使用斐羅，參考 Runia（1993）。

再重複地引述它，正如引述保羅那樣，肯定它的正典性（canonicity）。另一方面，他警告我們防範被公認是先知們與使徒們的作品，這些作品稱自身為偽經（apocrypha）或者祕密的文本，因為教會在其公開的佈道上沒有使用它們。[49] 把一部作品定義為經文：「被書寫下來」的東西是合適於閱讀的，不論是在私人的沉思，還是在聖徒的聚會上，因此不是其來源出處，而是敬拜社群的認可。柏拉圖主義者可能不能了解這種權威性的文本的概念，在這種文本裡作者的名字也許不起什麼作用，而只能宣傳靈感的呈現；柏拉圖的確在他的《費德羅斯》（275）裡主張過：靈感隨著書寫的動作而亡，而文本卻是思想的無聲的相似物（mute simulacrum of a thought），文本在面對爭論時它是無力去贊成或者修正。幾乎很少他的跟隨者採用他的話，但是他們卻繼續尊崇古人勝於那些倖存下來的文學或者寶石工藝。例如，波菲利推斷，如果在伊薩卡的洞穴是荷馬自己的構作的話，那是證明這不是一個無稽之談的小說；相反地，如果詩人僅僅描述老石匠的手工作品的話，我們可以肯定他們不會徒然建造了。由於作者是智慧的水庫，這種作為「神明的」或者「偉大的」獎賞頌讚完全地屬於他，然而文本本身一點也不值得這些獎賞，以至於評論家有責任刪除他可以顯示由他人所寫放在文本裡頭的東西。

　　猶太的偽經（Pseudepigrapha）── 在人們相信先知的繼承是該結束時，以古代族長的名字組成 ── 連結了對作者的個人的尊敬與對書本迷信般的尊崇。在歸之於《以諾》（Enoch）以及《以斯拉》（Ezra）的作品裡，寫作不是保存的手段，而是一種保密的工具，寫作彌封了神的計畫不讓人的雙眼看見，因此當然也不讓以色列的教師細查，直到神的靈鑒（providence）把它向一位更值得的人或更有需求的世代打開。初期教會，當聲稱是一個「歷世歷代所隱藏的奧祕」的監護人時

---

[49] 《論禱告》14.4；優色比烏斯，《教會史》6.25；《評論頌歌》（Commentary on Canticles），序言（proem），頁88.5-6 巴倫斯（Baehrens）。

（《哥羅西書》1.26；比較《羅馬書》16.25），宣稱不是從一本已被隱匿起來的書裡學會它的，而是從耶穌自己及他的門徒所說的話裡學會它的。對於這個地下資源，亞歷山大城的基督徒們補增了一個更隱藏的地下資源，透過一連串享有特權的使徒，不論是用口述的見證或是用文本把它傳承下來。克雷蒙自己贊同這類的傳統，然而他也是第一位教會的作家（eccelesiastical writer），他為成文的「教規」（canon）的通行做見證，[50] 不論這是意味著文獻的目錄，還是意味著他藉以閱讀那些文獻的詮釋規則。這些必要之事物——一方面是私底下的福音（private gospel），另一方面是固定的與公開的教規——似乎會陷入衝突中，而且不易地與基督本身是奧祕的啟示的此一公理（axiom）調和。歐利根——選取教會本身作為是他的使徒，把寬容大公（catholicity）當作他對純真的測試——以一種祕密的傳統（clandestine tradition）確保共同的信仰免受顛覆。同時，他主張：一個單純的讀者是可能被真理本身所欺騙，直到他理解到在經文裡神的話是與道成肉身的神的道同一為止，道成肉身的神的神性為屬血肉的器具的感官所隱藏，而屬靈的眼睛卻把它揭露出來。

正如有人可能期待，他發現這個原則對《約翰福音》的評論特別適切：

> 神的全部話語，「太初有道」〔《約翰福音》1.3〕，不存在多話的性質（manywordedness, *polulogia*），因為它不是許多話語。因為它是許多觀念組成的整一，這些觀念的每一個是整一話語的一個部分……。因此，我們的意思是：那位說出無關於神性（godliness）任何東西的人是話語多的人，而那位說有關於真理的人，即使他

---

50 韓聖（Hanson, 1954），53-90 對照訴諸在《雜集》（*Stromateis*）1.1 等等中的深奧的教導，與歐利根在公開的文件的詮釋中的備用資料。

毫無遺漏地說出所有事物，他總是說整一的話語，而聖徒不是話語多的人，因為他們掌握住那整一話語的意涵。（《愛美集》（*Philokalia*）5.4；頁 45 Robinson，引述《評論約翰福音》5）

這個段落的蘊含（但是不縮減為）這個命題：所有經文是神的心智的啟示。上面我們已經留意到歐利根沒有清楚區別——或許我們應該說，很明顯選擇不去區別——宇宙論的基督（cosmological Christ）與拿撒勒的基督，也就是神的永恆的話語與那位在歷史中傳講那話語的人。因此，不令人驚訝，在他的《利未記講道》（*Homilies on Leviticus*）裡，他的目標是去辨識在獻祭面紗背後的靈（Spirit），它不是天體的道（celestial Logos），而是可感觸到的與可聆聽到的道，福音傳道者的神人（God-man of the evangelists）他們提供詮釋的關鍵：

> 經文，彷彿是由可見的體所構成的，體中的魂有利於構想與理解，而靈彷彿容納了「屬天體的事物的型與影」。所以，當我們呼喚在《聖經》中構造體、魂與靈的那一位，體是為那些在我們之前的人，魂是為我們，而靈是為那些「來世將繼承永生」的人……我們將發現不是文字，而是當下的魂。（《利未記講道》5.2；頁 334 巴倫斯〔Baehrens〕）

無可置疑地，這裡被呼喚的這一位是成了肉身的道，由此造成他自己的手工作品——經文的可見文本——揭露了潛藏的真理，這個潛藏的真理卻是對「在我們之前的那些已經存在的人」隱瞞起來。因為他成全了獻祭律法（the fulfilment of the sacrificial law），他是我們的罪的祭品，是永恆的原型（the eternal prototype），而現在他是聖職的唯一繼承人（the sole inheritor of the sacerdotal office），他的三重的啟示被預示在素祭的三重範疇（three categories of vegetable sacrifice）裡以及分別地被分配給俗眾信徒（laity）、利未人（Levites）和祭司（priesthood）

的創始的三個階段（three phases of initiation）裡（3.3：3.6；頁 340,
344 巴倫斯）。歐利根甚少錯失良機去重複基督的忠告，就是，我們必
須吃他的身體以及喝他的血以便進入天國（Kingdom），而他總是再
說：這些話不可照字面的意義被遵守，而是需要對經文不斷的咀嚼來實
現。唯有當被書寫下來的文本的表層，僅僅文字，像麵包在餵食大眾之
前被弄碎那樣——靈才能顯現，而它以這樣豐富的數量傳播真理，甚至
讀者盡情地拿了膽餘的，遠遠超過原本的供應（《利未記講道》〔Homi-
lies on Leviticus〕4.10；頁 331 巴倫斯）。

　　因此，施行的律法預示著相同的基督——在成文法以體、魂和靈
呈現——身體的與屬靈的犧牲；他與我們分享的這三重本性，是歐利
根在他的論文《論第一原理》的第四卷裡，關於一個詮釋的理論最長
的概略基礎。引述《帖撒羅尼迦前書》（1 Thessalonians）5.23，在這
裡，保羅為與他通信的人的體、魂、靈祈福，歐利根認為經文同樣是三
重串連的（triple-stranded）。在歷史上，經文的體僅僅敘事的，在倫
理上，誡命是他們最單純的應用。經文的靈——滲透兩種文本——是
救贖的奧祕（mystery of salvation），按照天意（providentially）隱藏
在《舊約》裡，在《新約》的許多部分裡毫不隱藏地顯露出來。在律
法內對福音的遮擋，從保羅在他致加拉太人的書信裡，把教會等同於
亞伯拉罕的妻子撒拉（Sarah），以及把會堂（synagogue）等同於他的
使女夏甲，就已經成為基督教釋經的前提（presupposition of Christian
exegesis）。[51] 在這一個實例裡，保羅選擇分詞*allêgoroumenon*（說寓
意，《加拉太書》4.24）捨棄名詞*tupos*（例子或預像，譯註：例如在

---

[51] 《加拉太書》（Gal）4.21-30。韓聖（Hanson, 1960），81-2，無法否認寓意（allegory）的出現，
他把它與「亞歷山大城的模式」（'Alexandrian mode'）做區隔，這個模式將意義的「變質」
（'transmutation'）轉化為「道德的感受或哲學的真理」。保羅的這句格言：「他們遭遇這些事
都要作為鑒戒，並且寫在經上正是警戒我們這末世的人」《哥林多前書》10.11 在歐利根的《評
論馬太福音》16.9 得到回應，頁 501.11-12 以及 503.5-6 Benz 與 Klostermann。值得留意的是，
這裡耶柔米（Jerome）的拉丁文文本省略了原文的規定，即「歷史的意義」是真實的。

《羅馬書》5.14裡，亞當乃是那以後要來之人的預像〔tupos〕）。然而傳統如此反對這個語詞，以致它在《加拉太書》的英文版本裡有時不被翻譯：金口（Chrysostom）的獨斷意見，就是，寓意（allegory）在這個脈絡裡是類型學（typology）的同義詞[52]，已經默默地或公然地受到喝采，縱然事實是：基督自己在《舊約》的基督教的詮釋中是類型學通常的指涉對象（referent）。歐利根更加謹慎小心地說，保羅的寓意是「屬靈的意義」，在他的評論和講道（homilies）裡，這個詞包含所有透過永恆的基督在地上的使命所完成或所制定的東西。

如果作為一個體制（institution）的教會是屬靈的意義的一個指涉對象，我們必須問，什麼東西構成意義的第二階序（second order of meaning）：在他的作品裡，何者被稱為經文的「魂」（'soul' of scripture）：以及在最著名的現代的研究裡，何者是「教會的意義」（ecclesiastical sense）。這個命名法為歐利根訴諸《哥林多前書》9.9-10清楚確證，證明保羅他自己是熟悉經文的魂（soul of scripture）。[53] 在這段經文裡，裝載有這個問題：「神會看顧牛嗎？」保羅構想出申命記的誡命（Deuteronomic precept），「牛在場上踹穀的時候，不可籠住牠的嘴」（《申命記》25.4）作為支付傳道人（evangelist）工資的一種勸告。這滿足了歐利根在《論第一原理》中引述這個問題的目的，但是在他的其他作品裡的一些地方，他又說，保羅把牛詮釋為使徒。在他的評論《雅歌》（Songs of Songs）的序言裡，他用許多話陳述道：在經文裡，這兩個形象式的意義中，較低者是教會的意義（ecclesiastical one），以及當詳細檢查猶太律法屬靈的意圖時，他經常為「教會」（'the Church'）尋求某種意義。然而，倘若沒有不一致性上，歐利根又如何能把在《加拉太書》第四章裡教會與會堂（synagogue）的比喻（parable）視之為出自於父權的敘事的某種屬靈精要呢？答案似

---

[52] 參考 Edwards（1999），68-9。

[53] 在《論第一原理》4.2.6 裡的《愛美集》（Philokalia）1.6；頁 315.8-9 以及 25-6 克特蕭。

乎是，「教會的意義」（ecclesiastical sense）並沒有把教會比作為身體，而是讀者自己把基督徒比作為那個身體的一分子；這與其說是「有關於」教會（with respect to the Church）的意義，勿寧說是「在」教會裡（in the Church）的意義。因此，盧非努斯（Rufinus）談論某種「道德的意含」（moral sense），這不是沒有理由的，儘管形容詞*moralis*（「習俗的」），與其反義詞*literalis*（「文本的／字面的」）一樣，在許多的情況中缺乏等值語詞，此時把他的拉丁文與希臘文原文對照校勘是可能的。道德與文字之間的分離是不幸的，因為歐利根傳講實實在在地服從大多數的誡命，據說在他年輕時遵循此道而自我閹割。儘管如此，盧非努斯意識到這個重點，即，我們從經文的魂裡尋求實踐，而不是尋求理論的教誨；這幾乎是不可能不如此了，因為辨別它的那個器官是人的魂。人的魂的特殊功能是在生命的一個理性選擇中操練自由（exercise of liberty）。

雖然這個準則可能似乎有些學究，但為了捍衛歐利根在他的解經（exegesis）中與不一致的外表相違，強調在道德生活中意志與理性的聯合是必要的。眾所周知，即他甚少執行他的三重方案（threefold scheme）[54]，而習慣地忽然停在肉體與靈之間的對照（antithesis）上，或者，有時習慣地忽然停在明白的意義與奧祕的意義或寓意的（allegorical）意義之間的對照。然而「奧祕的」[55]（mystical）這個詞似乎經常認可更為崇高的詮釋，而「寓意的」（不管保羅[56]）認可更為實

---

[54] 儘管他自己承認，並非所有段落都能以三重意義閱讀，但是他的意思是指字面的意義可能是不容許的：《創世紀的講道》（*HomGen*）2.6（頁 37.6-7 巴倫斯）。

[55] 在《論第一原理》4.2.9 裡的《愛美集》1.9；頁 321.13-16 克特蕭，我們聽說，歷史敘事可以與神祕感相協調，經文運用敘事形式來使大眾看不到更高的意義；這是在晚期的羅馬世界中儀式的奧祕被容許的目的。

[56] 歐利根所借用的在《論第一原理》4.2.6 裡的《愛美集》1.6；頁 316.14 與 30 克特蕭。他沒有在這篇論文的其他地方使用「寓意」（*allegoria*）這個詞，以及在引文中他同樣喜歡 *tupikos* 與 *tupos*，例如在同上引 316.6 與 8 裡（《哥林多前書》10-11）。*tupos* 這個詞也同時出現在他的

用的詮釋，一個嚴格的三分法——比方說，「字面的、寓意的、奧祕的」——維持不住了也難以決定是否他的理解（reading）指向深入一個既有的文本裡的魂或靈。這些問題變成為較不迫切，當我們記得，在歐利根的人學裡，人的靈——藉著邏輯的官能與基督連結——是理解之所在地，而如果沒有人的靈的合作之下，魂晉升到美德是不可能的。相反地，當一位聖徒是如此熟練——以使徒的話說——以致以他的救主成為一靈時，他的魂與體就不再與他的靈分離，完全變為順服靈的驅使，而靈的純淨彰顯在它們的活動裡。如果我們設想經文的靈與魂之間有一個相似的共同的值，很明顯地，兩者中沒有其中一個可以不知道另一個而被掌握，的確，對靈的真正的知曉（cognizance）將涉及到對魂的同樣完全的理解。我們也沒有任何理由去假設：釋經的思辨（exegetic speculation）是活動的一種麻醉劑；相反地，靈武裝肉體，這是外面的人的勞作，證明裡面的人對屬靈的意義的推斷。如此，我們在《利未記》的講道裡讀到：

> 讓教會的牧師不住地禱告，他所照護的人可能克服了教會不可見的敵人，亞瑪力人（Amalekites），他們是邪靈……讓我們向神禱告，他將屈尊以向我們顯露和展現我們如何可以觀察屬靈的律，不只在理解上，而且在行為上，以致我們可以配得獲致屬靈的恩典，被聖靈的律所啟示。（《利未記講道》6.6；頁 370.2.10）

歐利根在別處問道，為何在《利未記》裡有些誡命（commandments）是關於「魂」的，而其他是有關「那個人」的。他的結論是，前者的語詞是使用來指僅僅能夠順服的某人，後者的語詞是使用來指藉著把它與

《論第一原理》4.2.1 裡的《愛美集》1.8；頁 309.10 克特蕭。在《評論約翰福音》裡「寓意」（allêgoria）這個詞與其同源詞是更常見，並且似乎是與關於「更為轉向的」（more tropic, tropikôteros）的理解同義詞，例如在 6.42 (35) 與 6.55 (37)。

屬靈的洞察力（spiritual discernment）連結而使順服成聖的某人（《利未記講道》2.2；頁292.17-20巴倫斯等等），因為完整的律法要求在靈裡順服，顯然是擁有魂或身體的教訓，在歐利根的觀點裡，因為他們的目的地，必須是提喻法的修辭格（figures of synecdoche）。以「人」這個詞來指稱屬靈的行為者（spiritual agents）是這個修辭格的另一個實例，因為這是只有透過分有基督，我們是祂的圖像（image），我們可以盼望在遵從聖靈（spirit）下去實現行為的正直（integrity of conduct）。每個理性的受造物憑藉理智分有基督，而每位相信者與祂同為「一靈」（《駁瑟蘇斯》〔Cels.〕2.9等等）。儘管在保羅的書信裡教會被稱為祂的身體，歐利根選擇更適合他的釋經的計畫（exegetic scheme）的詞彙，他的信念是，唯有裡面的人是具有與他的創造者的相似性：他主張教會是「基督的魂」（《利未記講道》5.13；頁354.1巴倫斯）。

　　《評論約翰福音》（Commentary on John）重複這個教訓，就是，當外面的人是最由神所使用，以及最由他的人類同胞所使用時，裡面的人是最聖潔的。這項工作——在歐利根離開亞歷山大城前的某個時候就開始進行了——不接受釋經學的三個模式，而是接受釋經學的兩個模式（not three but two modes of exegesis）——書信的「實踐的」詮釋（'practical' explication），以及理論（theôria）或反思（reflection）更值得做的規劃。[57] 在翻譯其中一位的古典哲學家之中，我們把「理論」（theôria）翻譯為「沉思」（contemplation），因為對於他們而言，它是一個被解放者的理智之活動，或者至少是隱遁者的理智的活動。心智的高度與深度不以閱讀來測量，儘管閱讀可以提供探索的訊息；然而，沉思也許可以預備一個人的社會行為，在朋友的社交圈裡它

---

[57] 例如參考《評論約翰福音》（CommJoh）2.36，在這裡，「理論」（theoria）接著實踐的淨化而發生；6.54 (36) 這裡它可以洞察在文本裡的「符號」（symbol）。

可以操練到極致。十分與眾不同的是，歐利根的理論是從經文相似的段落的並列開始，因此，神的一個命令（decree）被另一個命令所闡明。透過這種組合，或者說是引證之間的相互揭示，學者學習到採取狹窄的方式，而避免他的雙腳踏上毀滅的寬廣道路上。[58] 對於那些沒有警覺的人而言，後者是為那些沒有察覺到他們所踏上之地是聖潔的人，因此，他們就不會脫掉鞋子，就是表徵救主屬肉體的知識，[59] 狹窄的方式是為那些已經準備好赤腳走路的人，他們身上沒有錢包以維持他們生活上的基本必需品。即使歐利根單單在心智上遭受到這些折磨，他的生命是被命定去傳講神的國的朝聖之旅，不是那個隱遁的奧德賽，也就是波菲利在他的洞穴的寓意的論述（allegorical treatment of the cave）裡告誡哲學家。[60] 理論（theôria），即，善之視域，可能是哲學家的探究之終點；對歐利根而言，理論是一個人在文本內的責任之視域，如此，新的任務的前奏並不結束在看的行動，而是在與基督聯合。

當我們在歐利根的拉丁文譯文中，遇到 intentio 這個詞語時，我們可能猜測它是與希臘文 dianoia（譯註：‘dianoia’在柏拉圖的線段比喻裡是指「思想」或「數學的推理」）相對應的一個語詞，這個希臘語詞或許像波菲利那裡，意指一本書的理智的要旨（intellectual tenor），也就是沉睡在它的話語床單底下的真理。沒有任何的東西證實他對 skopos（「標記」）的使用，但是很清楚的，基督他自己是在聖經裡每個航行的目標。同時，他照亮了這條道路不只是透過祂的心智的不斷光照，而且也是透過一整個身體的顯現的餘暉。《利未記》裡有兩盞燈，一盞燈是為人民的，另一盞燈是為祭司：歐利根說，透過相等同的推理，

---

58 《評論約翰福音》6.19 (11)，有關於《馬太福音》7.13 與 25.21 以及《約翰福音》14.6。

59 比較《出埃及記》（Exodus）3.8，對於把身體化的狀態視同鞋閂（shoe-latch），參考《評論約翰福音》6.34-5 (18)。

60 注意在《評論約翰福音》，10.1，頁 171.4 Preuschen 裡，exikhneuein 這個詞指謂一種對文本的較高意義的探求。

有兩種光照說（illuminations），一種是屬魂的光照，另一種是屬靈的光照。波菲利把橄欖與智慧相等代表較低的，更發散的光照，這道光照扮演著助產婆的角色，藉著從特殊到類屬（genus）的意義之延伸產生寓意（allegory）。對歐利根而言，在這裡面沒有謬論（fallacy），而是理解的高峰藉著從類屬到特殊——個別的，但又遍在的道成肉身的事件，道成肉身是人類在基督裡統一的伴同物——的返回而達成。既然華倫提努主義者可能已看到，救主以謎來遮蓋祂的思想，以便在祂的跟隨者之中促成逐漸從洞察中的醒悟過來；他的事奉（ministry），正如我們的四福音書的文本裡那樣報導，用作為讀者從那文本的體裡解放出來的模範以及催化劑：

> 有時降卑於無法仰望那神的光輝與燦爛的人，彷彿祂成了肉身 [61]，以實實在在的聲音說話，直到以這樣的形式接受祂的人能夠——藉著神的道的教導，透過少許地被高舉——凝視什麼是可謂祂的實在的、卓越的外觀。（《駁瑟蘇斯》4.15）

簡言之，這裡我們看到在基督徒與柏拉圖主義者之間的爭論焦點。認識到橄欖是智慧的一個記號，人需要的不僅是普通的教育；但是基督徒單單相信《聖經》（Gospel）已經被保留下來（在歐利根的意見裡），儘管當然這是他的責任，他可以在教會的帶領之下得到更好的理解。然而，有一個危險，單純的意志僅僅看到耶穌的人性（humanity），當我們一節一節地講解經文時，以及努力從中搜尋出模式時，那是一個經文本身可以被視為所要反對的危險。說到井或燈或獻祭的模式，這些都是字面上替代《聖經》的研究，這種說法對我們而言，似乎是如同波菲利

---

[61] 這個翻譯是 Crombie（1872），175 的翻譯。歐利根並沒有質疑道成肉身，因為他在經文的體〔或譯：本文〕（body of the scriptures）裡談論基督的臨在。參考 Edwards（1997）論述《聖經》作為在這個時代的聖徒中介者的角色。

的釋經那樣武斷；然而，歐利根會回答說，這是《聖經》的研究，這提示並且將證實他對符號（symbols）的翻譯。[62] 教義問答、講道與評論沒有帶來額外的智慧，而是引出在文本裡道已經成為肉身一事。

基督徒成熟過程的奧祕

根據歐利根的「希伯來老師」，經文可以被比擬為有著許多扇門的一個大廳；所有的門都被鎖起來，每扇門都有一把鑰匙，儘管在大多數情況裡，這把鑰匙不是那扇門的，而是另一扇門的（《愛美集》2.4；頁39 Robinson，評論《詩篇》第一卷）。這個比喻（parable）的意義是，《聖經》的話語在一些地方是象徵性地使用，而在其他地方是直白地被使用，後者用作為對前者的詮釋。最有用的鑰匙是那些我們看到被《聖經》的作者所使用的鑰匙。因此，從較低的意義到較高的意義的層級在保羅的書信裡被比擬成從小孩斷奶之後吃肉；[63] 歐利根推斷，任何提及飲食，在《福音書》裡就像在《妥拉》裡那樣，不只是有義務做更深刻的理解，而且也是召喚去追求這樣的一種理解。當我們沉思在十字架上的幔子的裂開時——這幔子在《希伯來書》和因猶太人的無知，保羅引述摩西的帕子作為一個明喻（simile），等同於基督自己的血肉之軀——，所有談到血肉之軀或者任何肉體的屏障，在經文中被美化了。[64] 在其他時代，評論者必須扮演著鎖匠的角色：第一個常識性反思將說服我們，夏甲所看到的井是一個象徵性的井，[65] 然後，我們可自由把「寓意」（allegory）強加在經文中所有其他的井上，不管那些井是

---

[62] 參考 Wiles（1960），22-30 論歐利根對《聖經》裡的符號主義（symbolism）的說明。

[63] 《哥林多前書》3.2；《希伯來書》5.13。

[64] 《馬太福音》27.51；《希伯來書》10.20；《哥林多前書》3.15

[65] 《創世紀的佈道》（HomGen）7.6（頁 76.12-30 巴倫斯），從《創世紀》21.9 裡論證（「以及夏甲張開了她的雙眼」）字面上的意義會使我們相信她是閉著雙眼旅行。

由以撒所挖出來的；[66] 其中一個是雅各煎熬多年的井或是撒瑪利亞婦人從中幫基督解渴的井。[67]

我們看到古典類型的隱喻（metaphor）的說法是這樣的：「我們的神是烈火」（《申命記》4.24），這裡陳述出所指項（referent），而補語（complement）不可以字面上地被理解：[68] 與神的特性（properties）相比較和其他文本裡的火這裡所揭露的意義，就是，神把他的能力灌輸在我們的魂裡，作為汙穢與罪的腐蝕性的解毒劑。有關於摩西的法典，在歷史中的任何時代，導出這個推論可能會是合邏輯的：最可以接受的獻祭是敬拜者的內在純淨；但是只有以基督自己的獻祭，這些神律的原本的應用就中斷了，而推翻它們的盟約設立了聖餐禮（eucharist）而代之。儘管透過嘴領受，這是在靈裡被消化；歐利根的整部的作品，這是一個公理：裡面的人操練我們屬靈感官的真正領域——的養料是道（Word）。道，是基督，是普遍的主體，因為幾乎每個經文都容許兩種或者三種的詮釋，幾乎每個經文是詮釋的過程的一個概括（epitome），以及它所蘊含的屬靈的爬升。有某些文本，例如，《雅歌》，它的肉體感官不可以毫無偏見被應用到讀者的美德上；但是每個文本都承受一種屬靈的建構（spiritual construction），晚期的作家譴責歐利根，因他樂意去鑽研《箴言》的「謎團」（'enigmas'）。對他而言，這本卷書成為《聖經》的整個計畫的一個不可或缺的線索，因為，在希伯來的經典裡，它是歸屬所羅門所著的三個作品中第一部與最清晰易懂的一部。歐利根自己沒有鄙視所羅門的智慧，所以，或許他重複他

---

66 《創世紀的佈道》7.5（頁 75.18 巴倫斯），附上 75.26-27 的評論，論述文字紀錄的缺陷。在《創世紀的佈道》13.2-3 裡（頁 115-6 巴倫斯）井連續地被比喻為《舊約》、《新約》，以及這些文件的屬靈的解釋。在《創世紀的佈道》11.3（105.15-20）裡，這三種意義的漸進的識別被想像為逗留在井的異象裡三天。

67 參考《評論約翰福音》（*CommJoh*）13.5.31，頁 230.16-18 Preuschen；斷簡 55（2, 269.25 Brooke）。

68 參考《論第一原理》1.1.1（頁 17.1 克特蕭）論文字的句法結構的不合理。

的希伯來老師的教訓，他主張：這些寫作已經被所羅門自己為了教育加以安排：⁶⁹

> 有三門一般的學科，希臘人稱它們為倫理學（*ethike*）、物理學（*physike*）以及神學（*theorike*）：我們也許稱為（用拉丁文）道德學、自然學與思辨學（*inspectiva*）。的確，在希臘人之中有些人也把邏輯……放在第四門學科……。我們所稱的倫理學是：藉著它，可以授予我們生活裡的正直，以及通往美德的教育的模式可以出發。我們稱為自然學的這門學科是：所有事物的本性在自然裡被識別出來，藉此，生命中沒有任何事物是不顧自然被完成，但是每個事物被導向造物主塑造它的那些原因。被稱為思辨的學科是這樣的一門學科：藉著這門學科，上升到可見事物之上，我們沉思屬神的事物與天體的次序，並且單單用心智仰望它，因為它們超出物體的視域。

在這段落裡，可能存在有比它的作者所要求更多的原創性。哲學區分成三個分支——倫理學、物理學與邏輯，或者物理學、數學與神學⁷⁰——在古代的世界裡是比歐利根歸屬於希臘人的四重架構更廣泛，但是以神學為頂端的三重學科（tripos）沒有出現在任何異教的作者上。我們應該留意這點：文本是有爭議的，因為對於第三門學科的希臘文名稱，手稿包含有三個可靠的見解：沉思（*enoptike*），注視（*epoptike*）與對

---

69 在巴倫斯的文本裡，頁 75，儘管用「對神的注視」（*theorike*）取代「沉思」（*enoptike*）。其他用來說明《聖經》的教育的品格的文本收錄在 Torjesen（1986）裡；相同的作者（1987）在克雷蒙裡找到對歐利根的理論的期待。特別參考《雜集》4.1.2，據說在這裡，「諾斯替的真理的典律」（'canon of Gnostic truth'）是從物理學的知識（它在其本身就是一種「注視」〔*epopteia*〕）進展到神學。

70 第一個是斯多葛主義者與柏拉圖主義者；第二個是亞里斯多德主義者；參考 Hadot（1979）。克雷蒙，《雜集》4.25.142 承認前者是三格組合（triad）。

神的注視（*theorike*）。關於這些，第一個較為法國與英國的學者所喜愛，這或許是以德呂巴克（De Lubac）為模範。[71] 然而，它被侷限到手稿的單一的語系裡，儘管它是最長的一篇手稿，而在希臘文或拉丁文的其他地方沒有被證實。歐利根在其他的文本的詞彙裡，他的門徒的實踐[72]，以及在希臘文作者裡的先例，在這個段落上全都一致推薦「對神的注視」（*theorike*）這個詞；如果我們較喜歡「較困難的朗讀」（*difficilior lectio*）的話，「注視」（*epoptike*）有著希臘文的優點。很清楚地，無論如何，歐利根的序列在奧祕的三位的模式裡發現到一個配對——流動（*dromenon*）、敘述（*legomenon*）、注視（*epopteia*）。[73] 就這個說明，倫理學是在順服中「被完成的事情」（thing done），物理學（或，下面我所說的宇宙論）是「被陳述的事情」（thing stated），以及對神的注視／看（*theoria*），是異象的頂點。配得希臘人以規避的方式開始，歐利根在他《雅歌評論》（*Commentary on the Song of Songs*）裡談論到那些超越了理智最豐盛的果實，唯有那些感受到的人能理解那些果實。我們已經留意到，在奧祕與寓意之間的這個古老的聯盟，我們這裡補充這點：外在儀式的捍衛者所使用的理由提醒我們，歐利根的請求，也就是，在經文中出現荒謬或淫穢之處，比喻的理解（figurative reading）是必要的。然而，必須要這樣說，不論他能從奧祕事物裡借來了什麼東西，他的目標是去顯示宗教崇拜的優越性，即使沒有從奧祕裡借來的東西，它仍可以存在。與瑟蘇斯（Celsus）相對立，他捍衛《舊約》裡的明顯的瑕疵，否認相同的放縱可以被延伸到希

---

[71] 德呂巴克（De Lubac, 1959），205，雖然在註腳 6 裡思辨學（*inspectiva*）正確地被註解與拉丁詞註腳 6 等值。緊隨其後的 Greer（1979），231 與 Louth（1981），59，雖然 Trigg（1983），202 引進了他自己的詞彙「神祕學」（'mystics'）。

[72] 參考德呂巴克，同上。供參考 Evagrius 與其他的人。

[73] 論述「注視」（*epopteia*），以及它在哲學上的果實，參考 Burkert（1987），69；Riedweg（1987），5 論柏拉圖。在 91 註腳 77 裡 Riedweg 提醒：在斐羅裡「注視」（*epopteia*）成為「神的注視」（*theoria*）的一個專技的替代者。

臘人的無謂的毀謗，並且他已經書寫了一部《勸勉希臘人》（*Protrepticus*），我們可以肯定，這部作品不是以一種揚布里科斯或者亞里斯多德的虔誠來接近奧祕，而是以克雷蒙的風格來嘲諷它們。在希臘文的用語裡，一個奧祕事物主要是隱藏中的啓示的行爲（an act of revelation in concealment），是藉由介入的敘事（narrative）或敘述（*legomenon*）的一種半闡明的雙重戲劇；對歐利根而言，奧祕事物本身是敘述（*legomenon*），理解的實踐、信仰與洞見，以便揭露「那隱藏在世界根基後的事物」。[74]

起源自奧祕事物的理論決非與我們自己的猜測不相牴觸，歐利根希望所羅門能預想到柏拉圖的編輯者在編輯他的對話錄的次序時的辛勞。在這些編排裡——總是以門徒的某些的想法來完成——最嚴肅的文本經常被分配到「沉思的」（'epoptic'）或「理論的」（'theoretic'）範疇裡，而在探究的最後裡，這文本被描繪成是一種「神聖的婚姻」或者與「眾神」的直接溝通。[75] 這些分類沒有一個完全地是與歐利根的分類相稱的，但是阿比路思（Albinus）[76]，他的作品是比歐利根早一個世紀，把對話錄篩選成五組，這五組裡的前三組適合《雅歌的評論》裡的措辭：

因此，有人可能排除錯誤的意見，他必須使自己熟悉柏拉圖的對話錄裡的試驗性的角色（peirastic character）〔亦即，那些「嘗試」理智的對話錄〕，因為這些對話錄包含提問，以及所謂的淨化的因素（cathartic factor）。所以，有人可能逐漸地認識到物理

---

[74] 《馬太福音》13.35 在《詩篇》78.2 裡詳述；比較《羅馬書》16.25，《哥林多前書》2.7；《以弗所書》3.9，《歌羅西書》1.26；參考 Bornkamm（1967）對希臘的與基督教的用法的比較。

[75] 參考 Tarramt（1993），98-100 論述 Theon of Smyrna。這個詞彙由《曹德羅斯》250c4 認定，儘管《理想國》540a-c 可以被當作一個解釋。

[76] 不要與現在被稱為阿爾基努斯（Alcinous）的作者混淆。論阿比路思的詮釋學的方法，參考 Tarrant（1993），38-46。

的知識，他必須使自己熟悉產婆式的人物（maieutic character）的對話錄〔亦即，那些扮演助產士的人，例如，《泰阿泰德》（*Theaetetus*）149-50〕，因為這是他們本來的功能。但是為了涵蓋不同的學說，他必須使自己熟悉對話錄裡的教導的角色（hyphegetic character）。因為這是他們本來的功能，就某些包含有物理學說、倫理的、政治的與經濟的學說而言，有些涉及到沉思與沉思的生活，有些涉及實踐的生活，這兩者都是與神相似〔參考《泰阿泰德》176b-c〕。（阿比路思，*Isagoge*，頁 150-1 Hermann）

這裡有一個證據，就是，這些對話錄在公元二世紀時為大眾所閱讀，這是一個我們可能會如此設想的年代：學生的唯一的用具是佳作選集（florilegia）與手冊。因為對歐利根而言，物理學繼承倫理學，這兩門學科都通往神學，神學，並沒有消滅、收納和兼併這兩們學科。然而，除了在討論神話及敘事的背景之外，沒有柏拉圖全集的評論家顯示出寓意（allegory）、類型學（typology）或任何從文字的表面出發的處置；大家承認在哲學的與語言學的處理之間有一個區別，但是很少稱讚這兩者，更不用說去實踐它們了。荷馬的批評仍然是歐利根藉之被評價的標準，而且，當我們把奧德修斯與所羅門做對比時，在基督徒與異教徒之間的距離變得十分的顯著。正如我們已談過的，奧德修斯只是隱喻地（metaphorically）值得讚賞的，也就是，與哲學家從他的魂得釋放相比較，他的小島國的失而復得是件微不足道的事。另一方面，表現在《傳道書》裡所羅門的世俗的智慧以及對神的做法的洞見，本身就是有價值的，對《雅歌》的更高的啟蒙，也是一個不可或缺的預備。為了指出他的從作品到智慧，以及從智慧到啟示的頂點的段落，作者以不同的方式在連續性的作品裡談論他自己：首先，他是所羅門，其次，他是「耶路撒冷的王」（king in Jerusalem）——一個更含蓄的稱謂——而最後一個，他沒有名稱，而是因為新郎已獲得基督本身的屬性（序言

〔Proem〕，頁 84-6 巴倫斯）。儘管柏拉圖的蘇格拉底在對話錄裡是他的最好的學生，評論家使他成為一位全知的教師（omniscient tutor），是一位活躍的代言人，而不是沉潛的理智的代言人，神聖的愛的代言人，而不是渴望的愛慾（aspiring *eros*）的代言人。在極度依賴權威的年代，幾乎不可能不如此：哲學未擁有基督。對歐利根而言，所羅門扮演兩個角色：兒子與大衛的繼承人，他是基督的典型。然而他在智慧上的進深不是獨有的，而是作為所有信徒的榜樣和敦促；我們可能說，藉由轉喻（metonymy）他代表我們每一個人，藉由提喻（synecdoche）他代表教會。因為在基督裡的生命是在教會裡的生命的完全，《雅歌》的屬靈的與教會的意義也是轉喻式地（metonymically）相關的。單單字面上的意義是被拋棄的，因為它只是藉由一個隱喻（metaphor）——更正式地，藉由一個替代的修辭格（figure of substitution）——肉體的慾望可以代表基督的愛。

基督的人性（manhood of Christ）不是一個隱喻，也不是在他的靈裡所有人性的團契（fellowship of all humanity）；因此，我們較不常把藥膏的隱喻應用到經文裡，較多應用到荷馬裡，這點繼而蘊含著：在它裡面較少存有需要一種從外面來的解釋。當然，讀者必須察覺到類型學的原則（principle of typology）——在《舊約》裡的男性的圖像，儘管是歷史的，也可能是基督的預表（prefigurements of Christ）——寓意的原則（principle of allegory）——一個人物（character）可能代表整個的種（species），或者種的普遍的性質。但是這些都預先假定在《新約》的書信裡，很少有需要從世俗的科學裡得到任何更進一步的幫助，諸如音樂、數學或者天文學，柏拉圖把這些推薦為到達知識的更高領域的預備教育（propaedeutic）。在歐利根的觀點裡，不是這些追求應被鄙視，相反地，他認為：神是為了公義的魂在與其肉體的分離時，為了享受而保留它們。

我們在《利未記講道》裡聽到，這是知識的事情（matter of *scien-*

tia），不小的價值的擁有，但是較低於智慧（《利未記講道》7.3；頁371.6-10巴倫斯）。能夠從《傳道書》蒐集到的有關於自然世界的訊息，不是思辨的或經驗的——例如，對先前的世界的信念依靠言辭上的激勵，就是諺語說的：「在太陽底下沒有新鮮事」。然而，這位傳道者（Preacher）已經以他的學說建立一個宇宙論的穹蒼，這個學說就是：我們的生與死的，雖有時機之故，就是命運與時期，都是在一個不可思議的又肯定是有智慧的造物主手上。在所羅門第二階段的成熟所獲致的知識預示著：魂被應允在自由的狀態裡；因為身體被表白在《箴言》裡，而靈被表白在《雅歌》裡。在所羅門作為作者的計畫與歐利根作為批評家的實踐之間有一個很共同的理由。所有需要去完成的同源性（homology），是一個對於在《論第一原理》的三重架構的第二種意義來說，有一個比「教會的」（ecclesiastical）一詞更寬廣的名字：在許多的脈絡裡，這終究是缺乏教會，而導致盧非努斯更喜愛習俗的（*moralis*）一詞。[77] 或許在所羅門的文學的現代研究裡，一個專技的術語「智慧的」（'sapiential'）可以傳達這點：智慧的機能——基督把它賦予給魂作為教會的建造——也是藉之在神的幫助之下，我們直觀神意的偉大設計（the grand design of providence）的一個機能。[78]

至目前為止，有關歐利根對釋經的這個討論，很少提到寓意，而他自己使用可能會使人聯想到這是一個被慎重使用的術語。我們已經看到，在《論第一原理》的這篇論文裡，分詞 '*allêgoroumena*' 是借（loan）自這位使徒（the Apostle）；[79] 當歐利根藉由擴增貌似有理的寓意，指責那些攪混的基督教學說的人時，同源名詞（cognate noun）

---

[77] 在《創世紀的佈道》裡，道德的意義一般是最後被洩漏出來的：2.6（頁37.9 巴倫斯），11.3（105.19）。

[78] 比較《利未記講道》（*HomLev*）9/8 = 頁433.16 巴倫斯，據說在這裡《哥林多前書》9.9 闡明神聖的靈鑒（providence）的「細微與精巧」的運作。

[79] 儘管 *sunallêgoroumena* 出現在 4.3.5 裡。在《創世紀的佈道》6.1 裡（頁66.12 Baehrens）以及 7.2（72.3）與拉丁文相等的詞彙是 *allegorica*。

在《評論約翰福音》的兩個原因上，得到一種較壞的意義。[80] 當他把自己對文本的理解定義爲寓意（allêgoria）時，[81] 很清楚地，對滿足異教徒的評論家或者現代的理論家的這個實踐所從事的有理辯護，對他可能就沒有多大吸引力了。例如，他不允許希臘的護教者藉由求助於這個設計，去辯護赫希俄德或荷馬的神話的令人憎惡的矯飾造作；[82] 如果在回應瑟蘇斯時，他承認《聖經》也使用寓意，他同時主張：外表（the exterior）從未如此不雅，爲了最深的意義而比較喜愛像「比喻的」（figurative）或「奧祕的」（mystical）這樣的術語，他沒有預備向他的對手揭露這些最深的意義。[83] 他也沒有接納「接受理論」（reception theory）或主張讀者的感知可能是有效的、然而與作者的意圖相左的現代批評的任何其他學派。相反地，在保存在《愛美集》裡的對《詩篇》的評論中，他敦促：只有藉著拋棄表面的文字意義，並藉著我們可以理解「聖靈在創作」可能其中會惹生氣的話語時的「意志」的寓意。[84] 至於由波菲利與赫拉克利特所支持的古代的平常事，就是，寓意的目的是去確保智慧僅賦予那些已經是有智慧的人，上面已經說得夠多了，目

80　據說在 13.9（I, 255.26 Brooke）在《約翰福音》4.17 的撒瑪利亞的婦人的第六位丈夫代表一種不健全的解釋，具純粹的理智的基督徒會爲在基督裡的真「道」（logos）而放棄這種解釋。還有，據稱在 20.20（II, 63.14-15 Brooke）赫拉克雷翁（Heracleon）對感官的拒絕被《約翰福音》8.43 的一個謬誤性的寓意所證實。在一個更爲信實的寓意裡，官能的知覺被提升，但是不被內在的光所遮蔽。

81　並非罕見，此處他似乎是受惠於斐羅是可以預見的，「寓意」（allegoria）這個詞的實例在《創世紀的佈道》1.11（頁 13.20 巴倫斯），1.16（20.5），1.17（20.22），2.1（22.21 以及 27.10），3.5（45.4），6.2（69.6）裡是特別地普通。

82　尤其參考《駁瑟蘇斯》3.23、4.44 及 6.42。有關瑟蘇斯對基督徒使用寓意的嘲笑，參考 4.39，4.49，4.51。

83　參考《駁瑟蘇斯》2.37 論基督的饑渴以及 4.45 論羅得被他的女兒的強暴（the rape of Lot），即使被解釋爲一個歷史事件，就歐利根而言也是可以辯護的。他的進一步的考察——在《聖經》裡所說的東西不總是《聖經》所贊成的事情——是符合常識的，也不需要有先例；儘管如此，人們可以任普魯塔克（Plutarch）對荷馬的《傾聽詩人》的不道德行爲的辯護裡發現到它。

84　《愛美集》1.29 = 頁 34.30 Robinson；比較 18.5 = 頁 100.27 Robinson。在 24（頁 236.20）歐利根引導他的對手走向寓意式的理解，這種理解會否定敵對律法的前提。

的是去證明歐利根主張相反的立場。據此，在《評論約翰福音》裡，他把寓意當作理智的一個轉向（anagôgê）來談論，如此，他的三重的釋經（threefold exegesis）的核心前提壓縮成一個單一的語詞——經文的文本本身是階梯，藉之讀者爬升到對文本脈絡有更高的理解。[85] 在經文裡，我們與其說是談論寓意的意義（allegorical meaning），不如說我們是談論高升之寓意的進程（allegorical process of ascent）。例如，當他在《論禱告》的短文裡主張經節「在地上如同在天上」的寓意式的理解，把教會與地上，以及把基督與天上等同時，他不是以單一的理解——教會的或者屬靈的——向我們呈現，卻彷彿是以一種詮釋學的彩虹，即，跨越間隔，透過這種跨越魂必定在知識的翅膀上遨翔。[86]

基督學、人類學與詮釋學合併在歐利根的《創世紀講道》的開場白，這個講道也說明這三種意義的共同本質與相互獨立。根據《創世紀》的第一章，神首先創造天與地，接著創造光，而在第二天創造一個蒼穹以便區隔上面的水與下面的水。因為它是為容納太陽、月亮以及明亮如星的主人，這個蒼穹與天文學家的天是相同的。如果敘事是被保存在它的字面的意義上，我們必須猜測：第一個創造是沒有形體的天，因此它是神自己的住所。基督擁有祂的座位，作為蒼穹之上的那領域裡的道，但成為道成肉身在蒼穹之下的範圍裡。如果我們渴慕參與祂的那個區域，我們必須生活在下面作為祂的身體，即，教會的肢體。在教會裡魂的培育——在生命裡以及經文裡——是神聖的結合。然而，因為我們不是透過魂對魂的愛到達那至福（beatitude），而是透過我們的靈與神的靈的聯合〔才能到達至福〕，每個人都應在他裡面都保持著這兩個天

---

[85] 《評論約翰福音》6.4 = I, 113.15 Brooke；比較，在努美尼烏斯，斷簡 35.21 Des Places 裡 anagôn 這個分詞。在 13.17（I, 263.21-4）「寓意」（allêgoria）是補充字面上的意義或者「語彙」（lexis），兩者都是有效的；比較，斷簡 55 在 II，269.25。在 13.22（I, 268.25）裡寓意取代字面上要求我們把翅膀與四肢認為是父神所為的理解。

[86] 《論禱告》23.2，頁 350.29 克特蕭以及 23.4，頁 353.2。

堂的一個小宇宙，一者包含在有靈的人（the spiritual）裡面，另一者包含在有魂的人（psychic man）裡面。就教會是基督的身體與有形有體的聖徒的社群而言，蒼穹代表肉體的帕子，它（如保羅所說的，以及福音書作者所意指的那樣）必須被撕裂，以便文本更深的意義變得明顯。然而，歐利根的用功的讀者將意識到肉眼可見的蒼穹——蒼穹的肉體與銘文是世俗的符號——是個障礙，穿透這個障礙魂必定真實地上升到與神屬靈的相交的道路上。這是透過物理世界產生的隱喻，我們學習到理解世界是作為我們的救贖的苗圃（nursery of our salvation）。

　　像在魂與靈之間的二分水嶺那樣，教會與基督之間的二分，主的身體與主本身之間的二分，在最後審判時將被取消，此時每一個被救贖的人將與他的造物主成為一靈。在詮釋學的領域裡，正確地說，這點蘊含著教會的意義不會被超越，而是透過理解的增長而轉化。我們同樣期待基本的意義是真實的，因為這不是身體本身，而是在永恆的生命的發軔上朽壞與罪的增長將會被取走。再一次強調這個類比，我們可以說，構成經文的體的歷史的文本，一旦它把它的不一致性、矛盾與含糊清除後，不僅僅是一個可接受的附隨讀本，且是靈與魂的一個不可或缺的工具。如果神不曾把祂的靈鑒（providence）操練在以色列上，那麼祂不成為肉身出生在羅馬帝國裡，就不會有任何東西去保證屬靈的意義的真理，或者甚至是去限定屬靈意義的內容。當然，在文本的體對讀者變得透澈之前，他自己必須分享有關救贖的三位一體的敘事。首先，他的靈必須被聖靈所完滿，使得他能夠過倫理的生活；接著，他的魂必須被道的智慧充滿；最後父神應允永生，這永生將使得擁有一個被純化的身體的實體成為必要（《論第一原理》1.3.8 = 頁61-2克特蕭）。這個思辨——使得魂成為重塑身體的轉盤——可以說是例釋了歐利根的畢達哥拉斯主義的特質，但是，此地這位畢達哥拉斯主義者的目標是要信守少數戒規。歐利根有一個較大的目的——很清楚地是基督教所固有的——在哲學與修辭學之間、歷史與道德之間、批判分析與生命的規律之間產

生一種經文裡的和諧。正如靈在身體之前被拯救，所以我們必須理解在
經文裡的靈以便挽回字面上的意義。

▌奧祕主義、柏拉圖主義、猶太的字面（直譯）主義

我們已經看到，歐利根有時稱經文裡潛藏的意義（latent sense）為
奧祕的意義，而且可能已把羅馬世界的儀式的奧祕視為是他對所羅門
作品的理解模式。當它擁有某種意義時，「奧祕的」這個詞在現代的
英語裡通常意含孤獨時所獲得一種神的經驗的知識，截然不同於（雖
然兼容於）由教會所同意的諄諄教誨的權威式的學說（authoritative
doctrines）。因為教父時期（the patristic era），這些被他們自己或者
其他人稱為奧祕主義者的作者，很少或者是教條的建築師（architects
of dogma），或者是經文的持續闡述者；他們都是內心狀態的審視者
（scrutineers），較高的感受性的解釋者，藉由肉體的自願的禁慾，誘
導或幫助靈的活力（effervescence of the spirit）。就這觀點而言，經文
的奧祕式的註釋，將只能藉由對經文的個人隱密的亮光所確證，而將不
受到客觀的因素所限制，例如，語文學、詞彙學、文本的年代、從作者
而來的陳述或推斷的意圖，以及來自它的聽眾的性格與能力。我們幾乎
不需要說，這樣的一個研究進路是與邏輯和常識不合，因為這些通常可
以藉由我們這個年代的學院裡的評論家舉出例證；以及我們一定要說，
這樣的一個研究進路同樣是與歐利根的實踐無關，也與他的哲學的同輩
的實踐無關，這些同輩們對柏拉圖的尊敬僅略低於柏拉圖對神的神諭的
崇敬。

如果歷史—批判的學術的定則是「經文應當從經文裡被詮釋」，
很少有現代人像歐利根那樣勤奮不懈地鑽研它；或許主要的差異是，
現代的評論家首先注意的是相鄰近的經文段落，歐利根注意的卻是相
類似的經文段落（analogous ones），不管它們有多接近他的文本。很
明顯地，既不是第一個「轉喻」（'metonymic'）方法，也不是第二個

「隱喻的」（'metaphorical'）的方法，在沒有另一方時能有更多成功的希望：畢竟，歐利根選擇了在他所有的評論裡逐節逐節地進行評論，然而，現代的詮釋者維持他的喜好，以「比較」（'cf.'）開始綿密的註釋。評論者還是承認歐利根這點：字詞既以字面方式也以比喻方式（literally and figuratively）被應用，所建構的敘事（narratives）既作為歷史，也作為比喻（parable）；然而，拒絕歐利根的意義的提喻法的位階排序（synecdochic hierarchy），[87]他認為字面的與轉義的意義（literal and tropic senses）是相互排除的，而在此前者是可能的，它也是唯一一個必要。放棄《聖經》的完全的靈感啟示，我們習慣於不在內在與外在的意義之間做區別，而是在詮釋與應用之間做區別：前者被作為人的作者的（現在不可改變的）意圖所限制，然而，後者，儘管有造就意義，卻是時間與環境的短暫的成果。

為神學家所熟悉的中間的方式，是把以色列的眾先知與立法者視為從聖靈送到後代的封印信件的送信人，而把基督的死視為封印的拆開。就這一點，《舊約》有意地成為神祕難解的（enigmatic）而且無意地成為類型學的（typological），然而，《新約》是以字面上的方式裡被理解的，除了在《啟示錄》裡一連串隱喻與困難的結尾。論及希臘哲學家，柏拉圖是屬《新約》，而荷馬是屬《摩西五經》，希臘哲學家在歐利根的時期以及之後的時期與基督徒爭論。前者，一旦他的神話被覺察到是神話，是再清楚不過了，儘管哲學的（與語文學的相反）註釋者（philosophical exegete）會把柏拉圖的全集視為一個整體，而且總是準備好以某篇對話錄清晰易懂的教導作為在其他篇晦澀難懂的他的一把鑰匙。有時，這樣的一位詮釋者從一般原則的觀點放棄某個段落的明顯的意義；有時某種的理智的體面作為（heraldry）使他能夠領悟到在對話錄的角色與背景裡這篇對話錄的主要主題。另一方面，史詩的研究提

---

87 有關對歐利根的評價沒有不同於此處所提供的評價，參考道森（Dawson, 1997）。

供工作給新手，並且提供雄辯之單純的粉飾的外表給教義；不幸地，批評卻是找藉口，而不是確證文學的媒介，主要是爲字面上的意義找尋辯解。歐利根在這三個方面上更像是在字面上的——甚至近乎直譯——：不論什麼東西以文字被書寫下，都視爲詮釋者的領域；「根據文字」他在他所讀之處理解；並且在此他能補充或撤銷這樣的一種解讀；這總是藉著訴諸於某些其他文本的文字。相對照之下，甚至像普羅克洛這樣一類的勤奮的釋經家，把他自己限制在荷馬裡被柏拉圖所譴責的那些段落，甚少認爲一個敘事的膚淺要旨有任何重要，並且不是以檢驗的標準，而是以他個人的直觀，去闡明大多數這些敘事。然而波菲利更加嚴格，他在他的詮釋學的原則中是精挑細選的：關於他對荷馬的洞穴，他的評論證據是從《理想國》、從農業女神德莫特（Demeter）的四周、從密特拉教的肖像學（Mithraic iconography）裡四處蒐集來的——所有都假定：古代人不會徒勞做爲，也不會憑空想像，有人也許把訴求喻爲禱告和在第四世紀基督徒之間有學說爭議的聖禮；但是對於歐利根，正如我們將看到的那樣，當我們來到他的講道《論復活節》（*On the Pasch*）時，唯有作爲書寫下來的文字的延伸，實踐才能獲得權威。

不論歐利根從柏拉圖主義者那裡學習到什麼東西，這都不是評論的技巧（art）：在波菲利指控歐利根從斯多葛主義裡竊取了他的寓意時，波菲利說了很多。[88] 他暗指這位「希伯來教師」（Hebrew master）很明顯的就是一位基督徒，[89] 但是這是可能的，如聖保羅確認那樣，是這樣一位而且依然是一位「希伯來人中的希伯來人」（〈腓力比書〉3.5）。歐利根記載——如目前的實行那樣——《雅歌》禁止在未成熟的及缺乏判斷的猶太人之中研讀；在《米書拿》（Mishnah）裡偶

---

[88] 優色比烏斯，《教會史》6.19.8。這是令人好奇的，Grant（1959），頁99-100應努力去證明歐利根的釋經學從一個段落看是柏拉圖式的，在此段落中，作爲他學說的來源的柏拉圖的學派，與在寓意的應用中作爲他的導師的斯多葛主義者相對比。

[89] 韓聖（Hanson, 1960），頁78-9注意到在耶路撒冷的塔庫姆譯本（Jerusalem Targums）與亞歷山大城的寓意的實踐之間的親近性。

爾參考這卷書，與它卓絕的聖潔之證據結合起來，這點證明了他從與他熟悉的拉比談論起。[90] 在他的《創世紀佈道》的第一講裡，他放棄他平常所喜歡的《七十士譯本》（the Septuagint），而且分析《創世紀》1.26裡的文本，並指出：人是被創造的意思，不是在神的「圖像與相像」（'image and likeness'）裡，而是「與祂相像的圖像」。[91] 這是一個希伯來文的異體字，而在把人的特徵歸於神（Deity）時，這似乎展現了一個典型拉比式的慎重。在他對慣用詞語的評論裡，歐利根堅持在圖像與相像之間的區別，這點現代的釋經家會認為是學究氣的，就依據《使徒書信》（Epistle）到《腓力比書》（Philippians）而論，也是過時的；這樣的學者不會容許疏忽字面的意義，但是當他採取相似詞「圖像和相像（似）」當作冗述時，他顯示出他缺乏對《妥拉》的點點滴滴的崇敬，這《妥拉》是被基督所宣講的，以及稍後他引導他的同胞去宣揚它，萬一某個單詞失去了字尾，世界將會短少（譯註：萬一文本裡的某個字的最小的部分不見了，這將會是一件可怕的事情）。

拉比的註釋（rabbinic exegesis）在一般的意義上並不神祕：像歐利根一樣，這種註釋認為所有的神學是對現存的經文的詮釋，而且，它不接受對經文的美化、自然或超自然的註釋，而是對經文的另一個字的註釋。[92] 歐利根採取這個準則並將之與他從《新約》裡所繼承來的人類學統合，以及與他相信在所羅門的作品裡可以作為例證的理解的三重階層（threefold hierarchy of readings）統合。他對文字的遵守沒有因

---

[90] 在 Neusner（1988），1123 據說《雅歌》被三個拉比藝瀆，只有其中一個不曖昧地符合《傳道書》（Ecclesiastes, Qoheleth）相同的神聖。比較，波克摩爾（Bockmuehl, 1988），18 註解 45 論述也門特米德拉甚/《妥拉》書卷的釋經（Yemenite midrash）。

[91] 參考波克摩爾（1988），16-17，含有整個波克摩爾論述將這個文本應用到《腓力比書》的聖歌（Philippian Hymn）的論文。（譯註：'image'《聖經》把它翻譯為「形象」，'likeness'《聖經》把它翻譯為「樣式」，參考第三章。）

[92] 論述歐利根在他處理《雅歌書》時受惠於拉比，參考 Blowers（1988），尤其頁 113，在那裡他做出結論：「歐利根的確藉由試圖勝出超過寓意來反駁拉比」。Kimelman（1973）主張：堅持歐利根與他的偉大的同時代人拉比約翰納（Rabbi Yohanan）有著不斷的對話。

他頻繁地指涉「屬靈的意義」（'spiritual senses'）而受到侵害，因爲這些主要被運用在經文的語法分析裡，似乎經常被刻畫成「屬靈的」（spiritual），只因爲他們產生了字面意義的替代。甚至此時他合理地被懷疑暗指與神有超感官的溝通，這是別無選擇的，對釋經的實踐上連一個初步的推論也沒有，而是短暫的、斷斷續續的及（尤其是）自發的推論。[93] 在上一章裡從異教的新柏拉圖主義者所引述的可比較的段落中，存在著堅定的努力，而且沒有逃避新郎（Bridegroom）；對歐利根而言，他宣稱沒擁有提升，而對他們而言，他們意識到沒有從上頭來的召喚。普羅丁可能開始了一種對柏拉圖教導的探索，普羅克洛可能以一種傳授祕法的異象（mystagogic vision）結束了對柏拉圖語言的沉思[94]，但在這兩種情況裡都不存在有自發性的狂喜，而且在這兩種情況裡異象都沒有把他們帶到更接近那書卷。

在新教的神學裡，流行區別人對神的渴望與神對我們的施恩，可以再補充：流行區別一個是驕傲的表現，而一個是驕傲的治療，一個僅僅是宗教的證章（badge），而另一個是信心的拐杖。[95] 第一個方式，就是路西法的傲慢（Luciferian arrogance）被標註成蒙羞的希臘詞彙「愛欲」（eros），然而《聖經》的「聖潔的愛」（apage）的美德被認爲在於溫順地降服於對神的犧牲的愛。歐利根被指控規定了一個有害的慣例，也就是在他爲《雅歌》（Song of Songs）所寫的詩裡，他主張「愛欲」（eros）由於被狂喜的魂所感覺到，它不是罪，而是比「聖愛」（agape）更高貴的以及更激烈的形式。[96] 柏拉圖主義者的理

---

[93] Louth（1981），64 與 71 推測：評論中的這個段落與同源段落暗示著洞察力的閃現——有其他的作家可能會說是「發光」（'fulguration'）——它在詮釋學中伴隨著堅苦卓絕的操練。克魯熱爾（Crouzel）相信：這個段落描述一個神祕的經驗，但是不得不承認（1963），頁 496-508：歐利根從不示意在這世界裡父神的直接的異象（unmediated vision）。

[94] 參考前面論普羅丁的章節，《九章集》4.8.1 以及普羅克洛，《柏拉圖的神學》2.10。

[95] 參考 Nygren（[1930] 1953）。

[96] 參考 Osborne（1994），頁 166-9 捍衛歐利根。Osborne 表明：歐利根有時以慈愛（philanthropia）

智的慾望（intellectual cupidity）驅走了在歐利根裡基督的愛的謙卑，這種害怕可能因他的《雅歌評論》並列同普羅克洛的論《大阿西比亞德斯》（First Alcibiades）的並列而加劇。在前者裡，作為新郎（Bride-groom）的所羅門擔負了救世主的面向，根據歐利根，祂是完滿的愛神（consummate Eros）；在後者裡，蘇格拉底是那個「愛欲」（eros）的圖像與範例（examplar），那個愛欲是教師力求之所在，撒種在他的門徒裡，作為渴求魂真正的喜悅的不倦種子。[97] 如有不同，蘇格拉底——被他的愛所刺激，開始了與任性的阿西比阿德斯（Alcibiades）的一個冗長的質問——似乎是比在歐利根裡所評論的新郎更具有聖愛的人物，蘇格拉底以他的間歇的出現嘲弄了讀者。然而，很明顯的差異是，蘇格拉底，一個死去的人，對讀者而言僅僅是一個任務的象徵，這項任務是他的心智必須承擔他的魂的塑造；另一方面，基督總是當前臨在的，在《聖經》的文本裡，即使祂不可理解，卻是可見的，他允許被他的讀者觸摸與咀嚼，如同祂一度允許他的身體被不信的群眾（uncon-verted mob）觸摸一樣。蘇格拉底的死是過去的事件，儘管在一篇對話錄裡有著感人的描繪，以及在其他的對話錄裡被預告；[98] 成了肉身的道的生命與死亡——默默地卻遍處預示在《舊約》裡——提供給我們神學的軸心以及在《新約》裡的詮釋的方法。

我們說歐利根把《聖經》的文本視為基督的持續的體現（the con-tinuing embodiment of Christ）應該不會錯。[99] 然而，這樣的陳述被「文本」這個詞的牽扯不清的含糊而變得空洞。有時候我們用這個來指人為的外表上有意義的記號的集合；然而，更多時候我們不指涉人工製

之名為祂所受造的人稱呼神的愛。這個名字是統治者有恩賜的標準術語，也是在斯多葛學派中的，是聖人的核心德行。

[97] 普羅克洛，《論大阿西比亞德斯》（On First Alcibiades）103A-B（章節 30-97），把蘇格拉底的精靈（daimonion）與《饗宴》的精靈的愛欲（daemonic eros）混為一談。

[98] 參考《費多》（Phaedo）115-118；《理想國》361b-d；《高爾吉亞》（Gorgias）486a-b。

[99] 比較道森（Dawson, 1997）。

品本身，而是指涉我們可以稱爲文本的「詞彙的內容」（'lexical content'）的這種抽象性。這具有無限地可再生產的，與媒介無關，因此，對有文化的大眾是遍在的，或者至少潛在地是如此。這是歐利根所稱的經文的體（body of scripture），儘管輕視它，他有時會說彷彿它是等同於油墨－與－紙的基底（ink-and-paper substrate）。他區分這個文本的魂與體，正如現代分析哲學家那樣從句子裡萃取命題：命題是所述說事物的邏輯的本質，當隱喻（metaphor）被還原到乏味的表達時，或者句子正確地被翻譯成另一種語言時，命題就是那個仍存在著的東西。因此，它是比那個上升到作者與他的聽眾的暫時的狀況之上更普遍的句子，在歐利根的觀點裡，正如摩西律法的魂或內在官能，超越了曾經被嵌入這些過時的儀式。分析哲學似乎缺乏靈的概念，但是當某個「文本」的正典的地位在任何學科裡必須被捍衛時，人們就尋找它的永久價值，它的「對今天的意義」的判準。歐利根應要規避這樣的詞彙，因爲對他而言，那個眞實的「我」不是墮落的人的蜉蝣意識，而是永恆的靈（semipiternal spirit），這是最屬己的，此時最與基督在永恆的未來裡合而爲一。但是，正如這種末世論的團契的必要條件是身體一樣，聖經的詞彙內容——原本有朽壞的生命並且受限於暫時的媒介——也是永恆話語的工具。不論什麼，在啓示中「對我而言」是眞的，是因爲它對每個人都是眞；透過寫作，它可以與現在的時刻說話，作爲在時間裡永恆性的綿綿回響。

▌道與聖禮

　　經文的體，正如歐利根所設想的那樣，它可以分成歷史與倫理。第一點以現在的情形看大部分是正確的，但是如果它沒有以屬靈的方式被分析的話，將是僅僅屬於古文物蒐集的興趣。第二點可以更進一步地再分成禮儀的規定與日常的規定。道德指引的規則仍然是強制性的，或是易受到轉義的應用（tropic application）的影響；然而，摩西法典的儀

式已被超越，基於此，也被基督的工作廢除。我們將處理以下根據歐利根所認爲的與歷史事實無關緊要的指控；當然，沒有古代的聖職人員（Churchman）會與他的前提──在它的字面的意義上，禮儀法（cer-emonial law）是過時的──相爭論。給希伯來人的書信對照了基督的死，他對人類（humanity）的一次獻祭──與舊約的重複的與徒勞的獻祭（10.1-12; 13.10-13）；在獻上公牛的血時，利未的祭師職事強調了替代我們釘在十字架上被刺穿的肉體障礙（《希伯來書》10.20）。另一封認定爲巴拿巴（Barnabas）的早期書信──有時被認爲是在亞歷山大城書寫下來的──甚至更具爭論的：不只異教崇拜的法律爲了基督徒而被廢止，而且甚至當它被傳播到猶太人時，他們不打算在字面上遵守它。[100]

　　現代對律法的寓意式處理的批判反對這點：這是對歷史環境不相干的，而且對作者的意圖是錯誤的。歐利根學派的評論者回應說，這是神自己決定祂的啓示的目的，而且在道成肉身裡，祂展現出實體，古代作者只看到這個實體的影子。即使不是對學者，卻是對任何時期的聖職人員更擔心的是這樣的詆毀：那些把禮儀法轉變成道德的一般教訓的人，將同樣是藐視新約的禮儀、聖餐和洗禮，經文本身認爲這些都是在教會裡聚會的核心（《羅馬書》6.3-6，《希伯來書》6.1-2）。歐利根提到這些禮儀的次數促使他的普世的護教士（catholic apologists）去宣告他是一位「聖禮主義者」（sacramentalist）；[101]但是講道（homilies）──他在這些講道裡極清晰地主張，獻祭的慣例（sacrificial code）被這些聖禮所取代──也是聖禮，在這些聖禮裡，他說：文本裡屬靈的實現必須透過順服地默想經文來完成。關於聖禮，他一般是指一種啓示的奧祕，而不是集體敬拜的行爲（act of collective

---

[100] 參考 Carleton Paget（1991）論述猶太人的前輩以及基督徒類似於巴拿巴 9.4 論割禮。
[101] Hermans (1996), 211-25.

worship）。[102] 他的論文《論復活節》（*On the Pasch*，譯註：'Pasch'
英文翻譯是 'Passover'〔逾越節〕或者 'Easter'〔復活節〕）揭露這
點，當他鼓勵參與聖餐（eucharist）時，他否認這應被理解爲不是重新
創造（recreation）就是個別事件的紀念活動（the memorial of a discrete
event）；他堅信，基督在罪人手上的死，雖然「根據」《聖經》的逾
越節（Biblical Passover）的「那個類型」實現，這個死本身不是節慶
打算去預示的「對立型」（'antitype'，譯註：在《舊約》裡的事件、人
物或陳述被視為被「對立型」預示的「型」〔type〕）（12.30-13.16）。
依照猶太人的方式，我們必須接受、宰殺、消耗的這隻羔羊（Lamb）
是基督自己，這位永恆的基督在每位信徒的魂之中重新被形塑：[103]

> 我們分有基督的身體，就是，分有神聖的經文的……分有真實的羔
> 羊，因為使徒聲稱我們逾越節的羔羊是基督，當他説「因為基督，
> 我們逾越節的羔羊，被殺獻祭了」（〈哥林多前書〉5.7）；他的身
> 體與血，正如上面所顯示的那樣，是神聖的經文，我們吃喝他的身
> 體與血，我們擁有基督；話語成為他的骨頭，身體成為來自文本的
> 意義（33.1-2 與 18-30）

聖餐的餅是祂的屬靈的肉身的物質性的表徵，這個肉身——只對靈的感
官，而不對肉體的感官成為可感覺到的、可看見的、可聽見的——並不
透過身體的要素，而是透過更不可感觸的要素呈現給他們，因此是更可
理解，是話語的媒介：[104]

---

[102] 《創世紀佈道》2.5（頁 35.14 巴倫斯）；13.8（114.8）。這似乎是與「神祕的事物」（*myste-rium*）是同義詞（33.27 etc.）。
[103] 由 Daly（1992）所翻譯，45；希臘原文缺漏很多。
[104] 翻譯 Daly（1992），37。歐利根忽略了在《約翰壹書》1.1 裡所提及的歷史上的基督。

因為，既然在人之中有五種感官，除非基督來到它們之中的每一個，他無法被獻上為祭，然後，他被烤了後，被吃掉了。因為這是當他以他的唾沫和泥來膏抹我們的雙眼（《約翰福音》9.6-7）而使我們看得清楚了（《馬可福音》8.25），當他開了我們心裡的雙耳（參考《馬可福音》7.33-5），以致我們有耳聽的，就應當聽（參考《馬太福音》11.15；13.19），當我們聞到他的馨香之氣（參考《以弗所書》5.2；《哥林多後書》1.15）……如果我們以約翰所說的觸摸去觸摸他：論到從起初原有的生命之道，就是我們所聽見所看見，親眼看過，親手摸過的（《約翰壹書》1.1），那麼，我們將能夠獻上那隻羔羊為祭，並且吃牠，因此，離開了埃及（18.11-19）。

這裡像其他的地方一樣，[105]論證依賴於釋經學（exegesis），而不是心理學（psychology）；屬靈的感官的存在不憑藉內觀（introspection）而洞悉，而是從具感官的話語的經文裡的臨在推論出來，具感官的話語的經文能被應用到神，在字面的意義上就帶著褻瀆。這個觀念在歐利根的作品裡無所不在，但它卻不與新柏拉圖主義者的思想相似，[106]新柏拉圖主義者的目標是從感官裡得到釋放，不是藉由屬靈的美感代替肉體的美感。柏拉圖主義者可能會把某篇對話錄的單純話語刻畫成思想的事物，刻畫的既不是蘇格拉底的，也不是柏拉圖的鮮活的血肉之軀；當他自由地利用了神祕的單彙，他不會認為它可還原到那個意含著對文本的明智的理解的語言。咒語、祭品與咒法被歐利根時代的異教思想以及被在他之後一個世代的柏拉圖主義的主流學派所實行；儘管楊布里科斯在《論奧祕》（On the Mysteries）為這些儀式提供理智的基本法則，他

---

105 相關的文本由 Radner（1932）收集。
106 儘管朗吉努斯（Longinus）（參考以上）演說術的理論可能起作催化劑的作用。

們被認爲本身對較低的魂是有果效的。[107] 較高的魂的修練——身體的與心智的操練的結合——被規範在像《理想國》這樣的一部作品裡，以及被預示在楊布里科斯爲對話錄的閱讀所做的教學大綱裡；但是閱讀只是爲了某個目的的預備，非希臘民族藉著其他的手段得到這個目的，而只有在基督教的作者裡，因爲他們堅持《聖經》啓示的獨特性，話語本身成爲某種聖禮（sacrament）。

▌異議與回應

在現代有智慧的人中，存在著對寓意的厭惡，有時相當於頑固，這一章大概會更強調，而不是消除這一點。那些心懷這種情感作爲理論上的偏見的人，可能被指稱爲文學理論家（literary theorists）；但是學術研究有義務自己承擔去反對這種無根據的，卻是固執的信念，就是：《聖經》所有的比喻式的理解（figurative readings）都是希臘式的擴增，與它的眾作者（its authors）或它的作者（its Author，譯註：即聖靈）的意圖不相關。大多數已經輕信了這種時代錯誤的說英語的讀者，基於這位著名的聖經學者都德（C.H. Dodd）的權威接受了它；[108] 但是無論如何，從喬維（Benjamin Jowett）與阿諾（Matthew Arnold）[109] 在十九世紀時以談不上學問的方式寫出相似的結果的時候以來，這已經是共同的意見。儘管如此，《舊約》證明以色列成爲希臘世界的一省，很久以前，在它的文學裡，比喻（parable）都是通常的轉義

---

[107] 然而，楊布里科斯比波菲利（Porphyry）對基督徒展現更多的親和性，因爲正如思瓦（Shaw, 1993），126 所觀察到的那樣，他沒有把魂的提升與從身體的出去等同對待。

[108] 參考 Dodd（1961），尤其 14-16 反對寓意。

[109] 因此，Arnold（1876），95-6 嘲笑類型學（typology），以及，在 301 裡他提出一個中世紀的寓意作爲他的大規模的譴責教父的釋經的一個藉口。Arnold（1989）企圖去排除第四福音書在195 有「枯燥的神祕主義」（'arid mysticism'），在 196 裡，默默地將其充滿活力的隱喻（metaphors）與費羅的寓意形成對比，然而卻在 168 裡找不到對《約翰福音》14.31b 明顯不協調的辯護。反諷作家將很高興留意到，Arnold 強烈試圖從作爲「唯物主義」（materialism）形式的符號（symbols）中擠出命題的真理。

（tropes）；在《但以理書》以及《以諾書》—— 在馬其頓的統治之下編寫成，而且沒有清楚的希臘的先例 —— 裡的迂迴的寓意，可以從以西結（Ezekiel）與從以撒迦利亞（Zechariah）之名傳達的預言追蹤他們的後裔。[110] 關於《新約》，人們必定是對《塔木德》（the Talmud）非常無知，[111] 或者，不合理地懷疑關於它的內容的時間，去否認耶穌以他作為教師的角色會說出冗長而詳盡的比喻（parables），這些比喻是希臘文的福音書作者（Greek evangelists）認定為他的。數字學（numerology）、符號主義（symbolism）及其他這類的伎倆都不再被《新約》的學者所輕視，現在有許多的學者發現 —— 例如歐利根，與外爾斯（Maurice Wiles）顯然有別 —— 當第四位福音書作者把他自己描述為倚靠在基督的懷裡時，「在父的懷裡的獨生子」的記憶就切切在心了。

下面這個說法同樣是錯誤的 —— 儘管這個反對意見不是新的，甚至在教父時期已有其支持者[112] ——，就是，歐利根以及他的跟隨者使用寓意使文本隨他們所要的意思。這決不是歐利根的目的去拿《聖經》與教會做對比，而使乖弄巧 —— 他以之從獻祭的律法裡抽取出同樣平凡的戒律，從第四福音書作者的附記（*obiter dicta*）抽取出相同的正統基督學（the same orthodox Christology）—— 比他閃爍不定的思辨更冒犯許多現在的讀者。他的保羅派的人類學，他致力於三位一體，他執著於所羅門的作品的希伯來準則[113]，所有這些同聲一氣限制他提升到釋經的三個層級。這三個之中，第一個必定總是字面上的層級，而第三個必定

---

[110] 尤其提及人子的（《以諾》2.49 etc.）或者提及「有一位像人子的」（《但以理書》7.13）可以追溯到《以西結書》1.26-8，然而，在《但以理書》7.27 裡，藉由聖徒對各民族的審判，在《撒迦利亞書》14.5 成為預兆。參考 Fishbane（1985），474-99 論述但以理對古代的預言的修正，附有 Dodd（[1952] 1965）論述這些段落的基督徒的攫取（Christian appropriation）。

[111] 雖然 D. Stern（1991），頁 224-5 把「寓意」（*allegoresis*）的實踐（未定義）視為是中世紀的創新。

[112] 對於對 Theodore of Mopsuestia 的譴責，參考 Edwards（1999），頁 68-9。不公正即公平，以及 Theodore 於 553 年在君士坦丁堡第二次會議與歐利根一起遭受到死後的譴責。

[113] 比較在優色比烏斯，《教會史》6.25 裡《希伯來書》的列舉。

總是類型學上的層級。另一方面，柏拉圖主義者在他的機智或博學能夠有所暗示時，就有同樣可以利用不同類的強迫性的理解。在朱利安皇帝（Emperor Julian）的朋友撒盧斯地烏斯（Sallustius）的論文《論眾神與世界》（*On the Gods and the World*）裡舉出了五項；但是，因為這些中的每一項被分配到不同的種，很清楚地，他在他的世紀裡，他是在擊打人類學的界限，而數字五既不是古老的，也不是不變的。

還有第三種更流行的反對意見，就是，歐利根不需要歷史學。理查‧韓聖（Richard Hanson）陳述他的歷史概念是「根本上的希臘人」（'essentially Greek'），對韓聖而言，這似乎意指，他把歷史「融入」到「宗教的經驗」。[114] 一個相信基督徒的宣告是奠基在事實上，因此是「易受到歷史傷害的」的保守主義者，韓聖稱讚歐利根對《舊約》的處理的「坦白」，他很高興做出這樣的評論，對他而言，釘十字架仍發生在「某個時間點上」。[115] 儘管如此，他感到遺憾，這事件的成果在歐利根裡，不是憑藉與救主的聖禮的相遇傳達給我們，而是透過永恆的沉思傳達給我們。他忽略了這個事實：這是在書面的字上的沉思，這書面的字是歐利根對永恆性的短暫的圖像；[116] 他沒有留意到歐利根自己的教訓，就是，我們是被復活的主的肉身而不只是被他的受難（passion）所培養；在他的論戰激情中，他甚至暗示《論禱告》的論文禁止任何對基督的祈禱（orisons）。[117] 有人也許懷疑韓聖僅僅懇求以「聖愛」（*agape*）來反對「欲愛」（*eros*），如果這不是他暗示著，歐利根是努力要使基督教的信仰不受歷史傷害的話：聖愛勝過歷史，因為它勝過所有人類的行為，不是在歐利根裡，而是在這樣的「宣講福音」的神學家（'kerygmatic' theologians），如新教的卡爾‧巴特（Karl

---

[114] Hanson (1960), 286, 281.

[115] Hanson (1960), 287, 262, 287.

[116] Edwards（1997）主張：基督實現了歸屬於柏拉圖時代的圖像式的角色（iconic role），《蒂邁歐》37d。

[117] Hanson (1960), 276.

Barth）裡。

　　在韓聖的主張裡歷史沒有定義[118]，在二十世紀裡，沒有興起關於這個語詞的神學的爭戰的傳聞。從他在這裡的沉默，以及他在其他地方的爭論來看，可以合理推論他分享平凡人的歷史觀點，作爲事件眞實的、連續的和辨識的紀錄。他拒絕說在《聖經》裡有多少被列舉的事件必須被證實，如果這是配得歷史之名；因爲他是保守的，我們沒有發現到他（與歐利根一樣）開始去證明，每個品種的動物可以被容納入到《聖經》的方舟的空間裡面。忽略這個由德國學者在「歷史」（His-torie，僅僅是事件發生的年代記）與「歷史事件」（Geschichte，在這些發生的事件裡意義的發現）之間所做出的區別，[119] 韓聖無法告訴我們，在一個古代的王國裡已經做的或說的事情的知識，如何可以豐富一個現代基督徒的信仰或引導他的生活。對歐利根而言，沒有機會切割這個問題，因爲他以前寫過，當他是爲學者寫時，教會的博士（doctor of the Church）去使用某種風格被認爲是容許的，而當他爲群衆佈道時則是另一種風格。

　　如果像大家經常所認爲的那樣，歐利根對歷史帶有敵意，他就不會校勘手稿，並且橫越巴勒斯坦的土地，以確定施洗者是否在伯大尼（Bethany），還是在貝塔拉巴（Bethabara）服事過執行了他的事工（《評論約翰福音》6.40-1 (24)）。如果他忽略了四福音書的結構，他就不會感覺到有義務去問，爲何在第四福音書裡事件進行的順序，也就

---

[118] Smith（1912），214 在最初於 1870 年出版的一篇文章中，簡明地提出了新教案件：「爲什麼人們不能正確理解救贖的記載，是因爲他們沒有真正理解救贖的工作。基督教的神學概念作爲一種新的律法，既沒有公平對待基督徒個人與基督合一的意識，也沒有公平對待基督的事工的歷史事實。然而，關於前者，人們可能不知道有多少的基督徒已經展現了這樣一種「意識」，即使歐利根沒有；至於後者，這是 Smith 的特色，就是，被交付以異教式地去否定有關《舊約》中的「歷史事實」的工作。

[119] 藉由 Julius Schniewind 在 Bartsch（1961），82-2 追溯到 Martin Kahler（1892）。論述歷史與「去神化性」（demythologization）的計畫，參考 Macquarrie（196），58-101。

是耶穌的洗禮，是全體一致地與其他三福音書相矛盾。[120] 評論家將會反對他在某種情況訴諸詞源學（etymology），而在另一種情況訴諸第四福音書的屬靈的解釋。然而，一點也沒有過度抑制在四福音書裡的地形學的資訊（topographical information），名稱的分析被設計去顯示，事件不只是出現在文字上的，而且在地點上具歷史適當性地出現，作者把名稱分配給這些地點。[121] 反對採用約翰的話來說明早期的事工，他的論據是：我們應當被迫去懷疑福音書作者的真實性，或者堅持某個作者優先於其他作者（《評論約翰福音》10.8 (6)）。這個推理可能是針對只承認《路加福音》的馬吉安主義者（Marcionites），以及針對支持《約翰福音》的赫拉克雷翁（Heracleon）。據說這兩個異端否認道成肉身，但是對歐利根而言，在經文裡所主張的與救主所主張的是一樣的規則：靈，與文字不一樣，總是不可疏離的，而是，在那裡身體用作為靈的工具，它的實在性不可以被否定。

　　幾乎唯有古代的評論者，當歐利根敘述恩多的女巫（Witch of Endor）招撒母耳的魂（ghost of Samuel）時，他採取歷史學家的話[122]；與那些較好判斷的人相對照，他主張：甚至《但以理書》（Book of

---

[120] 《評論約翰福音》10.3 (2) 以下。這裡以及在 10.8 (6) 對觀福音書被稱為「那三部」（'the three'）。正如在 6.34 (18) 那樣，所以在 10.3 (2)，福音書被描述為耶穌的「回憶錄」（'memorabilia', *apomnêmoneumata*）——這個術語不僅讓人想起色諾芬對他的老師蘇格拉底的回憶錄，還讓人想起查士丁（Justin Martyr）在《第一申辯》中的用法。Wiles（1960），13-24 觀察到歐利根沒有遵循一個統一的規則來解釋差異性，並且有時會否定連續的敘事的歷史性（historicity of a consecutive narrative），即使在大多數情況裡，他想要指出在作為記號（sign）的時間序列中的不一致性——此記號的一個更深意義必須加以尋求。

[121] 例如參考《評論約翰福音》10.8 (6) 以及 10.9 (11) 反對赫拉克雷翁否認基督在迦百農（Capernaum）——安慰之地——所做過的一切。似乎赫拉克雷翁沒有承認過那些歐利根從三部「對觀福音」書所引證的文本。

[122] 參考埃屋斯大提屋（Eustathius），《論女巫》（*On the Sorceress*），正如 Young（1997），頁 163-4 裡對《論女巫》所觀察到的那樣，這部作品比歐利根更華而不實與敘事的明顯含義相矛盾。的確，埃屋斯大提屋責備其對手的文字主義（literalism），以及他努力去發現在《撒母耳記（上）》28 裡的裂縫，這些裂縫與歐利根在評論經文的其他部分的裂縫相似。

Daniel）的《七十士譯本》的部分（the Septuagintal portions）是古代的紀錄：[123] 簡言之，我們在柏拉圖裡看不到的這種繼承的傳統的真實性裡，歐利根說明其中的利害關係。無可置疑，在柏拉圖的思想裡，無時間性完全地取代時間性，在很少的機會裡，當他承擔去書寫歷史時，他只有一半的熱誠。《美涅克塞努》（Menexenus）似乎是一部葬禮演說（epitaphia）的滑稽模仿，這個演說永遠取悅雅典人的自豪；在《蒂邁歐》裡，記憶是如此可塑以致整個的時代據說被毀掉，亞特蘭提斯（Atlantis）的傳說是一個被遺忘的榮耀時代的場景。[124] 在他的《理想國》裡，他描繪了一個理想的國家，更多是像基督徒所說的「上帝之城」，或者天上的國家；與基督徒不一樣，他不曾思考，而且甚少希望這樣的一個城邦可以被建立在地上。正如人們經常主張的那樣，希臘人主張歷史的循環的觀念並不是真的：[125] 只有在柏拉圖裡的群星是真的如此，它們無法改變地返回它們舊有的位置上，沒有希臘人曾寫過如同歷代志那樣的循環的歷史。然而，他們不擁有末世論（eschatology），沒有人類喜劇預定的目的觀念（notion of a predetermined end），卻是真的。歐利根有這樣的一個觀念；一般來說，現代的神學家沒有這樣的觀念。

　　事實上，那些主張「歷史事件」（Geschichte）比「歷史」（Historie）較為優越的人，經常暗示信仰是與科學的歷史事實無關，相反地，在經文裡一件敘事可以傳達信仰的真理，儘管它是相當缺乏事實。但是我們不能把一個原理強加給歐利根，這個原理，如果從詮釋學轉變為基督學的話，它會證實「幻影說」（docetic）的主張，唯有肉體的

---

[123] 參考在優色比烏斯，《教會史》6.31.3 裡與 Julius Africanus 信件的交換。

[124] 《蒂邁歐》22b-e，但是不蘊含有永恆的回歸：相反地，歷史一旦被遺忘是永遠在喪失的危險中。

[125] Cullmann（1947），36-42。Puech（1951）把異教徒所想的循環的時間與基督徒的線性的時間區別開來，以及兩者都與諾斯替主義的不連續性時間區別開來。在頁 71，他引述克特蕭，頁 344 支持這個主張：歐利根想像一種「展開的具連續性的圓圈」（'se déroulant encycles successifs'）的時間。

幻象的假說是我們的拯救的必要。這個信條伴隨著，或者被認為伴隨著魂在沒有它的肉體的救贖的信念；另一方面，歐利根的末世論不蘊含滅絕，而是蘊含對身體的揚棄（sublation of the body），他同樣主張，當過去進入到寓意（allegory）嚴峻的考驗時，它不是被壓制，而是成為永恆的。路多夫・布特曼（Rudolf Bultmann）的學派會同意考慮像失落園（Fall）、道成肉身（Incarnation），以及第二次降臨（Second Coming）——這些之中沒有一個在科學史上留有一個位置——像這樣事件的神話，關於耶穌的神蹟、他的輝煌的祖先的計畫，以及早期基督教會解釋為獻祭的預表的聖職者的儀式，在他們的觀點裡，現代的信仰將會一文不值。儘管布特曼堅持末世論是耶穌的福音的核心，[126] 他所要同意的唯一復活（resurrection）是一種內在的復活，因為在現代的世界裡，要求肉體的不朽這可能是迂腐的。「救贖的歷史」（*Heilsgeschichte*, history of salvation）——是由歐卡爾・庫曼（Oscar Cullmann）跟隨布特曼之後所宣講的[127]——可以是歷史，只要它聲稱從世界的開始到其末了，追溯上帝的目的的戰無不勝的完成；但是再一次說，這是太過於高尚的品格的歷史，以致無法卑屈到找假證據。就歐利根而言，他認為世界及其事件僅僅是陰影，但是在經文以及教條裡，正如在生命裡一樣，不存在沒有一個實體的影子。從身體的行動，我們推導出裡面的人，而透過苦惱我們的短暫現象，我們窺探另一個世界，它將比現在這個世界更經久，然而理解出現在這裡的一切東西。保羅說，在身體的這個家裡，我們缺少主；[128] 而且甚至一位不在的君王透過中間人展示他的簽記（signature），可以做許多事情。在歐利根的思想裡，神的簽記是歷史。

---

[126] 例如參考，Bultmann（1957）。

[127] Cullmann (1947), 137-50.

[128] 引述《哥林多後書》5.6 在書信 119 裡，耶柔米推論：在《哥林多前書》15.51 裡的「我們不是都要睡覺」的意思不是指我們將不死去，而是我們將不犯罪。他後來把疏忽作為體現在魂裡罪的原因的評論，讓人的想起了歐利根，並證實了我對後者對 *koros*（飽足）說明的解釋。

結　論

　　歐利根是否是一位柏拉圖主義者，這個問題蘊含了另一個問題：什麼是柏拉圖主義？在一些現代的神學家的用語上，柏拉圖主義者可以是任何相信神比祂的受造物具有更高本性的人；柏拉圖主義者的心智包含有關於短暫現象的不可毀滅的本質；魂比身體活得長久而且享受更長久的快樂；肉體是軟弱的而且它的激情爲了裡面的人的緣故而必須被束縛；或者，啓示可能是令人費解的，因此，神聖文本的眞正意義，並非在每一種情況都視表面而定。當然，這些都是傳統基督宗教的初步，但是這些新福音派作者努力使我們信服：這只是柏拉圖的口頭上的巫術，它導致教會傳講「二元論」（dualism）的福音與「彼岸世界」（other-worldliness）的福音有兩千年之久。禁食、性禁戒以及每種形式的禁欲都被視爲近似於一種虛假的理想，我們必須藉由「復興整體的希伯來的思想」從這個虛假的理想被釋放。同時，人們不得不注意到世人一如往常總是沸沸揚揚，核心的罪沒有一個變得較不流行，因爲現在學院的神學家宣告形上學的破產、身體的良善與性交的神聖。當對照（希臘文的）《新約》評判時，我們已經看到，如何嘗試從神學清單裡清除希臘的成分；目前我們可以讓其頑固的代言人從經驗與常識的觀點去捍衛他們自己。

　　相反地，如果我們的判準是依靠古老的世界的話（史學家什麼都不做）。我們發現，在歐利根的時代裡，柏拉圖主義者的思想幾乎總是藉著下面的前提顯示它的特徵也因此與大公的基督教徒（catholic Christendom）的思想疏遠，根據以下的一些前提：

1. 在現在世界裡的對象都是瞬息萬變的，而可以有一個定義，只因為它們分有或者模仿永恆的相，這些永恆的相不內住在物質的個別事物裡，而是內住在非身體的與無時間的領域裡。

2. 現在的宇宙，雖然沒有時間的開始，它是工匠神的理智（demiurgic intellect）的創作，它本身是具神性的與良善的，而且只藉由分享善本身的形式。甚至在工匠神被認為是典範的作者，這位神在世界的形成中複製這個典範，他頂多是第二的心智；雖然最高的原理是所有限定的存有者的先決條件，它是疏遠的、不活躍的，而且最好是藉由否定的，或者甚至是矛盾的述詞來描述。

3. 人的魂的事業是去沉思眾相本身（Forms），而每個魂是作為天上的非身體的居民開始其存在。如果身體化不是在較高的領域裡僭越的懲罰（penalty of transgression）的話，僭越是身體化在較低的領域裡不可避免的必然結果；在任一情況裡，魂不是身體的夥伴，而是身體的俘虜，如果它有幸成為一位哲學家或真實的美的愛者，它會渴望一個較好的家。

4. 很少魂在結束地上的生活時返回天堂，因為原本的過犯被新的罪所混合，眾相本身流連不去的回憶被新的激情的干擾，更加受到侵蝕。因此，當魂離開會朽壞的身體時，它們的一般命定進入到另一個身體裡；在生命之間的間隔中，它們選擇了這一個身體，而且，與眾神相串通，在舊的記憶被抹除之後，它們就進入到新的狀態裡。

5. 荷馬的淫穢和荒謬，像通俗的奧祕事物一樣，隱藏深奧的真理，這些真理古人是不願意透露給不敬虔的大眾。哲學家 —— 藉由採取原古神話與柏拉圖神話之間的一致性 —— 能夠去探究敘事的心智（mind）或思想（dianoia），敘事即是將自己證明為把在《奧德賽》詮釋為一種「索隱小說」（'roman-à-clef'）的隱喻（metaphor），就是，與其說是描繪為一位狡猾的流浪漢的浪跡江湖，不如說是描

繪為遭遇海難的魂的漫長的旅程。

　　一般而言，人們認為歐利根在晚期的古典時期裡包含了所有這些五點的意見，這五點的每一個意見都是基督教的異端。在現代的大多數的學者支持這個判定，儘管這是奠基在模糊的，以及未經證實的意向上。然而，本書的結論是：他並沒有贊成這些意見的任何一點，的確，如果這些意見有了爭議，引起他的注意，他拒絕其中的一些。最後四章的結果的總結如下：

1. 他否認任何的存有者，除了三位一體的成員之外，可以在沒有一個基底（substrate）去保存其形式及個別性，而得以倖存下來；因此，他否認能夠存在有只藉由非物質的實體的創造物。甚至在他的《論第一原理》裡，他直率地宣稱，柏拉圖的眾相本身（Ideas）或眾形式本身（Forms）是幻想的（chimerical），眾世界──在經文裡的證據上，他相信它們先於我們死去──是與我們現在的世界一樣是自然的（physical）：如果他建議，眾形式和所有種與個別事物的類（genera of all species and particulars）永恆地潛存在神性的理智（the divine intelligence）裡，他的意思──沒有超越保羅所指的意思──是指：當他寫道，整個創造是實現神的計畫，以及在世界的奠基之前，祂揀選祂的聖徒來榮耀。

2. 所以一點也沒有比思想與預測更優越，歐利根的神是有限的，祂的確超越我們所稱呼的心智，而對於祂的受造物的沒有支撐的理性而言，歐利根的神仍然是不可見的，但是祂透過啟示自願展示祂自己的知識──尤其透過祂的子神（his Son）、永恆的道，道的宇宙的運作是不可分離的，至少在釋經學上，從祂在時間裡作為耶穌基督的道成肉身的啟示。

3. 儘管他主張每個理性的受造物本性上是非物質的，他沒有在他現存在的作品裡的任何地方，明快地談論魂從天上的墮落，就我們可以理解的而言，他只給他的魂在身體化之前，在神的手上的瞬間的前

存在（pre-existence）。在一般認爲蘊含有魂的先前存在的他的作品裡的段落，並非不可接受地可以指涉到它的現在生命的諸多行爲。身體化的目的不是懲罰，而是美德的操練，因此，在創造時被賦的神的圖像，可以藉由相像（likeness，譯註：或翻譯爲「相似」）來完成，這個相像是有目的地被保留。我們基督徒的爭戰的目標不是魂可以從身體裡釋放，而是魂與身體一起被歸入到靈裡；圓滿的異象（vision）的對象不是善的形式，而是神。

4. 袍不准許魂從一個身體離開另一個身體，儘管他確實主張，我們的品格可能變得更爲獸性般的，或者更爲天使般的，正如我們的魂在美德的刻度上下降或爬升那樣。然而他從經文裡學習到魔鬼是墮落的天使時，他永遠不會說人類可能沉淪到這種情況裡，而且只有在極少的事例裡，並且爲了我們的好，天使從天下降，居住到人的身體。在這樣的機會裡，施恩者占有一個較厚實的身體，但是轉生（transmigration）不會發生，因爲在那裡沒有過死亡。

5. 他主張經文有三個層級，不是由體與魂所組成，而是由體、魂與靈所組成。經文的靈，像重生的聖徒的靈那樣，它把魂與體吸納，而沒有毀滅它們，因此，屬靈的詮釋者支持大多數段落的字面上的意義，這些段落標宣說了歷史的事件；另一方面，歷史的眞理永遠不是對出現在《聖經》（Holy Writ）裡的一個事件做充分的說明，更深的意義必定總是可以被繼續追求。當我們發現潛藏的靈時，字面上的意義被潔淨，但卻不是被拋棄，正如同身體被淨化，但是在末日卻沒有失喪那樣，此時身體對裡面的人變成透明的。

歐利根的哲學是一個自律的哲學（autonomous philosophy），這個哲學被設計爲去回應，而不是去逢迎，各學派的教導。無可置疑地，如果他對柏拉圖、斯多葛主義或者亞里斯多德無知的話，他已經把他的筆鋒轉到許多不曾出現在他身上的問題上，正如同於，如果在我們時代的護教士不曾聽說過愛因斯坦、馬克思或者佛洛伊德的話，也不會發生在

他們身上去反省自然法、體制的貧窮或者意識的起源。通常這是那些最熟悉時代潮流的人，他們是最不被潮流所奴役，如果柏拉圖主義正如學者們所設想的那樣，在亞歷山大城是這樣地傳染的話，最可靠的疫苗是去閱讀柏拉圖。如果我們可以被允許去支持這個醫學的比喻的話——在這樣的方式裡，儘管不是早期的異端論者的精神——我們可能會說，歐利根的作品一點也沒有表現出傳染的症狀，他的作品包含了對柏拉圖主義的抗體，作為他遭受並且抵抗它的攻擊的證據。

參考文獻

Works of Origen Cited by Name of Editor

Baehrens, W. (1920–21), *Origenes. Homilien zum Hexateuch in Rufins Übersetzung* (Leipzig: GCS edition, vols. 6–7).

Baehrens, W. (1925), *Origenes. Homilien zur Samuel I, zum Hohelied und zu den Propheten. Kommentar zum Hohelied* (Leipzig: GCS edition, vol. 8).

Bammel, C. (1990–98), *Der Romerbriefkommentar des Origenes*, 3 vols (Freiburg).

Bauer, M. (1959), *Origenes. Die Homilien zu Lukas in der Ubersetzung des Hieronymus und die Grichischen Reste der Homilien und des Lukas-Kommentars.* (Berlin: GCS edition, vol. 9).

Benz, E. and Klostermann, E. (1935), *Origenes. Matthäuserklärung 1. Die Griechischen Erhaltenen Tomoi* (Leipzig: GCS edition, vol. 10).

Crouzel, H. (1976–80), *Origene. Traité des Principes*, 4 vols (Paris).

Koetschau, P. (1899), *Die Schrift vom Martyrium. Gegen Celsus. Die Schrift vom Gebet* (Leipzig: GCS edition, vols 1 and 2).

Koetschau, P. (1913), *Origenes. De Principiis* (Leipzig: GCS edition, vol. 5).

Lommatzsch, C.H.E. (1846), *Pamphili Apologia pro Origene*, in *Origenis Opera* 24 (Berlin), 293–412.

Preuschen, E. (1903), *Origenes. Der Johanneskommentar* (Leipzig: GCS edition, vol. 4).

Robinson, J.A. (1893), *Origen. Philokalia* (Cambridge).

Scherer, J. (1960), *Entretien d'Origène avec Héraclide* (Paris: *Sources Chrétiennes* 67).

Other Texts Cited by Name of Editor

Bonwetsch, G.N. and Achelis, H. (1897), *Hippolytus. Exegetische und Homiletische Schriften* (Berlin).

Des Places, E. (1971), *Oracles Chaldaïques* (Paris).

Des Places, E. (1973), *Numénius: Fragments* (Paris).

Diehl, E. (1903–6), *Procli Diadochi In Platonis Timaeum Commentarius* (Leipzig).

DK (1951), *Fragmente der Vorsokratiker*, ed. H. Diels, rev. F. Kranz, 3 vols (Berlin).

Hermann, C.F. (1874), *Alcinous, Isagoge in Platonem*, in *Platons Werke*, vol. 6 (Leipzig), 147–89.

Hobein, H. (1901), *Maximi Tyrii Philosophoumena* (Leipzig).

Holl, K. and Dummer, J. (1980), *Epiphanius, Panarion II* (Berlin).

Kroll, W. (1899–1901), *Procli Diadochi in Platonis Rem Publicam Commentarii* (Leipzig).

Lamberz, E. (1975), *Porphyrii Sententiae ad Intelligibilia Ducentes* (Leipzig).

Lang, C. (1881), *Cornuti Epidrome* (Leipzig).

Migne, J.P. *Patrologia Latina*. (esp. vol. 26, containing Jerome's commentary on Ephesians).

Nauck, A. (1886), *Porphyrii Opuscula* (Leipzig).

Preisendanz, K. (1971), *Papyri Magicae Graecae*, 2 vols (Leipzig).

Romano, F. (1989), *Proclo, Lezioni sul Cratilo* (Catania and Rome).

Smith, A. (1993), *Porphyrii Fragmenta* (Leipzig).

Secondary Literature

Alt, K. (1993), *Weltflucht und Weltbejahung. Zur Frage des Dualismus bei Plutarch, Numenios, Plotin* (Stuttgart).

Alviar, J.J. (1993), *Klesis. The Theology of the Christian Life According to Origen* (Dublin).

Armstrong, A.H. (1960), 'The Background of the Doctrine that the Intelligibles are not Outside the Intellect', *Entretiens Hardt 5: Les Sources de Plotin* (Geneva), 391–425.

Arnold, M. (1876), *Literature and Dogma*, 5th edition (London).

—— (1889), *God and the Bible* (London).

Ashton, J. (1994), *Studying John* (Oxford).

Atkinson, M. (1983). *Plotinus: Ennead V.1. On the Three Principal Hypostases* (Oxford).

Atwell, J.E. (2000), 'An Egyptian Source for Genesis 1', *Journal of Theological Studies* 51, 441–77.

Auerbach, E. (1968), *Mimesis. The Representation of Reality in Western Literature*, trans. W.R. Trask (Princeton).

Bammel, C.P. (1989), 'Adam in Origen', in R.D. Williams (ed.), *The Making of Orthodoxy. Essays in Honour of Henry Chadwick* (Oxford), 62–93.

Bardy, G. (1937), 'Aux origines de l'école d'Alexandrie', *Revue de Science Religieuse* 27, 65–90.

Barnes, J. (1987), 'Antiochus of Ascalon', in M. Griffin and J. Barnes (eds), *Philosophia Togata* (Oxford), 56–91.

Barnes, M. R. (1997), 'The Fourth Century as Trinitarian Canon', in L. Ayres and G. Jones (eds), *Christian Origins* (London), 47–67.

Barnes, T. D. (1981), *Constantine and Eusebius* (Cambridge, Mass.).

Barr, J. (1992), *The Garden of Eden and the Hope of Immortality* (London).

Barrett, C.K. (1982), *Essays on John* (London).

Barthélemy, J.-D. (1972), 'Origène et la texte de l'Ancien Testament', in *Epektasis. Mélanges Jean Daniélou* (Paris), 247–61.

Bartsch, H.W. (ed.) (1961), *Kerygma and Myth* (New York).

Beierwaltes, W. (1999), 'Causa Sui. Plotins Begriff des Einen als Ursprung des Gedankens der Selbstursachlichkeit', in J.J. Cleary (ed.), *Traditions of Platonism. Essays in Honour of John Dillon* (Aldershot), 191–226.

Bendinelli, G. (1997), *Il Commentario a Matteo di Origene. L'Ambito della Metologia Scolastica dell'Antichita* (Rome).

Bianchi, U. (1987), 'Origen's Treatment of the Soul and the Debate over Metensomatosis', in L. Lies (ed.), *Origeniana Quarta* (Innsbruck), 220–81.

Bigg, C.H. (1886), *The Christian Platonists of Alexandria* (London).

Bindley, T.H. (1899), *The Oecumenical Documents of the Faith* (London).

Blowers, P.M. (1988), 'Origen, the Rabbis and the Bible: Towards a Picture of Judaism and Christianity in Third-Century Caesarea', in C. Kannengiesser and W. Petersen (eds), *Origen of Alexandria. His World and his Legacy* (Notre Dame), 96–116.

Blumenthal, H. (1966), 'Did Plotinus Believe in Ideas of Individuals?', *Phronesis* 11, 61–80.

—— (1991), '*Nous Pathêtikos* in later Greek Philosophy', in H. Blumenthal and H. Robinson (eds), *Aristotle and the Later Tradition* (*Oxford Studies in Ancient Philosophy* supplementary volume), 191–205.

Bockmuehl, M. (1997), 'The Form of God (Phil 2.6). Variations on a Theme of Jewish Mysticism', *Journal of Theological Studies* 48, 1–23.

Bos, A.P. (2000), 'Basilides as an Aristotelianizing Gnostic', *Vigiliae Christianae*, 44–60.

Brenk, F.E. (1977), *In Mist Apparelled* (Leiden).

Brentano, F. ([1867] 1992), '*Nous Poiêtikos*: Survey of Earlier Interpretations', trans. R. George, in M. C. Nussbaum and A.O. Rorty (eds), *Essays on Aristotle's De Anima* (Oxford), 313–42.

Brooke, A.E. (1891), *The Fragments of Heracleon* (Cambridge).

Brooks, R. (1988), 'Straw Dogs and Scholarly Ecumenism: The Appropriate Jewish background for the Study of Origen', in C. Kannengiesser and W. Petersen (eds), *Origen of Alexandria. His World and his Legacy* (Notre Dame), 63–95.

Bultmann, R. (1957), *History and Eschatology* (Edinburgh).

Burke, G. (1950), 'Des Origenes Lehre vom Urstand des Menschen', *Zeitschrift fur Kirchentheologie* 72, 1–39.

Burkert, W. (1972), *Lore and Science in Early Pythagoreanism* (Cambridge, Mass.).

—— (1987), *Ancient Mystery Cults* (Cambridge, Mass.).

Burnyeat, M.F. (1982), 'Idealism in Greek Philosophy: what Descartes saw and Berkeley missed', *Philosophical Review* 91, 3–40.

Cantora, L. (1987), *The Vanished Library*, trans. Martin Ryle (New York).

Carleton Paget, J.N.B. (1991), 'Barnabas 9.4: A Peculiar Verse on Circumcision', *Vigiliae Christianae* 45, 242–54.

Chadwick, H. (1948), 'Origen, Celsus and the Resurrection of the Body', *Harvard Theological Review* 41,

—— (1959a), *The Sentences of Sextus* (London).

—— (1959b), 'Rufinus and the Tura Papyrus of Origen's *Commentary on Romans*', reprinted with original pagination in his *History and Thought of the Early Church* (Aldershot, 1982).

—— (1966), *Early Christian Thought and the Classical Tradition* (Oxford).

Chroust, A.-H. (1973), *Aristotle. New Light on his Life and Thought*, vol. 2 (London).

Clark, E.A. (1977), *Clement's Use of Aristotle* (New York).

—— (1992), *The Origenist Controversy. The Cultural Construction of an Early Christian Debate* (Princeton).

Copenhaver, B.P. (1992), *Hermetica* (Cambridge).

Cornelis, H. (1959), 'Les fondements cosmologiques de l'eschatologie d'Origène', *Revue de Science et Philosophie Religieuse* 43.

Cox, P. (1983), *Biography in Late Antiquity* (Berkeley).

Cremer, F.W. (1969), *Die Chaldaïschen Orakel und Jamblich*, De Mysteriis (Meisenheim am Glan).

Crombie, F. (trans.) (1872), *Origen, Against Celsus* (Edinburgh).

Crombie, I.C. (1963), *An Examination of Plato's Doctrines*, vol. 2 (London).

Crouzel, H. (1954), *Théologie de l'Image de Dieu chez Origène* (Aubier).

—— (1962), *Origène et la Philosophie* (Paris).

—— (1963), *Origène et la 'connaissance mystique'* (Paris).

—— (1972), 'Les critiques addressées par Methode et ses contemporains a la doctrine origénienne du corps resuscité,' *Gregorianum* 53, 679–716.

—— (1973), 'A letter from Origen to "Friends in Alexandria", in D. Neiman and M. Scatkin (eds), *Essays in Honour of George Vasilievich Florovsky* (Rome: Orientalia Christiana Analecta 196), 135–50.

—— (1980), 'La doctrine origénienne du corps resuscité', *Bulletin de Litterature Ecclésiastique* 81, 175–200 and 241–66.

—— (1985), 'Apocatastase chez Origène', in L. Lies (ed.), *Origeniana Quarta* (Innsbruck), 282–90.

—— (1988), 'Theological Construction and Research: Origen on Freewill', in B. Drewery and R. Bauckham (eds), *Scripture, Tradition and Reason. A Study in the Criteria of Christian Doctrine* (Edinburgh), 239–65.

—— (1989), *Origen: The Life and Thought of the First Great Theologian*, trans. A.S. Worrall (San Francisco).

Cullmann, O. (1947), *Christ et le Temps* (Paris).

Daly, R.J. (1992), *Origen: Treatise on the Passover and Dialogue with Heraclides* (New York).

Daniélou, J. (1948), *Origène* (Paris).

—— (1960), *From Shadows to Reality. Studies in the Biblical Typology of the Fathers* (London).

—— (1973), *Gospel Message and Hellenistic Culture*, trans. J.A. Baker (London).

—— (1974), *The Origins of Latin Christianity*, trans. J.A. Baker (London).

Davies, W.D. (1955), *Paul and Rabbinic Judaism*, second edition (London).

Dawson, D. (1992), *Allegorical Readers and Cultural Revision in Ancient Alexandria* (Berkeley).

—— (1997), 'Allegorical Reading and the Embodiment of the Soul in Origen', in L. Ayers (ed.), *Christian Origins* (London), 26–44.

Dechow, J. (1987), 'The Heresy Charges against Origen', in L. Lies (ed.), *Origeniana Quarta* (Innsbruck), 112–22.

—— (1988), Dogma and Mysticism in Early Christianity. Epiphanius of Cyprus and the Legacy of Origen (Macon, Georgia).

De Faye, E. (1925), *Esquisse de la pensée d'Origène* (Paris).

De Lange, N. (1976), *Origen and the Jews* (Cambridge).

De Lubac, H. (1958), *Histoire et Esprit* (Paris).

—— (1959), *L'Exégèse Mediévale*, part 1, vol. 1 (Paris).

Deuse, W. (1983), *Untersuchungen zur mittelplatonischen und neuplatonischen Seelenlehre* (Wiesbaden).

Dillon, J. (1977/85), *The Middle Platonists* (London).

—— (1982), 'Origen's Doctrine of the Trinity and some Later Neoplatonic Theories', in D.J. O'Meara (ed.), *Neoplatonism and Christian Thought* (Norfolk, Va.), 19–23 and 239–40.

—— (1988), 'Looking on the Light: Some Remarks on the Imagery of Light in the First Chapter of *Peri Archon*', in C. Kannengiesser and W.L. Petersen (eds), *Origen of Alexandria. His World and his Legacy* (Notre Dame), 215–30.

—— (1992), 'Plotinus and the Chaldean Oracles', in S. Gersh and C. Kannengiesser (eds), *Platonism in Late Antiquity* (Notre Dame), 31–40.

—— (1993), *Alcinous. The Handbook of Platonism* (Oxford).

—— (1999), 'Monotheism in Gnostic Thought', in P. Athanassiadi and M. Frede (eds), *Pagan Monotheism in Late Antiquity* (Oxford), 69–79.

Dodd, C.H. (1935), *The Bible and the Greeks* (London).

—— (1952/1965), *According to the Scriptures* (London).

—— (1961), *Parables of the Kingdom*, revised edition (London).

Dodds, E.R. (1960), 'Numenius and Ammonius', *Entretiens Hardt* 5: *Les Sources de Plotin* (Geneva), 1–61.

Domini, P. (1988), 'The History of the Concept of Eclecticism', in J. Dillon and A.A. Long (eds), *The Question of 'Eclecticism'* (Berkeley), 15–33.

Edwards, M.J. (1988), 'How Many Zoroasters? Arnobius, *Adversus Nationes* II.52', *Vigiliae Christianae* 42, 282–9.

—— (1989), 'Gnostics and Valentinians in the Church Fathers', *Journal of Theological Studies* 40, 25–40.

—— (1990a), 'Numenius, Pherecydes and the cave of the Nymphs', *Classical Quarterly* 40, 258–62.

—— (1990b), 'Porphyry and the Intelligible Triad', *Journal of Hellenic Studies* 110, 14–27.

—— (1993a), 'Ammonius, Teacher of Origen', *Journal of Ecclesiastical History* 44, 1–13.

—— (1993b), 'Precursors of Origen's Hermeneutic Theory', *Studia Patristica* 29, 231–7.

—— (1995a), 'Justin's Logos and the Word of God', *Journal of Early Christian Studies* 3, 161–80.

—— (1995b), 'Origen's Two Resurrections', *Journal of Theological Studies* 46, 502–18.

—— (1996), 'Porphyry's *Cave of the Nymphs* and the Gnostic Controversy', *Hermes* 124, 88–100.

—— (1997a), 'Christ or Plato? Origen on Revelation and Anthropology', in L. Ayers and G. Jones (eds), *Christian Origins* (London), 11–25.

—— (1997b), 'Being, Life and Mind: A Brief Inquiry', *Syllecta Classica* 8, 191–205.

—— (1998), 'Did Origen apply the Word *Homoousios* to the Son?', *Journal of Theological Studies* 49, 658–70.

—— (1999), *Ancient Christian Commentary on Scripture, New Testament VIII: Galatians, Philippians, Ephesians* (Grand Rapids).

—— (2000a), 'Clement of Alexandria and his Doctrine of the Logos', *Vigiliae Christianae* 54, 159–77.

—— (2000b), *Neoplatonic Saints. The Lives of Plotinus and Proclus by their Pupils* (Liverpool).

—— (2001), 'Pauline Platonism: The Myth of Valentinus', *Studia Patristica* 35 (Leuven), 205–21.

Ehrmann, B. (1993), 'Heracleon, Origen and the Text of the Fourth Gospel', *Vigiliae Christianae* 47, 105–18.

Elm, S. (1997), 'The Dog that did not Bark: doctrine and patriarchal authority in the dispute between Theophilus of Alexandria and John Chrysostom of Constantinople', in L. Ayers and G. Jones (eds), *Christian Origins* (London), 68–93.

Emmett, L. (2000), 'Clement of Alexandria's *Protrepticus* and Dio Chrysostom's *Alexandrian Oration*', *Studia Patristica* 36, 409–14.

Farrar, F.W. (1892), *Mercy and Judgment. Last Words on Eschatology with Reference to Dr Pusey's 'What is of Faith?'* (London).

Fédou, M. (1988), *Christianisme et religions païennes dans le Contre Celse d'Origene (Paris).*

Festugière, A.-J. (1932), *L'Idéal Religieux des Grecs et l'Évangile* (Paris).

—— (1954), *La Révélation d'Hermês Trismégiste IV: Dieu Inconnu et la Gnose* (Paris).

Finamore, J. (1985) *Iamblichus and the Vehicle of the Soul* (Chico, California).

Fine, G. (1986), 'Immanence', *Oxford Studies in Ancient Philosophy* 4, 71–98.

Fishbane, M. (1985), *Biblical Interpretation in Ancient Israel* (Oxford).

Fletcher, A. (1964), *Allegory. The Theory of a Symbolic Mode* (Ithaca, NY).

Förster, N. (1999), *Markus Magus* (Tübingen).

Fowden, G. (1986), *The Egyptian Hermes* (Cambridge).

Fraser, P.M. (1972), *Ptolemaic Alexandria*, 3 vols (Oxford).

Frede, M. (1999), 'Monotheism and Pagan Philosophy in Later Antiquity', in P. Athanassiadi and M. Frede (eds), *Pagan Monotheism in Late Antiquity* (Oxford), 41–68.

Frye, N. (1957), *Anatomy of Criticism* (Princeton).

—— (1982), *The Great Code. The Bible and Literature* (London).

Gasparro, G.S. (1987), 'Il probleme delle citazioni del *Peri Archon* nella Lettera a Meno di Giustiniano, in L. Lies (ed.), *Origeniana Quarta* (Innsbruck), 54–76.

Giversen, S. (1963), *Apocryphon Ioannis* (Copenhagen).

Glucker, J. (1994), 'The Origin of *hyparcho* and *hyparxis* as philosophical terms', in F. Romano and D. Taormina (eds), *Hyparxis e Hypostasis nel Neoplatinismo* (Florence), 1–24.

Goehring, J. (2001), 'The Provenance of the Nag Hammadi Codices once more', *Studia Patristica* 35, 234–53.

Gore, C. (1907), *Dissertations* (London).

Gorgemanns, H. (1973), 'Die "Schöpfung" der "Weisheit" bei Origenes. Eine textkritische Untersuchung zu *De Principiis* Fr. 32', *Studia Patristica* 7 (Texte und Untersuchungen 92), 194–209.

Grant, R.M. (1959), *The Letter and the Spirit* (London).

—— (1988), *Greek Apologists of the Second Century* (London).

Greer, R. (1979), trans. *Origen: On Prayer*, etc. (London).

Griffiths, J.G. (1996), *Triads and Trinity* (Cardiff).

Grillmeier, A. (1975), *Christ in Christian Tradition*, vol. 1, 2nd edition, trans. J. Bowden (London).

Gruen, E.S. (1998), *Heritage and Hellenism. The Reinvention of Jewish Tradition* (Berkeley).

Guyot, H. (1906), *L'Infinité Divine depuis Philon le Juif jusqu'à Plotin* (Paris).

Hackforth, R. (1972), *Plato's Phaedrus* (Cambridge).

Hadot, I. (1991), 'The Role of the Commentaries on Aristotle in the teaching of Philosophy according to the Prefaces of the Neoplatonic Commentaries on the Categories', in H. Blumenthal and H. Robinson (eds), *Aristotle and the Later Tradition* (*Oxford Studies in Ancient Philosophy* supplementary volume), 175–89.

Hadot, P. (1960), 'Être, vie, pensée chez Plotin et avant Plotin', in *Entretiens Hardt* 5: *Les Sources de Plotin* (Geneva), 107–37.

—— (1967), 'La Métaphysique de Porphyre', in *Entretiens Hardt* 12: *Porphyre* (Geneva), 127–57.

—— (1968), *Porphyre et Victorinus*, 2 vols (Paris).

—— (1979), 'Les divisions des parties de la philosophie dans l'Antiquité', *Museum Helveticum* 36, 201–23.

—— (1990), 'The Reconciliation of Plato and Aristotle according to Porphyry', in R. Sorabji, *Aristotle Transformed* (London), 125–40.

Hahnemann, G.M. (1992), *The Muratorian Fragment and the Development of the Canon* (Oxford).

Hanson, R.P.C. (1954), *Origen's Doctrine of Tradition* (London).

—— (1960), *Allegory and Event* (London).

—— (1977), 'Did Origen Teach that the Son is *ek tês ousias* of the Father?', in L. Lies (ed.), *Origeniana Quarta* (Innsbruck), 201–2.

—— (1988), *The Search for the Christian Doctrine of God* (Edinburgh).

Harl, M. (1963), 'Recherches sur l'origénisme d'Origène', *Studia Patristica* 2, 373–405.

—— (1977), 'La préexistence des âmes dans l'oeuvre d'Origène', in L. Lies (ed.), *Origeniana Quarta* (Insbruck), 238–58.

Heath, M. (1999), 'Longinus, On Sublimity', *Proceedings of the Cambridge Philological Society* 45, 43–74.

Heine, R.E. (1998), 'The Christology of Callistus', *Journal of Theological Studies* 49, 56–91.

—— (2000), 'Recovering Origen's Commentary on Ephesians from Jerome', *Journal of Theological Studies* 51, 478–514.

Hengel, M. (1991), *The Pre-Christian Paul*, trans. J. Bowker (London).

Hermans, T. (1996), *Origène: Théologie Sacrificielle du Sacerdoce des Chrétiens* (Paris).

Hill, C.E. (1992), *Regnum Caelorum. Patterns of Future Hope in Early Christianity* (Oxford).

—— (1998), 'What Papias said about John (and Luke)', *Journal of Theological Studies* 49, 630–57.

Holte, R. (1958), '*Logos Spermatikos*', *Studia Theologica* 12.

Horbury, W. (1983), 'The Benediction of the Minim in Early Christian-Jewish Controversy', *Journal of Theological Studies* 33, 492–508.

Hubner, R. (1999), *Der Paradoxe Eine* (Leiden).

Huet, P.D. (1846), *Origenianorum Libri Tres*, ed. C.H.E. Lommatzsch in *Origenis Opera* vols. 22–4. Berlin).

Jackson, H.M. (1990), 'The Seer Nicotheus and his Lost Apocalypse', *Novum Testamentum* 32, 250–77.

Jakobson, R. and M. Halle (1956), *Fundamentals of Language* (The Hague).

John Paul II (1999), *Encyclical Letter* Fides et Ratio *to the Bishops of the Catholic Church on the Relation between Faith and Reason* (The Vatican).

Kahn, C.H. (1992), 'Aristotle on Thinking', in M.C. Nussbaum and A.O. Rorty (eds), *Essays on Aristotle's De Anima* (Oxford), 359–80.

—— (1997), 'Was Euthyphro the Author of the Papyrus of Derveni?', in A Laks and G. Most (eds), *The Derveni Papyrus* (Oxford), 55–63.

Kamesar, A. (1993), *Jerome, Greek Scholarship and the Hebrew Bible* (Oxford).

Kannengiesser, C. (1988), 'Divine Trinity and the Structure of *Peri Archon*', in C. Kannengiesser and W. Petersen (eds), *Origen of Alexandria. His World and his Legacy* (Notre Dame), 231–49.

Kermode, F. (1979), *The Genesis of Secrecy* (Cambridge, Mass.).

Kimelman, R. (1980), 'Rabbi Yohanan and Origen on the Song of Songs: A Third-Century Jewish-Christian Disputation', *Harvard Theological Review* 73, 567–95.

Kissling, R.C. (1922), 'The οχημα-πνευμα of the Neoplatonists and the *De Insomniis* of Synesius of Cyrene', *American Journal of Philology* 43, 318–30.

Koch, H. (1932), *Pronoia und Paideusis* (Berlin).

Koester, H. (1990), *Ancient Christian Gospels: Their History and Development* (London).

Kosman, L. (1992), 'What does the Maker Mind Make?', in M.C. Nussbaum and A.O Rorty (eds), *Essays on Aristotle's De Anima* (Oxford), 343–58.

Kruger, M. (1996), *Ichgeburt. Origenes und die Entstehung der christlichen Idee der Widerverkorperung in der denkbewegung von Pythagoras bis Lessing* (Hildesheim, Zurich).

Laks, A. and Most, G.W. (eds), (1997), *Studies on the Derveni Papyrus* (Oxford).

Lamberton, R. (1986), *Homer the Theologian* (Berkeley).

Laporte, J. (1995), *Théologie Liturgique de Philon d'Alexandrie et Origène* (Paris).

Lawson, J. (1948), *The Biblical Theology of Saint Irenaeus* (London).

Leroux, G. (1990), *Plotin. Traité sur la liberté et la volonté de l'Un* [Énneade VI, 8 (39)] (Paris).

Lewis, C.S. (1936), *The Allegory of Love* (Oxford).

Lewis, H.D. (1969), *The Elusive Mind* (London).

Lewy, H. (1956), *The Chaldaean Oracles and Theurgy* (Cairo).

Lilla, S. (1971). *Clement of Alexandria. A Study in Christian Platonism and Gnosticism* (Oxford).

Logan, A.H.B. (1999), 'Marcellus of Ancyra on Origen and Arianism', in W.A. Bienert and U. Kuhneweg (eds), *Origeniana Septima* (Leuven), 159–64.

Lohr, W. (1995), *Basilides und Seine Schüle* (Tubingen).

Lossky, V. (1957), *The Mystical Theology of the Eastern Church*, translated from the French (London).

Louth, A. (1981), *The Origins of the Christian Mystical Tradition* (Oxford).

Lowry, W. (1938), 'Did Origen style the Son a *ktisma*?', *Journal of Theological Studies* 39, 39–42.

Ludlow, M. (2000), *Universal Salvation. Eschatology in the Thought of Gregory of Nyssa and Karl Rahner* (Oxford).

Macquarrie, J. (1960), *The Scope of Demythologizing* (London).

Markschies, C. (1992), *Valentinus Gnosticus. Untersuchungen zur valentinianischen Gnosis mit einem Kommentar zu dem Fragmenten Valentins* (Tübingen).

—— (1995), 'Was bedeutet *ousia*? Zwei Antwörten bei Origenes und Ambrosius und deren Bedeutung fur ihre Bibelerklarung und Theologie', in W. Geerlings and H. König (eds), *Origenes. Vir ecclesiasticus* (Bonn), 59–82.

—— (2000), New Research on Ptolemaeus Gnosticus', *Zeitschrift fur Antikes Christentum* 4, 225–54.

Méhat, A. (1958), 'Apocatastase: Origène, Clement d'Alexandrie, Act III.21', *Vigiliae Christianae* 10, 196–214.

—— (1966), *Etude sur les 'Stromates' de Clement d'Alexandrie* (Paris).

Meinwold, C. (1992), 'Goodbye to the Third Man', in R. Kraut (ed.), *The Cambridge Companion to Plato* (Cambridge), 365–96.

Metzger, B. (1987), *The Canon of the New Testament* (Oxford).

Milligan, G. (1908), *St Paul's Epistle to the Thessalonians* (London).

Moore, G.F. (1922), 'Intermediaries in Jewish Tradition', *Harvard Theological Review* 15, 41–61.

Moreschini, C. (1987), 'Note ai perduti stromata di origene', in L. Lies (ed.), *Origeniana Quarta* (Innsbruck), 36–43.

Most, G.W. (1979), 'Cornoutos and Stoic Allegoresis', *Aufstieg und Niedergang des Romischen Welt* II. 36.3, 2014–65.

Mueller, I. (1998), 'Platonism and the Study of Nature (*Phaedo* 95eff)', in J. Gentzler (ed.), *Methods in Greek Philosophy* (Oxford), 57–88.

Nautin, P. (1977), *Origene. Sa vie et son oeuvre* (Paris).

Nettleship, R.L. (1897), *Lectures on the Republic of Plato* (London).

Neusner, J. (1988), trans. *The Mishnah* (New Haven).

Newman, J.H. (1876), *Historical Sketches* (London).

—— (1871/1970), *University Sermons, Chiefly on Faith*, ed. D. McKinnon (London).

Norden, E. (1913), *Agnostos Theos* (Leipzig).

Nygren, A. ([1930] 1953), *Agape and Eros*, trans. P. Watson (Chicago).

O'Daly, G. (1983), 'Augustine on the Origin of Souls', in H.D. Blume and F. Mann (eds), *Platonismus und Christentum. Festschrift fur H. Dorrie* (Munster), 184–91.

O'Meara, D.J. (1999), 'Forms of Individuals in Plotinus: A Preface to the Question', in J.J. Cleary (ed.), *Traditions of Platonism. Essays in Honour of John Dillon* (Aldershot).

Orbe, A. (1991), 'Origen e los Monarguianos', *Gregorianum,* 39–72.

Osborn, E.F. (1954), *The Philosophy of Clement of Alexandria* (Cambridge).

—— (1983), *The Emergence of Christian Theology* (Cambridge).

—— (1994), 'Arguments for faith in Clement of Alexandria', *Vigiliae Christianae* 48, 1–24.

Osborne, C. (1994), *Eros Unveiled. Plato and the God of Love* (Oxford).

Pace, N. (1990), *Richerche sulla traduzione di Rufino del "De principiis" di Origene* (Florence).

Pagels, E. (1973), *The Johannine Gospel in Gnostic Exegesis: Heracleon's Commentary on John* (Nashville and New York).

Pearson, B.A. (1981), 'Jewish Elements in Corpus Hermeticum I (Poimandres)', in

R. Van den Broek and M.J. Vermaseren (eds), *Essays on Gnosticism and Hellenistic Religions* (Leiden), 336–48.

Pépin, J. (1999), 'Pourqoi l'âme automotrice aurait-elle besoin d'une véhicule?', in J.J. Cleary (ed.), *Traditions of Platonism. Essays in Honour of John Dillon* (Aldershot), 293–306.

Perceval, H.R. ([1899] 1991), *The Seven Oecumenical Councils of the Undivided Church* (Edinburgh, reprinted Grand Rapids).

Petersen, W. (1995), 'The *Diatessaron* of Tatian, in B.D. Ehrman and M.W. Holmes (eds), *The Text of the New Testament in Contemporary Research* (Grand Rapids), 77–96.

Pétrement, S. (1991), *A Separate God*, trans. C. Harrison (London).

Pfeiffer, R. (1968), *History of Classical Scholarship*, vol. 1 (Oxford).

Pisi, P. (1987), 'Peccato di Adamo e caduta dei NOES nell' esegesi origeniana', in L. Lies (ed.), *Origeniana Quarta* (Innsbruck), 322–35.

Prinzivalli. E. (1999), 'The Controversy about Origen before Epiphanius', in W.A. Bienert and U. Kuhneweg (eds), *Origeniana Septima* (Leuven), 195–213.

Procter, E. (1998), *Christian Controversy in Alexandria* (New York).

Puech, H.-C. (1951), 'La Gnose et le temps', in O.F. Kapteyn (ed.), *Eranos Jahrbuch* 20 (Zurich), 57–113.

Quispel, G. ([1948] 1968), 'Gnostic Man: The Doctrine of Basilides', in J. Campbell (ed.), *The Mystic Vision. Papers from the Eranos Jahrbuchs* (Princeton), 210–46.

Rahner, K. (1932), 'Le début d'une doctrine des cinq sens spirituelles chez Origène', *Revue d'Ascetique et Metaphysique* 13 (1932), 113–45.

—— (1978), *Foundations of Christian Faith*, trans. W.V. Dych (London).

Rauer, M. (1961), 'Origenes uber das Paradies', *Texte und Untersuchungen* 77, 253–9.

Reemts, C. (1998), *Vernunftgemasser Glaube. Die Begrundung des Christentums in der Schrift des Origenes gegen Celsus* (Bonn).

Rich, A.N.M. (1954), 'The Platonic Ideas as Thoughts of God', *Mnemosyne* 7, 123–33.

—— (1957), 'Plotinus on Reincarnation', *Mnemosyne* 10, 232–8.

Ridderbos, H. (1966), 'The Structure and Scope of the Prologue to the Fourth Gospel', *Novum Testamentum* 8, 180–201.

Riedweg, C. (1987), *Mysterienterminologie bei Platon, Philon und Klemens von Alexandrien* (Berlin).

Rist, J.M. (1962), '*Theos* and the one in some texts of Plotinus', *Medieval Studies* 24, 169–80.

—— (1967). *Plotinus: The Road to Reality* (Cambridge).

—— (1975), 'The Greek and Latin Texts of the Discussion on Free Will in *De Principiis* III', in H. Crouzel, G. Lomiento and J. Rius-Camps (eds), *Origeniana* (Bari), 97–111.

—— (1983), 'Beyond Stoic and Platonist: A Sample of Origen's Treatment of Philosophy', in H.-D. Buhme and F. Mann (eds), *Platonismus und Christentum.*

Festschrift für H. Dörrie (Munster), 228–38.

Rius-Camps, J. (1981), 'La hipotesi origeniana sobre el fin ultimo (*peri telous*). Intento de valorisacion', in U. Bianchi (ed.), *Arche e Telos* (Milan), 58–121.

—— (1987), 'Subordinacianismo en Origen?', in L. Lies (ed.), *Origeniana Quarta* (Innsbruck), 154–86.

Robinson, J.A.T. (1968), *In the End God* (London).

Robinson, J.M. (ed.) (1988), *The Nag Hammadi Library* (Leiden).

Runia, D. (1986), *Philo of Alexandria and the* Timaeus *of Plato* (Leiden).

—— (1988), 'Naming and Knowing: Themes in Philonic Theology with Special Reference to *De Mutatione Nominum*', in R. Van den Broek, T. Baarda and J. Mansfeld (eds), *Knowledge of God in the Graeco-Roman World* (Leiden), 69–91.

—— (1989), 'Festugière Revisited: Aristotle and the Greek Patres', *Vigiliae Christianae* 43.

—— (1993), *Philo in Early Christian Literature* (Assen).

—— (1995), 'Why did Clement of Alexandria call Philo "Pythagorean"?', *Vigiliae Christianae* 49, 1–22.

—— (1999), 'A Brief History of the term *kosmos noêtos* from Plato to Plotinus', in J.J. Cleary (ed.), *Traditions of Platonism. Essays in Honour of John Dillon* (Aldershot), 151–72.

Rutten, C. (1994), '*Hyparxis* et *hypostasis* chez Plotin', in F. Romano and D. Taormina (eds), *Hyparxis e Hypostasis nel Neoplatonismo* (Florence), 25–32.

Saffrey, H.D. (1981), 'Les néoplatoniciens et les *Oracles Chaldaiques*', *Revue des Etudes Augustiniennes* 27, 209–24.

Sagnard, F. (1947), *La gnose valentinienne et le témoignage de S. Irénée* (Paris).

Schibli, H.S. (1990), *Pherekydes of Syros* (Oxford).

—— (1992), 'Origen, Didymus and the Vehicle of the Soul', in R.J. Daly (ed.), *Origeniana Quinta* (Leuven), 381–91.

—— (1993), 'Hierocles of Alexandria and the Vehicle of the Soul', *Hermes* 121, 109–17.

Scholem, G. (1954), *Major Trends in Jewish Mysticism* (New York).

—— (1965), *On the Kabbalah and its Symbolism* (New York).

—— (1974), 'Jaldabaoth Reconsidered', *Mélanges Puech* (Paris), 405–21.

Schürer, E. (1973), *The History of the Jewish People in the Age of Jesus Christ*, vol. 1, revised by G. Vermes, F. Millar and M. Black (Edinburgh).

—— (1979), *The History of the Jewish People in the Age of Jesus Christ*, vol. 2, revised by G. Vermes, F. Millar and M. Black (Edinburgh).

Scott, A.B. (1991), *Origen and the Life of the Stars* (Oxford).

Scott, W.B. (1936), *Hermetica,* vol. 4 (Oxford).

Shaw, G. (1993), 'The Geometry of Grace: A Pythagorean Approach to Theurgy', in H. Blumenthal and G. Clark (eds), *The Divine Iamblichus* (London), 116–37.

Simon, M. (1986), *Verus Israel. A Study of the Relations between Christians and Jews in the Roman Empire* (AD 135–425), trans. H. McKeating (New York).

Simonetti, M. (1962), 'Alcune osservazioni sull' interpretazione Origeniana di Genesi 2.7 3 3.21', *Aevum* 36, 370–81.

—— (1966), 'Eracleone e Origene', *Vetus Testamentum* 3, 111–41.

Smith, A. (1994), '*Hypostasis* and *Hyparxis* in Porphyry', in F. Romano and D. Taormina (eds), *Hyparxis e Hypostasis nel Neoplatonismo* (Florence), 33–42.

Smith, W. Robertson (1912), *Lectures and Essays* (London).

Sorabji, R. (ed.) (1983), *Time, Creation and the Continuum* (London).

—— (1990a), *Aristotle Transformed* (London).

—— (1990b), 'Infinite Power Impressed: The Transformation of Aristotle's Physics and Theology', in Sorabji (1990a), 181–98.

Starobinski-Safran, E. (1978), 'Exode 3.14 dans l'Oeuvre de Philon d'Alexandrie', in P. Vignaux (ed.), *Dieu et l'Etre* (Paris), 47–55.

Stead, G.C. (1969), 'The Valentinian Myth of Sophia', *Journal of Theological Studies* 20, 75–104.

—— (1999), 'Philosophy in Origen and Arius', in W.A. Bienert and U. Kuhneweg (eds), *Origeniana Septima* (Leuven), 101–8.

Steadman, J.M. (1974), *The Lamb and the Elephant. Ideal Imitation and the Context of Renaissance Allegory* (San Marino, California).

Swain, S.C.R. (1996), *Hellenism and Empire* (Oxford).

Tarrant, H. (1993), *Thrasyllan Platonism* (Ithaca, NY).

Taylor, J.E. (1990), 'The Phenomenon of Jewish-Christianity: Reality or Scholarly Invention?', *Vigiliae Christianae* 44, 313–34.

Tishby, I. (1989), *The Wisdom of the Zohar*, vol. 2 (New York and Oxford).

Todorov, T. (1970/79), 'Synecdoques', in *Communications* 16 (Paris), reprinted in G. Genette and T. Todorov (eds), *Semantique de la Poésie* (Paris), 7–26.

—— (1977), *Theories du Symbole* (Paris).

Tollinton, R.B. (1914), *Clement of Alexandria. A Study in Christian Liberalism* (London).

Torjesen, K. (1986), *Hermeneutical Procedure and Theological Method in Origen's Exegesis* (Berlin).

—— (1987), 'Pedagogical Soteriology from Clement to Origen', in L. Lies (ed.), *Origeniana Quarta* (Innsbruck), 370–8.

Trapp, M. (ed. and trans.) (1997), *Maximus of Tyre: The Philosophical Orations* (Oxford).

Trigg, J.W. (1983), *Origen. The Bible and Philosophy in the Third Century Church* (London).

—— (1991), 'The Angel of Great Counsel. Christ and Angelic Hierarchies in the Theology of Origen', *Journal of Theological Studies* 42, 35–51.

Urbach, E.E. (1975), *The Sages*, trans. I. Abrahams (Cambridge, Mass.).

Van den Hoek, A. (1988), *Clement of Alexandria and his use of Philo in the Stromateis. An Early Christian Reshaping of a Jewish Model* (Leiden).

—— (1997), 'The Catechetical School of Alexandria and its Philonic Heritage', *Harvard Theological Review* 90.1, 59–88.

—— (1999), 'Origen's Role in Formulating Later Christological Language. The Case of *anakrasis*', in W.A. Bienert and U. Kuhneweg (eds), *Origeniana Septima* (Leuven), 39–50.

Vermes, P. (1980), *Buber on God and the Perfect Man* (London and Washington).

Vessey, M. (1993), 'Jerome's Origen: The Making of a Christian Literary Person', *Studia Patristica* 28, 135–45.

Vlastos, G. (1969), 'Degrees of Reality in Plato', in R. Bambrough (ed.), *New Essays on Plato and Aristotle* (London), 1–19.

Von Rad, G. (1972), *Wisdom in Israel*, trans. J.D. Martin (London).

Ward, G. (1995), *Barth, Derrida and the Language of Theology* (Cambridge).

West, M. (1997), *The East Face of Helicon. West Asiatic Elements in Greek Poetry and Myth* (Oxford).

Whittaker, J. (1969), 'Neopythagoreanism and Negative Theology', *Symbolae Osloenses* 44, 109–25.

Widdicombe, P. (1994), *The Fatherhood of God in Origen and Athanasius* (Oxford).

Wiles, M.F. (1960). *The Spiritual Gospel. The Interpretation of the Fourth Gospel in the Christian Fathers* (Cambridge).

Williams, H.A. (1996), *Re-thinking Gnosticism. An Argument for Dismantling a Dubious Category* (Princeton).

Williams, N.P. (1927), *The Ideas of the Fall and of Original Sin* (London).

Williams, R.D. (1987), 'The Son's Knowledge of the Father in Origen', in L. Lies (ed.), *Origeniana Quarta* (Innsbruck), 146–53.

—— (1999), 'Origen between Orthodoxy and Heresy', in W.A. Bienert and U. Kuhneweg (eds), *Origeniana Septima* (Leuven), 3–14.

Witt, R.E. (1937), *Albinus and the History of Middle Platonism* (Cambridge).

Wolfson, H.A. (1948), *Philo: Foundations of Religious Philosophy in Christianity, Judaism and Islam*, 2 vols (Cambridge, Mass.).

—— (1952), 'Albinus and Plotinus on the Divine Attributes', *Harvard Theological Review* 45. 115–30.

—— (1956), *Philosophy of the Church Fathers*, vol. 1 (Cambridge, Mass.).

—— (1961), *Religious Philosophy* (New York).

Young, F.M. (1997), *Biblical Exegesis and the Formation of Christendom* (Cambridge).

Ziebritski, H. (1994), *Heiliger Geist und Weltseele. Das Problem der Dritten Hypostase bei Origenes, Plotin und ihren Vorlaufern* (Tubingen).

名詞索引

國家圖書館出版品預行編目資料

歐利根駁斥柏拉圖／Mark J. Edwards著；
羅月美譯. －－初版.－－臺北市：五南，
2020.05
　　面；　公分
譯自：Origen against Plato
ISBN 978-957-763-776-5（平裝）

1.歐利根　2.宗教哲學

142.14　　　　　　　　　　108019887

1BOL

歐利根駁斥柏拉圖
Origen against Plato

作　　者 — Mark J. Edwards

譯　　者 — 羅月美

發 行 人 — 楊榮川

總 經 理 — 楊士清

總 編 輯 — 楊秀麗

副總編輯 — 蘇美嬌

封面設計 — 王麗娟

出 版 者 — 五南圖書出版股份有限公司

地　　址：106台北市大安區和平東路二段339號4樓

電　　話：(02)2705-5066　　傳　　真：(02)2706-6100

網　　址：http://www.wunan.com.tw

電子郵件：wunan@wunan.com.tw

劃撥帳號：01068953

戶　　名：五南圖書出版股份有限公司

法律顧問　林勝安律師事務所　林勝安律師

出版日期　2020年5月初版一刷

定　　價　新臺幣380元

經典永恆・名著常在

五十週年的獻禮 —— 經典名著文庫

五南，五十年了，半個世紀，人生旅程的一大半，走過來了。

思索著，邁向百年的未來歷程，能為知識界、文化學術界作些什麼？

在速食文化的生態下，有什麼值得讓人雋永品味的？

歷代經典・當今名著，經過時間的洗禮，千錘百鍊，流傳至今，光芒耀人；

不僅使我們能領悟前人的智慧，同時也增深加廣我們思考的深度與視野。

我們決心投入巨資，有計畫的系統梳選，成立「經典名著文庫」，

希望收入古今中外思想性的、充滿睿智與獨見的經典、名著。

這是一項理想性的、永續性的巨大出版工程。

不在意讀者的眾寡，只考慮它的學術價值，力求完整展現先哲思想的軌跡；

為知識界開啟一片智慧之窗，營造一座百花綻放的世界文明公園，

任君遨遊、取菁吸蜜、嘉惠學子！